障害者の傷、介助者の痛み

渡邉琢

青土社

障害者の傷、介助者の痛み

目次

Ⅰ　相模原障害者殺傷事件をめぐって

障害者の傷、介助者の痛み

はじめに――とまどいつつ、つながりを模索する

なぜ、障害のある人と障害のない人との間には大きな距離があるのだろう。「距離なんかない、同じ人間だから」と言う人もいるだろう。ぼくも同じように言うこともある。けれども、近づいたと思ったら、また隔てられるような深い溝を感じることもしばしばある。その距離や溝は、一朝一夕でできたものではない。それは、ぼくら自身が意識的、無意識的に関与しつつ生じたものでもあるだろうし、またぼくらが生まれる前からあるような歴史や社会制度に根差したものでもあるのだろう。だからこそ、ぼくらは、つながろうと思ってもつながりきれないとまどいを、その時ごとに感じる。そしてそのとまどいを受け止めつつ、またつながりを模索する。

この本に収められている各文章は、二〇一〇年から二〇一八年にかけて書かれたものだ。テーマは多岐にわたっているし、また障害者や介助者たちの置かれている時代状況も少しずつ変わっていっている。二〇一六年には障害者一九名が刺殺される相模原障害者殺傷事件も起きた。

そうした状況の移り変わりはあるものの、こうして集められた文章を通読してみると、ぼく自身の基本的なスタンスがあまり変わっていないことに自分自身驚きもする。それは、その都度現場で感じる葛藤やとまどいを大事にしつつ、そこからつながりを模索するというスタンスだ。本書のタイトル

にある障害者や介助者の「傷」や「痛み」といった問題は、その葛藤やとまどいの根底にあるものとして、あるいはつながりを断絶させつつもつながりの模索のキーワードとなるものとして、その模索の過程でようやく見いだされてきたものだ。

一四章からなる本書は、時系列的に文章が収録されているのではなく、大まかに四つのテーマで分けられた四部構成をとっている。この「はじめに」では、本書の各論への導入として、今日にいたるまでのぼく自身の歩みや模索の行程をふりかえりつつ、全体としてどのような時代状況や背景のもとにこれらの文章が書かれてきたか、あるいはぼく自身の基本的な問題意識がどこらへんにあるのかについて、お伝えできたらと思う。

障害者介助をはじめてから、『介助者たちは、どう生きていくのか』を書くまで

ぼくが障害者介助をはじめて、一八年ほどになる。それ以前は、他の多くの健常者と同じく、障害のある人との関わりはほとんどなかった。一九七五年に名古屋市に生まれたのだが、小学生のとき、同じ学年に自閉症の男子が二人と身体障害（おそらく二分脊椎）の女子が一人いた。自閉症の男子の一人は猛烈に内気であったが、いろいろやりとりしていると一言、二言、言葉が口から出てきたように思う。もう一人の男子は、うなり声を上げて、大きな体をゆすりながら、あっちに行ったりこっちに行ったりしていて言葉はなかったが、みんなからけっこう大切に接されていたように思う。放課後には、その二人のどちらの家にも遊びに行っていた記憶がある。身体障害の女子は、いじめられていた。高学年になる前にどこかに転校していった。中学校に入ってから、障害のある人との関わりはなくなった。それ以降、障害のある人は大人になるとどこに行くのだろう、どうやって生きているのだ

ろうと意識の片隅で疑問だった。ぼくの中では、あるひっかかり、後ろめたさとして残っていたように思う。

二〇代半ばに京都に来て、少し生活費の捻出に苦慮していたとき、障害者介助のバイトがあることを知った。そうして、ぼくが今勤めている日本自立生活センター（ＪＣＩＬ）の門を叩いた[1]。このときが障害者の自立生活運動との出会いなのだが、その当時は「自立生活運動」という言葉もまったく知らず、ある意味、わりきりながら「介助」を行っていた。それでも、そこではじめて、大人の障害者たちと関わることになった。ＪＣＩＬで当事者スタッフとして働いている人たちもいれば、入所施設や筋ジス病棟などに入っている人もいた。どこからともしれず集まってくる多くの障害者たちに出会うことになった。当初は、週一、二回の短時間の介助しか依頼を受けなかったので、その人たちがどこでどう暮らしているかまでは関心が向かなかった。

そのうち、一人暮らしをしている重度の脳性まひの人の泊まり介助に入ることになった。バイトの学生さんたちが毎晩のように泊まりに来ていて、こんな暮らしがありうるのか、とある意味衝撃を受けた。これが、今で言う二四時間介護保障との出会いだった。

そうこうしているうちに、ＪＣＩＬに就職することになった。大人の障害のある人たちの生活により密接に関わるようになった。ＪＣＩＬに関わっている障害者の多くは一人暮らしをしていたが、当時は介助保障が不十分なために不自由な生活をしている障害者もいた。入所施設で何年も過ごしている障害者もいた。いろんな境遇の方がいるのだけれど、ＪＣＩＬ設立以前からある「車いすと仲間の

（1）日本自立生活センターについては、4章註（1）などを参照のこと。

会」の、ぼくが生まれた頃から毎年やっている夏の研修キャンプに参加したりすると、夜遅くまでそんないろんな方々とお酒を飲み交わしたりしていた。言語障害が強烈で、なにを言っているのかほとんど聞き取れない人とも、明け方まで二人で酒を飲んでいた。いったいなんの会話をしていたのだろう、と不思議に思ったりする。キャンプだけでなく、事務所での飲み会など、多くの人と接し、話し合い、酒を酌み交わす機会が増えた。

「それにしても、なんで同じ人間なのに、障害があるというだけで、不自由な生活を余儀なくされているのだろう?」「同じような障害があるのに、ある人は施設で暮らし、またある人は二四時間介護者付きの一人暮らしをしているのはなぜだろう? その差はどこから来るのだろう?」そんな疑問がそのうち湧いてきた。

ぼくがJCILに関わりはじめた二〇〇〇年代というのは、ちょうど大きな制度改正の時期にあたり、全国の障害当事者たちが結集し、国を相手に盛んに闘っていた時期でもあった。どんな障害があっても、どんなに重度であっても、地域自立生活の確立の実現をめざそうという運動が華々しく展開し、頻繁にデモや集会が開催されていた。「あぁ、こうやって、障害者たちは自分たちの生活をつくりあげてきたんだ」ということを運動の身近にいながら、身をもって実感した。

それ以降、目の前の障害のある人たちの窮状をなんとかしたい、障害があるというだけで不遇な目にあうのはおかしい、との思いから、ぼく自身も健常者の立場ながら、自立生活運動や介護保障運動に尽力することになった。

ところが一方で、「障害者の地域自立生活の確立を」ということで、国相手に介護保障制度の充実を要望するのはいいのだが、実際の地域生活の現場は、介助者不足や介助者の過重労働で苦しんでいた。障害者たちも、介助者不足のぎりぎりの状況に苦しんでいただろうし、介助者たちも、昼夜問わずひたすら介助の穴埋めをするような状況に苦しんでいた。地域生活の権利の確立という理念が掲げられる一方で、しんどくなってやめていく介助者たちもいた。

地域自立生活における介助の保障というのは、障害者たちだけの問題ではなく、介助者たちの問題でもある、つまり、ぼく自身の問題でもあるのではないか、そんなことをだんだん意識するようになってきた。そうして、仲間とともに二〇〇六年頃に「かりん燈～万人の所得保障を目指す介助者の会」という会をつくり、ぼくら自身も一方の当事者として、運動をすることになった。

しかし介助者が運動をするということは、ある意味で障害者からは警戒されることでもあった。たとえば介助者が深夜は働きたくない、お風呂介助は腰を痛めるからやりたくないと言えば、重度障害者の自立生活はまわらなくなる。また、たとえば障害者にとっての介助時間数と、介助者の給料というのは、いわばトレードオフの関係にある。つまりもし行政から支給される介助料が毎月一〇万円あるとしたら、時給一〇〇〇円で一〇〇時間分の介助をお願いできるが、時給一〇〇〇円では安いから介助しないと介助者から言われて、時給を二〇〇〇円にしたら、五〇時間分しか介助をお願いできなくなる。介助料を毎月二〇万円支給してもらえればこのトレードオフの問題は解決されるが、なかなかそうはいかないこともある。

歴史的に見ても、障害者と介助者（ないし健常者）というのは対立と協力の緊張関係の中で運動を展開してきた。障害者にとって健常者は「諸刃の刃」であると、障害者運動の初期から言われ続けてきた。自分が介助者であり、健常者でありながら、障害者の自立生活運動に関わるということは、そうした緊張関係を常に意識し続けないといけないということだった（7章「生存と労働の対立」参照）。

こうして、介助者ないし健常者として障害者自立生活運動に関わり、また表に出て発信や発言もするようになったぼくは、出版社からのすすめもあり、自分の立場や介助者たちのこと、障害者の地域生活に関わる制度のこと、そして障害者と介助者の関係の歴史などをまとめて、『介助者たちは、どう生きていくのか』（渡邉 2011）という単著を出版することになった。本を書かないか、との声かけがあったときは、よもや自分になにかが書けるとは思ってもいなかったが、それでも運動の中でさまざまな出会いがあり、そしてまだ書かれていない大事なことがあるということには気づいていた。それを丁寧に調べたり、インタビューの聞き取りをしたりして、まとめていくことになり、気づいたら四二〇ページというそこそこ分厚い本として完成することになった。関東方面では「青本」と呼ばれ、運動や制度の歴史が簡潔にまとまったものとして、厚労省の役人も参考書にしていると聞いたこともある。

内容は次のような章立てとなった。

第1章「とぼとぼと介助をつづけること、つづけさすこと」
第2章「障害者ホームヘルプ制度——その簡単な説明と課題」
第3章「障害者介護保障運動史そのラフスケッチ①——七〇年代青い芝の会とその運動の盛衰」
第4章「障害者介護保障運動史そのラフスケッチ②——公的介護保障要求運動・自立生活センター・そして現在へ」
第5章「障害者運動に対する労働運動の位置と介護保障における『労働』という課題」
第6章「障害者自立生活の現在的諸相——介助者・介護者との関わりのあり方から見て」

この章立てに見られるように、障害者介助に関わる介助者たちのこと、制度のこと、障害者介護保障運動の歴史のこと、労働運動との関係のこと、そして自立生活運動のさまざまなあり方のことなどを包括的に論じ、自分で言うのもなんだが、今でも色あせることのない充実した内容の本となった。

この本を出した後、ある人から、「次はもう本を書かないのですか?」と尋ねられたことがある。ぼくとしては、この本の中でもう十分に書ききっているので「もう当分書くことはないと思う」と答えていた。

その後は、求められるままに少しずつ文章を書いていったわけだが、障害者運動の進展や時代状況の移り変わりとともに、だんだんと次の課題も明確になってきたように思う。その次の課題というのは、大きくまとめれば「ポスト自立生活運動の課題」ということだと思われる。

ポスト自立生活運動の課題(ないし「ポスト制度化問題」)――「ポスト自立」における違和感やしんどさ

「ポスト自立生活運動」というと、自立生活運動に携わっている人たちから叱られるかもしれない。けれども、ポスト自立生活運動とでも言いたくなるような兆候が二〇一〇年代以降、そこかしこにあらわれつつあるように思う。

実はすでに、前著『介助者たちは、どう生きていくのか』の「あとがき」において、ぼく自身は次のように指摘している。

おそらく、自立生活運動は今分岐点に来ている。これまで自立生活、当事者主権ということで、運動が強く推進されてきたけど、現場では、むしろポスト自立の問題がテーマとなっている。施設や親元を出る、それは確かに自立である。けれど、その先に何が待っているのか、どのような人間関係、そして社会が待っているのか。現在、「無縁社会」、「孤立」が社会問題となっている時代である（さらに手のかかる患者などは病院から在宅への追い出しがはじまっている）。人とのつながりをいかにつくっていくかが新しい時代のテーマだろう。

自立は、「〜出る」ということだけが至上の価値ではない。やはり「出てその先〜」を求めて出るのである。その先の関係こそが自立の内実を決めていく。（渡邉 2011：414－5）

すでにこのときから、自立生活運動が「分岐点」に立っており、「ポスト自立」の問題がテーマとなっていることを指摘している。さらに、「人とのつながりをいかにつくっていくかが新しい時代のテーマだろう」とも述べている。

このように述べていたのだが、まだその当時はその新しい時代のテーマをうまく言葉にしていくことができなかった。それでも、そのテーマは時を経るにつれてだんだんと明らかになっていったように思われる。いくつかの視点からそのことを論じよう。

まず、一九七〇年代より障害者運動を牽引してきた運動の先駆者たちが二〇一〇年代に入って以降、次々と亡くなっていき、「障害者運動のバトンをつなぐ」ということが障害者運動内においても大きなテーマとなった。四〇年以上の歴史があるわけだから、これまでだって当然障害者運動は次世代にバトンをつないできたのだが、「バトンをつなぐ」ということが明確に問題意識化されてきたのは最近の傾向である。つまり、これまでと同じ運動のままではバトンを受け渡せない状況になってきており、運動体の中でも危機感があるということだ。「次世代育成プロジェクト」みたいなものが、助成金を得ながら、全国的な障害者団体の内部でもはじまってきている。

ぼく自身も共著者の一人として出版に関わった『障害者運動のバトンをつなぐ』（日本自立生活センター編 2016）の冒頭では、まさしく「障害者運動はいま、一つの時代の区切りを迎えようとしている」と言われている。

障害者自立生活運動としては、少なくとも制度面や理念上は、二〇一〇年代前半に、そこそこのものを達成している。二〇一三年には障害者差別解消法が成立し、二〇一四年には国内の主要な障害者制度改革が一通り終えられたとのことで、障害者権利条約にも日本は批准している。介護保障等の福祉サービスの制度に関しても、障害者総合福祉法というかたちで、まだ不十分な面がありつつも、二四時間介護保障を全国各地で整備できる条件はそれなりに整ってきている。自立生活を営む障害者は確かに大幅に増加した。しかしその一方で、施設や親元を出て開始した自立生活が、ある行き詰まりを示し始めていることも現場で散見されるようになってきている。

日本自立生活センター（ＪＣＩＬ）で一緒に活動する小泉浩子氏は、『障害者運動のバトンをつなぐ』の第一章「既成概念の変革と、人として生きること　介助現場にかかわる中から」という文章の中で、そのあたりの課題を次の数点から論じている。

・うまくいかない「手足論」・「当事者が介助者を育てる」という視点
・介助は「権利」なのか？「サービス」なのか？
・地域生活が管理されていく
・障害者運動の主張が通用しない介助現場——難病の方の場合

・障害者運動の主張が通用しない介助現場——知的障害の方の場合
・自立生活をはじめてみたけれど
（1）慣れと手抜き——重度の言語障害をもつ脳性マヒの彼女
（2）毎日変化を伴う揺れる身体
（3）親への依存、親からの依存が断ち切れない
（4）異性を求め、心乱れる彼女

「手足論」や「当事者が介助者を育てる」ということは、障害者運動が主張してきたものだ。自立生活をはじめた障害者もはじめた当初はがんばるのだが、何年かして生活がだんだんマンネリ化していくと、そうした運動の主張も介助現場ではだんだん崩れていく。介助は当初、地域生活の「権利」だと求められていたが、だんだんと「サービス」となり、障害者はそのサービスの受け手、お客様となっていく。また、これまである程度、障害の状態が安定した健康な身体障害者たちが運動をリードしてきたのだが、難病や知的障害の人たちとの関わりが増えるにつれて、当初の運動の主張が通用しなくなりつつある。

さらに、「二四時間の介助が実現し、施設や、病院、親元から出てこれで「自由を手に入れられる」「楽しい毎日が送れる」「輝ける」そう思っていました。ところが……なかなか思い描いたとおりにいかない現実がまっていました」（同：33）ということで、「自立生活をはじめてみたけれど」の節において右の（1）〜（4）の事例が挙げられている。

まさしくそこでは、「ポスト自立生活運動の課題」あるいは「ポスト自立」の課題が具体的に挙げ

られているわけだ。これらは、これまでの障害者運動の主張や理念の言葉ではなかなか解きえない課題となっている。

もちろん、ぼくらはこうした課題があるからといって、自立生活はダメだ、やはり施設やグループホームでもいいのではないかと言っているのでは決してない。自立生活運動というある意味華々しさを伴う運動が一段落したとき、当然ついてまわるような課題、これから新たに考えていかないといけない課題、ということであろう。

熊谷晋一郎氏は、同じく『障害者運動のバトンをつなぐ』の中で、右で述べたような制度化が進んだ後に生じた諸課題について、障害者問題に限らず「人間社会のあらゆる場面でおきている、『ポスト制度化問題』の一例である」（同：173）と指摘している。そして彼は、運動のバトンを引き継ぐと言うのならば、単なる運動の反復と継承ではダメで、「常に現在の制度に足りないもの、現在の運動にかけているものを点検し続け、新たな問題提起と、資源の開拓をもくろみ続けるということが、バトンの継承という問題にとって必要不可欠な態度なのではないだろうか」と説く（同：174）。

そのために、彼は自身がここ数年取り組み続けている「当事者研究」という手法を使って、「もう一度ことばを生み出す」ことの必要性を述べる。「我々世代は、一見いろいろな制度が整っているかのように見えるけれども、よくよく見つめてみたときに、自分自身や仲間が、いまだ言語化していない、なにか違和感やしんどさを抱えているのではないかと目を凝らし、もう一度丁寧に発掘していく必要があるといえるだろう。身体障害に限らず、さまざまな障害をもつ人たちがいま自立生活運動のなかに合流してきている。これは、これまで誰も語ってこなかった経験をもう一度語り直す、絶好のタイミングである」（同：177）。

当事者研究というのは、ここで言われているような「いまだ言語化していない、なにか違和感やしんどさ」に対して、仲間同士が集まり、とにかく「言いっぱなし聞きっぱなし」の時間空間を共有しながら、新たな言葉を生み出していくような共同作業のことであろう(2)。

こうした意味では、介助者たちの「当事者研究」も今必要とされるのであろう。前著の第一章「とぼとぼと介助を続けること、続けさすこと」は、それまでほとんど語られることのなかった介助者たちのしんどさや違和感を、インタビューを通して言語化したものだ。ポスト自立生活の課題ということで障害当事者たちの間にとまどいが生じてきている今、介助者たちの間でも、介助現場で新しい課題に直面したり、今までの運動では想定されなかったような当事者との出会いを経験したりする中で、ますますとまどい、しんどさ、違和感といったものも増大していくであろう。それを放置していては介助者たちの中に閉塞感や痛みのようなものが蓄積されていくであろうから、それらを丁寧に言語化し、次につなげていく必要がある。

今回の本でも、3章「介助者の痛み試論」や第Ⅱ部「介助者として生きる／働くとはどういうことか」の各論などで、そうしたあまり語られない介助者たちの言葉が紹介されている。ぼく自身は「当事者研究」で言われるようなミーティングを介助者とともに行いながら共同で言葉をあみだしていくという作業を意識的にしているわけではないのだが、本書の文章が、介助者たちの「いまだ言語化していない、なにか違和感やしんどさ」に対して新たな言葉を生み出していく下敷きになれば幸いである。

相模原障害者殺傷事件と知的障害者の地域自立生活の課題（ないし「制度化以前」の課題）——取り残されてきた人々とのつながりの模索

先の小泉氏の指摘の中で、知的障害者の場合、「障害者運動の主張が通用しない」と言われているが、まさしくぼくの場合も、二〇〇〇年代の中ごろより知的障害者の介助に入るようになってから、それまで聞いていた自立生活運動の介助の仕方が通用しないことに大いにとまどった（4章の「介護者」についての節など参照。短文ながら11章もそのあたりのとまどいに触れている）。かといってどうしたらいいか教えてくれる人がまわりにいるわけでもなく、自分なりに手探りで知的障害者たちと関わっていた。確かに巷にはたくさんの知的障害者に関する本があるが、しかし、こと「知的障害者の自立生活」ということになると皆無に等しかった。「身体障害者の人は自立生活ができているのに、知的障害者はどうやったら自立生活ができるのだろうか？」というのがぼくにとって大きな疑問だったし、課題でもあった。そのことに悩んでいるうちに、東京都の多摩地域で知的障害者の自立生活の実践が進められていると知り、実際にそちらに訪問し、自立生活をしている知的障害者たちの姿を目の当たりにする機会を得ることになった。どうしたらいいのか、ということについてはあまりよくわからなかったが、そこの支援者たちの「昔は身体の人だって自立できるなんて思われてなかったけど今では自立生活できるようになっている。知的の人だってこれから一〇年、二〇年したらどんどんできるよ

（2） 最近では、熊谷氏は、自立生活運動や難病運動、依存症自助グループなどの当事者たちに、いわば Cross-disability（障害横断的）に集まってもらい「言いっぱなし聞きっぱなしの『当事者研究会議』」を開き、さらにそこに専門職や研究者たちの「専門知」をつなげていこうという試みをしている（熊谷 2018）。

うになるんですよ」というような言葉に、さして根拠もないけれど、勇気づけられ、京都でも、知的障害者の自立生活に取り組んでみたいと思うようになった。

二〇一〇年に、知的障害者の当事者団体ピープルファーストの全国大会が京都で開かれた。当時はまだ知的障害者の自立生活の支援はできていなかったが、ぼくはピープルファースト京都の支援者になっており、この全国大会の事務局の中心メンバーの一人として、大会の開催に尽力した。その大会の打ち上げの席上で、このように発言したことを今でも覚えている。「ぼくには夢、希望があります。それは知的障害者の自立生活を京都でも実現させ、広めることです」と。そのときは一〇年かかると思ったけれども、実際にはその後数年のうちに、知的障害のある人たちが次々と自立生活をはじめる状況が京都のぼくのまわりでできてきた。

そういう状況が生まれつつあるさなかの二〇一六年七月に、あの相模原障害者殺傷事件が起きた。この事件が起きた当時のぼくの思いや考えは、本書の1章、2章などで詳しく書いているので、そちらをご覧いただけたらと思う。ただ、一言述べておけば、多くの障害者福祉関係者が犯行の背景にあった犯人の優生思想を「許さない」と声を上げたのに対して、ぼく自身はむしろ、被害にあわれた方々に対して、「ごめんなさい」というような気持ちであった。

知的障害者が入所施設に約一一万人も入っているというのは、事件の起きる前から分かっていた。実質、成人の知的障害者の五人に一人程度が施設に入っている。相当高い割合である。そして、知的障害者が地域で自立生活を営む環境はまだ日本のほぼすべての地域で整っていない。だからこそ、ぼくも知的障害者の自立支援を推進していかないといけない、と事件前から考え、実践を試みていた。

知的障害者の入所施設は、身体障害者のそれに比べてもよほど閉鎖性が強い。簡単にはよそ者を入れてくれない。本人の意に反して施設入所させられてしまった人をなんとか地域へ戻したいという思いから、その人と面会するために施設にいくと、「来ないでほしい、本人に会わせることはできない」と施設側から立ち入り禁止をくらったこともある。本人が動揺するから、施設生活に慣れるまでぼくらに会わせることはできない、ということだ。そうした措置を、平気でとれるのが入所施設という仕組みである。多くの知的障害者の入所施設は、いわばブラックボックスであった。

そのブラックボックスの一つで起きたのが、今回の事件なのであった。ぼくたちはそもそもそのブラックボックスの中に、手を差し伸べることができてこなかったのだ。そして、そのように閉ざされた環境の中にいる人たちが「いないほうがいい」として殺害されたのが、今回の事件であった。

その当時書いた文章では、「亡くなられた方々は、なぜ地域社会で生きることができなかったのか?」(1章のタイトル)、「なぜ、亡くなる前にわたしたちはかれらとつながることができなかったのか」(二〇一六年八月六日東京大学追悼集会に寄せたメッセージの中の一文。2章冒頭に収録)という文言がならぶ。私たちのほとんどには、現代社会のブラックボックスのようなところにいる人々を取り残してきた、放置してきたという責任があるのだと思う。

事件が起きる前から、入所施設にいる彼ら彼女らとぼくらがつながってこられなかったということは、ポスト自立生活運動の課題、ポスト制度化の問題などと言う以前に、自立生活運動ではほとんど取り組んでこられなかった問題、いわば「制度化以前」の問題なのであった。

事件が起きて以降、そうした課題はより明確にぼくの前にあらわれてきた。たとえば、知的障害者の親から「以前は自分が倒れたらもう施設しかないと思っていた。でも、もし地域で暮らさせることができるのならそれをさせてやりたい。そんな生活は可能なのでしょうか?」というような問い合わせが複数舞い込んでくるようになった。悲しいことに、そうした親たちは、行政のケースワーカー、相談支援の支援員、作業所や居宅介護の事業所などの福祉関係者に、一通り障害のある子の地域生活の可能性を問いつつも、すべて却下されてきた経験をもっていた。地域で暮らし続けるための制度にのることのできていない人、取り残されている人がまだまだ大勢いるのである。

入所施設にいる知的障害者たちとつながるということは、残念ながらぼくらもいまだにほとんどできていない。けれども、せめて入所施設に入らないための支援に尽力するということが、ぼくらにとっては目の前の課題である。施設関係者や施設入所者の家族は、ぜひ本人の地域生活の可能性を模索してほしい。地域が頼りないのなら、その地域を頼りあるものにする提言をしてほしい。そして地域生活支援に関わる人たちは、ぜひぎりぎりの状況にある当事者や家族が「入所施設しかない」と思うことがないよう、支援を模索していってほしい。それらはつながりを取り戻す模索であり、またつながりを断たないための模索でもある。

心的外傷（トラウマ）――「つながりの断絶」から「つながりの回復へ」

ひょっとしたら、ぼくも含めて、地域自立生活を推進しようとする人たちは、自分たちにとって関わりやすい人、考えの近い人、自分たちのことをなぜか信頼してくれる人たちを優先して支援しているのかもしれない。そうした態度は安直に批判されるものではないし、支援に関わる個々人やそれぞれの団体の力量には限界があるのだから、仕方ないことでもある。

けれども、入所施設や精神病院に来るような人たちの中には、まわりの誰からも支援や理解を得られることなく、人間不信のどん底におちいり、自暴自棄になり、とり乱し、自傷や他害を行うようになり、施設なり病院なりに送り込まれてきた人も多いだろう。

実際に入所施設に入っている人たちの中でも、そこまで追い込まれた人というのは、さほどは多くはないのかもしれない。けれども、本人も含めて、家族なり、支援者なり、介護職員なりがもう本当にどうしようもなくしんどくなっているような状況は、確かにあると思う。

相模原の事件以降、ある意味逆説的で恥じ入ることでもあるのだが、そうした本当に困難な状況にある人との関わりをなんとか主題化していかないといけないのではないか、と一層意識化するようになったと思う。

その端緒となった文章が本書12章の「とまどいと苦難」である。この文章は運動の言葉というよりもむしろ文学的な言葉で、障害のある人やその家族たちの苦難を語ったものだ（こうしたスタイルの言葉がひょっとしたら今後の知的障害者の支援において大事な表現手段になるのかもしれない）。さらにそこに書かれたことを深め、徹底して論じようとしたのが、本書の中ではもっとも長編となった13章「支援・介助の現場で殺意や暴力と向き合うとき」という原稿である。この13章を書くにあたっては、ジュディス・L・ハーマンの『心的外傷と回復』という本との出会いが決定的な契機となった。詳細は本論にゆずらざるをえないが、まさにこの本は、「つながりの断絶 Dis-connection」から「つながりの回復 Re-connection」を扱った本であり、ぼく自身の中心テーマであった「つながりの模索」を深いレベルで徹底的に論じた本であった。

第Ⅳ部にまとめられた三本の論考は、自分の中ではいわば「トラウマ論的転回」を経た文章である。そこに描かれている「傷」（心的外傷＝トラウマ）の問題は、まさに現場で今本当に困難な中にいる人々の間での「つながり」を模索するためのきわめて重要な着眼点であると同時に、一般に障害者と健常者の間にある距離や溝を見つめるにあたっても着目し向き合っていかないといけないテーマなのだと、次第に気づいていった。14章「言葉を失うとき」は、「傷」の問題を根底におきつつ、入所施設にいて言葉を失いかけている人たちと、入所施設の外の一般の人たちの世界をつなごうとして書かれた文章である。

「傷」(心的外傷＝トラウマ)という言葉を手に入れることによって、これまで十分に把握されてこなかった現場の困難を読み解く言葉、さらに現場で困難の中にある人同士をつなぐ言葉を手に入れたように思う。ここからさらに次の言葉をつむいでいき、新たな人と人とのつながりをつくっていくためにも、ぜひ本論を読んでいただけたらと思う。

その他の文章について

以上、おおよそ、ぼく自身の来歴をふりかえりつつ、本書の各論の背後におかれたぼくの問題意識や時代状況を記したつもりだ。この「はじめに」では触れられなかったが、第Ⅲ部では、障害者運動とフェミニズムという二つの当事者運動の差異や意識のズレを介護保障という側面から論じたり(8章)、また高齢者と障害者との間のつながり、あるいはその隔たり、そしてきたるべき高齢者と障害者を含めた介護保障運動の可能性などを論じたりしている(9章)。二〇一三年に成立した障害者差別解消法をめぐる課題について、まさにこれから現場において必ず生じてくるであろう「とまどい」を基軸に論じた文章もある(10章)。

先にも書いたが、ここに集められた文章は、基本その都度、編集者たちから求められるがままに書かれたものだ。各文章は、おそらくその分、それまでぼく自身においても周囲においても、きちんと言語化されていない課題について、それをなんとか掘り起こし、そこになんとか言葉を当てようとして執筆された。その都度手さぐりの中から書かれてきたので、不十分な点はご寛恕いただけたらと思う。テーマは多岐に渡っているので、読者のみなさん各自の関心に応じて、どの文章から読み進んでいただいても差し支えない。

本書の各文章が、読者のみなさんの日頃のしんどさや違和感、あるいは不透明な課題について、なにかしらそれらを読み解き、そこに取り組んでいく手がかりを与えるものとなれば幸いである。

参考文献

熊谷晋一郎責任編集 2018『臨床心理学』増刊第10号「当事者研究と専門知」、金剛出版

日本自立生活センター編、尾上浩二、熊谷晋一郎、大野更紗、小泉浩子、矢吹文敏、渡邉琢著 2016『障害者運動のバトンをつなぐ――いま、あらためて地域で生きていくために』、生活書院

渡邉琢 2011『介助者たちは、どう生きていくのか――障害者の地域自立生活と介助という営み』、生活書院

I

相模原障害者殺傷事件をめぐって

1　亡くなられた方々は、なぜ地域社会で生きることができなかったのか？
――相模原障害者殺傷事件における社会の責任と課題

「勤君は、母親によって殺されたのではない。／地域の人々によって、養護学校によって、路線バスの労働者によって、あらゆる分野のマスコミによって、権力によって殺されていったのである」（横田 1979：24）。

はじめに

二〇一六年七月二六日未明、神奈川県相模原市にある障害者入所施設「津久井やまゆり園」において、元施設職員により、入所していた方々一九名が刺殺され、入所者、職員あわせて二六名が重軽傷を負う事件が起きた。この元施設職員は、「障害者はいなくなればいい」との犯行意図を公言して殺傷に及んだため、障害当事者や家族、支援者に大きな衝撃と不安をもたらした。事件直後より、メディアで大きく取り上げられ、雑誌等でも事件に関する特集が組まれた。事件後、一年、二年とたつうちに報道は下火となっていったが、まだ節目節目には事件に関するテレビ番組や新聞記事、雑誌論稿が発表されている。「事件を忘れない」という障害当事者たちの運動も続いている。生き残った入所者たちの中には新たな生活を歩み出した者もいる。

本章の以下の論考は、もともとは事件が起きてから二週間ほどのうちに書き上げ、SYNODOSというインターネット上の媒体で二〇一六年八月九日に公開されたものである。事件直後の世論では、「私たちとは関係のない特異な場所で起きた、異常な犯人による事件」といった程度の認識も多く、事件とこの社会がどうつながるか、事件の背景としてこの社会にはどのような責任と課題があるかについて、はっきりと理解されていなかったように思う。

場合によっては、「障害者はいなくなればいい」という容疑者の言葉ばかりがメディアで垂れ流しにされ、障害のある人たちをこの社会から排除していく風潮を強めるおそれもあったと思う。

ネット上で公開され、多くの人に読まれたこの論稿は、社会がそうした風潮に流されていくのをくいとめることになにほどか寄与したと思う。障害者と共に暮らすということについて私たちの暮らす地域社会の責任と課題を明らかにすることで、事件を受けて私たちがこれからどのような方向で考え、活動を進めていくか、その基本的な方向性を示すことができたと思う。もちろんその方向性を貫いていくことには、時に多大な苦難も伴うが、そのあたりについては本書の後半で議論していくので、まずは本章で基本的な考え方や、ぼくが大事と思う点を示すことができたらと思う。

なお、事件直後のリアルさを残しておきたいので、細かい字句修正を除いては発表当時の原稿のままにしてある。

「社会の責任と課題」を考えること

事件から二週間近くが経過した。事件についてはすでに多くの方々、あるいは団体が、意見や声明を発表している。[1] 報道では、容疑者がなぜ犯行に及んだのか、どんな人物だったのか、あるいはその責任能力はどうなのか、などに関心が高まっているが、ここでは容疑者個人の責任という側面はいったん脇におき、この事件を生む背景となった「社会の責任」、あるいはそこから浮かび上がる「社会の課題」ということを考えてみたい。

もちろん、それによって容疑者の罪が免責されうるという話をしたいわけではない。彼自身は「障害者はいなくなればいい」と思い、今回の凶行に及んだわけだが、そういう考えを抱くことと、それを自分の手で実際に実行に移すことの間には大きな溝がある。

けれども、「障害者はいなくなればいい」という考えから自分は無縁であるとどれほどの人が言い切れるだろうか。「障害者はいなくなればいい」と思う人が多いから、地域社会から離れたところに、「入所施設」なるものができるのではないだろうか。障害者と共にありたいと多くの人が願うならば、障害者は施設で暮らす必要はなく、地域で暮らし続けるだろう。あなたの身近には常に障害者がいるだろう。

しかし現状は違う。いたるところで、この社会には障害者を排除する論理が働いているのだ。その排除の論理が極端なかたちで顕在化したのが今回の事件ではないだろうか。だから、この社会の一員である人々すべてが自分たちの足元を検証する必要があるのだと思う。そういう意味で、この事件に関する「社会の責任」や「社会の課題」を考えていきたい。

（1） 事件直後に発表された各種団体の声明や報道記事等の情報は、次の立岩真也氏のページにある程度まとまっている。
http://www.arsvi.com/2010/20160726ts.htm

自己紹介――地域自立生活運動の随伴者として

まず、自分がどのような立場や経験から、意見を述べるかについて記したい。以下で述べることは、自分の日々の実践と結びついているからである。

今、ぼくは障害者の地域自立生活を支える介助コーディネーターを主な仕事としている。施設というのが、地域（在宅）で暮らすことが難しくなった障害者が施設職員の管理のもとで集合的に暮らすところだとしたら、地域自立生活というのは、障害者が地域の普通のアパートやマンションなどの自分の住居で、必要に応じて介助者などを入れつつ、自分なりのスタイルで暮らす生活のことだ。

施設での暮らしは、その立地などにもよりけりだが、地域社会との接点がきわめて限られている。たまに家族やボランティアが来るだけだろうし、来客がまるでない人だって多い。外出も一年に一回～数回の人が多いだろう。個人での外出はかなりハードルが高く、外出できたとしてほとんど集団行動となる。一ヶ月に一度も施設の外に出られない人も数多くいると思う。

それに対して、地域生活は、毎日が地域社会との交流である。道をぶらぶら歩き人とすれ違うこと、信号待ちをすること、スーパーやコンビニで買い物すること、電車やバスに乗ること。それらすべてが地域社会との接点だ。そうした地域自立生活を推進し、あるいは維持していくのがぼくの仕事だ。

そんな生活が送れるのは、ある程度自分でなんでもできる障害者だけではないか、と思う人も多いかもしれない。そんなことはない。

今回の事件は、重度の障害者が入所していた、と伝えられている。障害支援区分6（最も重たい区分）の人が大半だったと。けれども、今ぼくの目の前で暮らしている方々も、区分6の方が大半である。

　ぼくの所属する団体の設立の経緯からして自立生活している人は身体障害の人が多いわけだけれど、別にみんなばりばりいろんなことができるというわけでもない。言語障害がとても重く、意思疎通に慣れるまで相当時間がかかる方々も多い。

　身体障害の人は指示さえ出せれば自分で自分のことが決められるでしょ、でも、知的障害の人はそれができないから自立生活は難しいよ、という意見もある。

　けれども、今、ぼくの目の前では、知的障害のある方々も自立生活をはじめている。身体と知的の重複障害の方もおられる。強度行動障害のある方も介助者を入れて、地域自立生活を送っている。

　これまで施設に入っていたが、地域で暮らしたいという強い思いから一人暮らしをはじめる人もいれば、親元にいたけれど、親にも限界がきて施設に入れられそうになり、それをなんとか避けるために自立生活をはじめた人もいる。そうした人々が、ぼくの目の前のリアリティだ。

　もちろん、重度の障害者が地域で暮らせるようになりつつある状況というのは、一朝一夕でできあがったものではない。施設でなく、地域で普通にさまざまな人々と交わりつつ暮らしたい、そういう運動が四〇年以上前に起きて、少しずつ今の状況がつくられてきたわけだ(2)。

　知的障害者の地域自立生活は身体障害者のそれよりは少し遅れている。けれども、どんなに重い身体障害の人だって、どんなに重い知的障害の人だって、地域で生きていくことができる、そんな実践

（2）障害者が施設でなく、地域で自立して生きていくための介護保障確立の歴史については、拙著（渡邉 2011）の第3章、第4章の「障害者介護保障運動史――そのラフスケッチ①、②」を参照してほしい。

が広まりつつあるのだ(3)。その実践の一端を担っているのがぼくの仕事だ。

障害者は施設で暮らすのがあたりまえか?

残念ながら、今の世の中の現状は、障害者が上記のように、施設でなく地域で暮らしていける、ということがほとんど知られていない。あまりに多くの人が、重度の障害があったら施設で暮らすのは仕方ない、と思い、そこになんの疑問も抱かない。

しかし、少なくとも、日本が批准している国連の条約や、国内法等では次のように言われているのだ。

どんな障害がある人でも、地域社会から分け隔てられることなく、人としての尊厳にふさわしい生活を保障される権利を有し、どこで誰と暮らすかについて選択の機会が保障され、社会、経済、文化、その他あらゆる分野の活動に参加する機会が確保されねばならない、と(4)。

この日本社会では、今でも重度障害者の施設入所があたりまえのように思われているが、その際、入所される方の権利、つまり地域社会から分け隔てられることなく、人としての尊厳にふさわしい生活を保障される権利が奪われるかもしれないと、どのくらいの人が気づいているだろうか。

他にいくところがなく、地域から追い出されるように施設に入所している人に対して、どこで誰と暮らすかについて選択の機会が保障されている、と誰が言えるだろうか。また外出する機会が一年に一回か、せいぜい数回しかないような施設入所者に対して、社会、経済、文化その他あらゆる分野の活動に参加する機会が確保されている、とどの口が言えるだろうか。

少なくとも条文の理念から言えば、障害者が施設で暮らすことを自明視してはいけないはずだ。

それなのに、一般社会において、あるいは障害福祉関係者の間でも、入所施設は重度障害者にとっての居場所だという通念がいまだ抜き差しならないもののように思う。

中軽度の障害者は地域で生きることができるかもしれないが、重度の人、あるいは知的障害や重複障害のある人は難しいのではないか、そう一般の人は思うかもしれない。けれども、実は、そんなに重くない人も施設に入所している。他方、通常の施設では受け入れられないような最重度の障害のある人が地域で暮らしていたりもする。重度だから施設に行くしかない、というのは神話である。

なにが、地域か施設かの間で違いをつくっているかというと、まわりの環境である。まわりがこの人には施設しかないと思えば施設で暮らすことになる。本人やまわりの全体が、地域で暮らし続けよう、地域で暮らすことを応援しようと思うのなら、地域で暮らすことが可能である。施設に入っている多くの人は、ほとんどの場合、施設しかムリと思い込んでいるまわりの人たちによって、施設で暮らす以外の選択肢を示されてこなかった人たちだろう。

行政職員や障害福祉関係者の間でも、「入所施設は重度障害者にとっての居場所」という通念に疑いを入れる人はあまりいない。障害者支援の現場では、重度の障害者に対しては、家族介護がムリになると、地域生活の可能性に言及することなく、ショートステイを経てからの施設入所を勧める相談

（3） 知的障害者が入所施設でなく地域で暮らしていくためのノウハウを描いた本として、（ピープルファースト東久留米 2010）を参照のこと。

（4） 障害者権利条約や障害者基本法といってピンとこない方は、ぜひ、その条文を自分の目で確認してほしい。それは単なる建前としての理念ではない。具体化されるべき権利である。インターネット上でも「障害者権利条約」や「障害者基本法」と検索したらすぐに条文が出てくる。まずはその条文を自分の目で確認し、もし現実とのギャップを感じたならば、そのギャップを埋めることがわたしたちみなにとって大事な活動であることを認識してほしいと思う。

支援やケースワークが横行している。

地域で自立して暮らすことが可能だとは、本人も家族も知らないことが多い。ある意味で致し方ない。でも、だとしたら、行政やまわりの支援者がそれは可能だと本人や家族に伝えていくしかないわけだが、まったく不十分である。

なぜ、家族や本人が施設入所を選ぶのか。それしかないと思わせているまわりの責任もきわめて大きいのでないだろうか。

「障害者がいなくなればいい」という発言に対する社会の責任

今回の「障害者はいなくなればいい」という容疑者の言説には、言うまでもなく多くの障害者団体が厳しく抗議している。この考えについては、容疑者個人の特有なものではなく、社会に広く流布しており、その社会のあり方から見直さないといけないという見解も多い。

神経筋疾患ネットワークという障害当事者グループによって書かれた非常に印象的な声明の一部を引用する。

今回の事件がなぜ起きたのかについて、TVや新聞、ネット等で様々な議論がなされています。その多くは、容疑者がいかに異常で残忍であるか、特殊な思想のもち主であるかを語りあげています。しかし、今回の事件を彼の特殊性の問題として片付けてしまう態度にこそ、この事件の本質があるのではないでしょうか。

そもそも、彼の言う「障害者はいなくなれば良い」という思想は、今の社会で、想像もできない荒唐無稽なものになり得ているでしょうか。現実には、胎児に障害があるとわかったら中絶を選ぶ率が90パーセントを超える社会です。障害があることが理由で、学校や会社やお店や公共交通機関など、至る場所で存在することを拒まれる社会です。重度の障害をもてば、尊厳をもって生きることは許されず、尊厳をもって死ぬことだけを許可する法律が作られようとしている社会です。

そんな社会の中で生きる彼が、「障害者はいなくなればいい」という差別思想に陥ったのは、ある意味、不思議ではありません。彼のやったことは、まったく肯定できるところがありませんが、彼の思想を特殊だと切り捨てている限り、同じことが起こり続けるのではないでしょうか。

このような事件を二度と起こさない方法は、彼を異常者と認定して納得するのではなく、「障害者はいなくなれば良い」という思想が本当に荒唐無稽に思える社会を創ることのみです。そのためには、障害者が生まれてくることも地域社会で当たり前に暮らすことも阻害されない社会を実現させることが、本当の問題解決ではないでしょうか。(「相模原市障害者殺傷事件への声明文」二〇一六年七月二九日、神経筋疾患ネットワーク)

障害者問題(あるいは障害者をとりまく社会の問題)に慣れていない人にはひょっとしたらわかりにくい文章かもしれない。

おりしも、殺傷事件の少し前、新聞紙上で、「新出生前診断3万人超す　染色体異常の9割中絶」という報道があった(『日本経済新聞』二〇一六年七月一九日など)。つまり、胎児の段階で染色体異常(障害)が見つかったら、ほとんど(報道では九四%)がその命を途絶えさせてしまうわけである。端的に言いすぎるのはよくないのだけれど、「障害者は生まれてこないほうがいい」ということではないだろうか。

重度の障害があって生まれた子どもで、普通校に行ってみんなと学べる子はどのくらいいるだろうか。障害があって、特別の教育を受ける必要があるから特別支援学校に行くのは仕方ないことだろうか。その背後には、障害のある子がきたらとても手が回らないという普通校の先生たちの事情や、うちの子の足をひっぱらないでほしいという他の親の気持ちもあるのではなかろうか。

障害をもった人が普通に暮らせる住宅はどれくらいあるだろうか。なんとなく、お断りしたいという大家さんやご近所さんは多いのではないだろうか。

街のレストランやお店は、普通に障害のある人を受け入れているだろうか。車いすの人が入れるお店が、この社会に何パーセントくらいあるか、想像してみてほしい。障害のある人と障害のない人が一緒に入れるお店なんて、今のところ、この社会では限られた数しかないのだ。

あげくには、介護を受けて暮らしたり、医療機器を利用して生きることは社会にとってムダであり、醜いことだとして、そうなる前の医療のストップ（＝尊厳死）を合法化する尊厳死法案が何度も上程されようとしている国である。

つまり、生まれる前から、死にいたるまで、「障害者はいないほうがいい」というメッセージがいたるところにある社会なのだ。その社会のあり方こそ、まずは問われるべきでないだろうか。

なぜ施設入所者が狙われたか

容疑者は、今回のターゲットを、明確に施設入所者に定めていた。また特に意思疎通できない者を狙ったとも言われている。

障害者は人間としてではなく、動物として生活を過しております。車イスに一生縛られている気の毒な利用者も多く存在し、保護者が絶縁状態にあることも珍しくありません。私の目標は重複障害者の方が家庭内での生活、及び社会的活動が極めて困難な場合、保護者の同意を得て安楽死できる世界です。（容疑者の手紙より）

言いぶりはひどいと思う。こうした言説に対して、意思疎通できないのではなく、本人がとろうとしないだけ、その感性がなかった、などの識者のコメントもある。そして、どのような命も、精いっぱい生きようとしていて尊い、というコメントも多い。それは否定しようもないが、それだけを言ってもこの事件の本質は見えてこないのではないか。

まず、なぜ、施設入所者は、施設で暮らさざるをえなかったのか。言葉は悪いが、地域社会から見捨てられたからではないだろうか。地域社会が受け止めてくれるのなら、なにも住み慣れた地域を離れて、不自由な集団生活がまっている施設に入ることはない。

障害があるせいで、住み慣れた地域から離れざるをえない、地域の人々とのつながりも断たれる、そして自分の好みやライフスタイルを押し殺して施設の集団生活になじんでいくしかない、施設のルールを守れないと職員から厳しく叱責される、そうした過程で、人は、人としての固有の尊厳をどれほど奪われていくことだろうか、想像してみてほしい。

時には、家族、親族から厄介者扱いされ、入所する人もいる。「保護者が絶縁状態」という容疑者の言葉にさほど嘘はないと思う。家族、親族も、最初から好きこのんで障害者を厄介者扱いするわけではないだろう。隣近所の目、そして介護の負担、そうしたものをカバーしてくる支援がなかったからこそ、厄介者扱いせざるをえなかったのではないだろうか(5)。

ぼくは、今回の事件では、障害者全般が狙われたというよりも、社会からの支援が受けられず地域社会で暮らし続けることができなくなり、そして社会からのつながりを断たれ、施設でただ生きるしかなくなったとみなされた障害者の命が狙われたのだと思う。

もちろん、どんな状態の命だって、奪われていいわけがない。そして、施設に入所されている方々が、ただ日々をやり過ごしているだけとは思っていない。けれども、社会からの差別と排除のはてに施設に入り、多くの尊厳を奪われている命が、容疑者の目には社会にとってのムダと映った。そういう思考の道筋は、容疑者固有のロジックではなく、現在の社会のあり方、あるいは人々の障害者に対する意識によってつくられているのではないだろうか。

被害者の名前

今回の事件で、最初に報道を聞いたときももちろんショックだったが、二日目の朝、「被害者、実名報道されず」との記事を見たとき、なにかもっとショックを感じた。言葉が適切かどうかはわからないが、「障害者は死においても差別されるのか」と、とても辛い気持ちになった。

事件から一週間ほどたったころから、ようやく怪我を負った入所者の家族が実名で取材にこたえたり、あるいは亡くなられた被害者の遺族の方が匿名で出てきたため、どのような方々が事件の被害にあわれたか、その一端が見えてきたが、基本はやはりブラックボックスのままである。

通常の事件ならば、被害者の名前が出てきて、その人となりが偲ばれる。もちろん実名がすべていいというわけではない。けれども、今回実名公表できない理由はなにか。

警察が配慮したとか家族が要望したとか報道されているが、より本質的には、施設が、地域社会では生きることができずそこから排除された人たちを受け入れている場所であり、社会からタブー視されている場所だからだろう。名前の公表すらはばかられるということは、入所者は社会から忘却されるべき存在と見なされていたということでないだろうか。

事件から一週間ほどしたある新聞記事で、亡くなられた被害者の遺族の方が匿名でインタビューを受けておられた。亡くなられたのは六〇歳の脳性マヒの女性。その女性の弟がインタビューに答えていた。

> 男性はかつて、親戚とともに出身地の関西に住んでいた。「障害のある子がいることで（親戚の）縁談に影響が出るのでは」。長女が10代のころ、一家は神奈川県に住まいを移した。／施設を探し、長女が園に入って30年以上になる。（『朝日新聞』二〇一六年八月二日）

これだけではほんとうに一端しかわからないけど、家族全体が、身内に障害のある子がいるという

（5）　昨年（二〇一五年）のNHKドキュメンタリーのETV特集「それはホロコーストのリハーサルだった——T４作戦障害者虐殺70年目の真実」の締めに流されたある女性の言葉が印象深い。その女性の叔母（父の妹）は、一〇代のとき、てんかんの障害があるという理由で、病院内のガス室で殺されたらしい。でも父はその後、殺された妹のことは一切しゃべらなかった。叔母は存在しないものとされていた。そのことについてその女性は「叔母が殺されたことは私にとってとても悲しいことです。でも私が本当に悲しいのは叔母の死ではなく、家族がずっと沈黙を続けてきたことなんです」と述べる。社会からの視線がこわいとき、家族ですら、障害者を差別し、いなかったものとして扱うことがあるのだ。この女性は、叔母さんの死そのものよりも、叔母さんが社会からいなかったものとされるその存在の忘却をこそもっとも悲しんだのだ。

ことで、差別され、住居を移転せざるをえなかった。長女の施設入所の理由までは書いてないが、地域なり、親族なりに差別のまなざしがあったことは十分にうかがえる。

実名報道については、弟は次のようにも苦悶されている。

「実名を出した方がいいだろうか。自分は姉の60年の人生を否定しているのか」。家族とも相談した。「自分勝手かもしれませんが、取材を受けるたびに姉のことを話さなければならないと思うと、感情が高ぶって耐えられない」と話した。(同)

これだけの文章から勝手な推測はいけないけれど、姉の実名を出すことで、家族は何をしていたんだということも問われてくるような、その辛さ、いらだちが伝わってくる。けれども、社会がそれを問いただすとしたら、まったくお門違いだろう。なぜ、家族全体が引っ越しせざるをえなかったか、なぜ姉が三〇年以上施設に入らざるをえなかったか、それは決して家族だけの問題でなく、社会のあり方そのものの問題であり、また社会が背負っている歴史的課題のはずだ。

施設入所者の尊厳

事件がセンセーショナルなものだけあって、その直後に出た各団体の声明文は、「わたしたちが全力であなたを守ります」「優生思想に断固抗議する」というようなわりと硬質なものだった。その中で、ふと目に留まり、心にじーんと沁みた記事があった。

「津久井やまゆり園」での大量殺傷事件には、強い怒りと深い悲しみを感じる。現在、多くの報道が特に容疑者に関して行われている。加害者のことを含め、なぜこのような残虐な行為が行われてしまったのか、私は知りたい。

同時に、暴力的に命を奪われてしまった被害者の方たちのことも、もっと知りたいと思う。生前お一人お一人、何を楽しんでいた方たちだったのだろう。何に取り組んでおられただろうか。被害者には「障害者」という共通項はあるだろう。しかし、障害者である前に、どなたも障害者でない人と同じように、喜怒哀楽のある人生をそれぞれ送られていたに違いない。

被害者個人個人の姿、人となりを知ることで、私たちはこの悲惨極まりない事件からより深く、くみ取ることができるのではないだろうか。命の大切さを、一層痛切に学べるのではないか。（『神奈川新聞』二〇一六年七月二八日　長瀬修氏（立命館大学）寄稿）

匿名報道という中でも、被害にあわれた一人一人がどのような方々であったか、なにが好きで、なにに取り組んでいたか、そうしたことに思いをはせること、それが今、一番大事なことなのではないか、という趣旨だと思う。(6)

ぼくも本当に、そのことこそ、今大事なのだと思う。一人一人がどういう思いで、どう生きてきたかに思いをめぐらすこと。

(6) その後、二〇一七年一月にNHKのホームページで、亡くなられた一九名の人となりをしのぶために「19のいのち」というサイトが公開された。この事件に関心のある方は、亡くなられた方々がどのような方々であったかを知るためにも、まだ見たことがなければ、ぜひ目を通してほしい（https://www.nhk.or.jp/d-navi/19inochi/）。

先ほどは、いろんな尊厳を奪われつつ施設に入所したのではないか、と書いた。けれども、どんなにいろいろ奪われても、そこに生きる存在は尊く、そしていくらかでも楽しみ、悲しみ等の喜怒哀楽がある。その存在の尊さをまずは認めること。

そしてその上で、もし人生の様々な段階でその固有の尊厳が少しずつ奪われていたとしたら、それをどう回復できるか、それを考えること。たとえもう亡くなっていたとしても、被害にあわれた方々の人生の尊厳がいかに回復できるか、それを考えていくこと。

そうした、追悼、ふりかえりこそ、大事なのだと思う。

正直言うと、亡くなってから追悼していては、遅いのである。亡くなる前になぜより多くの人とつながれなかったのか。より多くの人とのつながりがあったら、今回の事件には至らなかったかもしれない。なぜそれ以前につながれなかったのか。それまで社会の人々は何をしていたのか。

これからの社会の課題（1）

「障害者はいないほうがいい」という社会全体の差別意識のはてに、入所施設があり、そこでは少なくとも入所者の社会的存在は忘却され、その忘却された命に対して、社会のムダであるとのまなざしが向けられ、今回の凶行が行われたのではないか、ということを述べてきた。

どんな命であっても尊いという価値観を踏みにじり、実際に大量殺人を実行した点で、容疑者の責任はきわめて重い。

他方で、なぜ、重度の障害をもつ人たちを社会的に忘却された存在としたのか、ムダであるとみなされるような存在にしたのか、その点については、社会の一人一人の責任がきわめて大きいと思う。

私たちは、「障害者はいないほうがいい」という差別意識の連鎖の中に生きている。胎児として身ごもられ、誕生し、赤ちゃんとして育ち、学齢期を経て、社会人となり、そして老後、死を迎える。その全過程において、「障害者はいないほうがいい」というメッセージがいたるところで発動しているのだと思う。

くしくも、今年二〇一六年四月より、障害者差別解消法が施行された。社会のあらゆる領域で、障害者への差別をなくしていこうとする法律だ。つまり、社会、経済、文化、あらゆる領域で、「障害者はいないほうがいい」なんて言われないための法律だ。

自分の職場、自分の子どもが通う学校、自分のよく行くお店などで、「障害者はいないほうがいい」みたいなメッセージが出てないか、常に点検することが大事だ。

そして、共にあるためには、社会的な支援も必要だ。バリアフリーの整備だってそうだし、介助等の人的支援も必要だ。その方策や支援の実施は、すべての人が平等に生きるための社会の義務である。そのためにはお金もかかる。だけど、それは、社会の一人一人がもれなく尊厳もって社会の構成員となるための費用だ。高いわけがない。

すでに入所施設に入られている方々と関わりをつくっていくことの大事さも述べたい。

今、知的障害者の施設には一一万人が入所。精神病院には三〇万人もの人々が入院されている（そのうち、一年以上の長期入院患者は約二〇万人）。その人たちと、亡くなる前につながること、関係をもつこと、それが今、社会の課題としてとても大事だと思う。

今回の報道でも、施設労働者の過酷な労働実態についての報道はあったと思うが、施設に入所している障害者一人一人の声を拾い上げようとしている報道は皆無だった。誰が狙われたのか。施設に入所している、無力化された障害者たちである。その人たちとつながりをもとうとするメディアはどれくらいあったろうか。皆無だろう。（メディアの方々には、施設長や職員たちではなく、入所している当事者の声、あるいはその生活の実態を拾うよう努力してみていただきたい。そうしたら、おそらく、「あんな事件が起きたから（表に出しにくい）」とか「家族の意向もあるので」と様々な抵抗にあう。そのときはじめて、どんな差別的環境の中で入所者たちが生きているか、気づくだろう。なお、くれぐれも、入所者は重度の人たちだから発する声などない、と思わないでほしい）。

知的障害者の入所施設や精神病院は、その内部に踏み込むには、きわめてハードルが高い。今回の事件で、施設の安全性強化とか措置入院の見直しとか、とにかく施設や病院の閉鎖性を高める方向に社会が進んでいくおそれがあるので、(7) ますますハードルは高くなっていくかもしれない。けれども、それでも施設や病院に入っている当事者たちとつながっていくこと。まずはそこからスタートだろう。途方もなく困難な課題である。

それができずに、今回亡くなられた方についてのみ追悼するのは欺瞞だと思う。すでにもろもろの尊厳を奪われてきた方々の命がそこにはある。もはや誰しも面会者のいない方だってたくさんおられる。社会的に忘却されつつ、生存している方がおられる。亡くなる前に、その忘却から救い出し、その尊厳をいくらかでも回復していくために、地域社会の人々のやる課題はたくさんある。

これからの社会の課題（2）――どんな障害のある人でも、地域社会で暮らしていくために

最後に、具体的に障害者が施設ではなく地域で自立して生活していくための課題を挙げておく。

ＤＰＩ日本会議という障害当事者のＮＧＯ（非政府組織）で、反優生思想、地域自立生活推進の立

場から、数々の政策提言を行っている団体は、「今回の事件を受けてなすべきこと」として、「施設からの完全な地域移行計画と地域生活支援の飛躍的拡充を」と、その提言の一つでうたっている。

今回の事件の背景に、とりわけ重度の知的障害のある人、重複障害のある人、高齢の障害のある人の地域移行が遅々として進んでいない状況があるのではないか。

事件に遭われた施設の管理体制を直接批判するものではないが、今後の在り方として入所施設ではなく、地域での生活を基本に進めていくべきである。

国も「施設からの地域移行」を掲げて10年余り経つが、今回の事態をきちんと受け止めて抜本的な地域移行策を打ち出すべきである。

施設や病院に誰も取り残されることなく完全な地域移行が可能となるような計画と、どんな重度の障害があっても地域で暮らせるように重度訪問介護などの地域生活支援を飛躍的に拡充して頂きたい。(「相模原市障害者大量殺傷事件に対する意見」二〇一六年八月二日)

実のところ、国はすでに「施設からの地域移行」という目標を一〇年余り前から掲げている。施設からの地域移行の数値目標や、施設入所者数の削減も数値目標として定めている。国の意向を受けて、各自治体でも数値目標を定めており、いくらかは進展している部分もあるが、なかなか進んでいない

(7) そうした隔離、閉鎖性の強化は、この社会を「障害者のいない社会」にしてしまうおそれがあるので、そうではなくインクルーシブ社会への転換こそ必要と主張する声明として、DPI日本会議「相模原市障害者大量殺傷事件に対する意見」(二〇一六年八月二日)。

のが現状だ。

　地域移行する人がいても、施設入所の待機者がいるため、全体数はなかなか減らない。自治体ごとのばらつきもある。ぼくの住む京都市では、障害福祉計画における施設からの「地域移行」の目標値も実績値も、現在のところ（第4期京都市障害福祉計画（平成二七年三月））、国の定める数値の半分くらいしかない。そして、施設の待機者が多いから、という理由で、本来定めるべき「施設入所者数削減」の目標値については、なんとその項目の記載を放棄してしまった[8]。

　施設入所の待機者が多いから、施設入所者数を減らすことができない、と行政は言う。しかし、大事なのは、なぜ施設入所を選ぶのか、その理由を探ることだろう。

　理由の多くは、地域での支援があると考えることなく、施設しかないと思っているからだろう。家族としても好んで施設に入れたいと思っているわけではない。でも、これまで誰も助けてくれず、高齢になるまで精いっぱいやってきた。ここまでやってきたんだから、あとはもう施設ね、となることも多いだろう。

　最近でも、何十年も障害のある子を介護してきた親（七〇代）が、子（四〇代）を殺してしまう、という事件が起きている。なぜ、ここまで抱え込ませてきたのか。そこを振り返らずに、家族が倒れたら施設へ、という話にはすべきでないはずだ。

　今でも、高齢になりつつも社会の支援を受けずに障害のある子（といっても大人）を養っている家庭もあるだろう。そこにどう社会が手を差し伸べていけるか。地域生活の支援を充実させ、どう施設入所待機者を減らしていくことができるか、つまり障害者が施設にいかなくてもすむような社会をどうつくっていくかを考えていかないといけない。

また、先にも述べたが、知的障害者に関していえば施設入所者一一万人、精神障害者の精神病院入院者三〇万人（長期入院患者は二〇万人）。この方々が、これからどう地域に移行していくか。途方もない課題とも思える。一人一人、丁寧につきあいながら地域移行を進めていくほかないわけだが、社会全体がそれを応援する雰囲気をつくっていくことがとても大事である。

地域での介護保障等もっと整備されていかないといけない。先の提言にあるように「「重度訪問介護」などの地域生活資源を飛躍的に拡充」する必要がある。（重度訪問介護というのは、重度の障害があり、その都度の介護を要する事態に対応するためいつも人がそばにいないといけない人のための、長時間介護保障制度。二四時間介護の支給が認められることもある）。

現行では、身体障害者の二四時間介護保障は多くの自治体で認められつつあるし、また知的障害者の二四時間介護保障も少しずつ、認められるようになってきている。特に、知的障害や重複障害のある人たちの地域自立生活は「支援付きの自立生活 supported independent living」とも呼ばれる。障害が重く、意思の表明がいくらか難しいとしても地域で生きる権利を奪われないためには、こうした概念が広まっていくことも大事である。(9)

現状ではまだまだ二四時間介護を利用して地域で自立生活するには、それなりの力のある団体と結びつかないと難しいところはある。そして、どの団体も現状でもアップアップである。けれども、一

（8） 平成一九年三月に策定された第1期京都市障害福祉計画では、国目標とほぼ同程度の地域移行および施設入所者数削減の目標値であったが、その後、次第に目標値は低下していき、途中から施設入所者数削減の目標値の記載をなくした。

（9） 困難とみられていた重度の知的障害、自閉症の人たちがどのように地域自立生活（支援付きの自立生活）を営んでいるかについては、寺本他 2015 を参照にしてほしい。

歩一歩粘り強く進めば、どんな人でも地域自立生活ができる地盤は形成されつつあるのだ。

私たちにどれだけのことができるか。障害のある人とない人が共にある社会をつくるには、差別や優生思想などが許されないような社会環境をつくっていき、また地域自立生活を進めていく方向での社会全体挙げての取り組み、支援が不可欠である。ほんとうに途方もない課題であるが、そうしたことを地道に一つ一つやっていくことが、今回亡くなられた方への本当の追悼になるのだと思う。

参考文献

寺本晃久、岡部耕典、末永弘、岩橋誠治 2015『ズレてる支援！——知的障害／自閉の人たちの自立生活と重度訪問介護の対象拡大』、生活書院

ピープルファースト東久留米 2007『知的障害者が入所施設ではなく地域で暮らすための本——当事者と支援者のためのマニュアル』、生活書院（→増補改訂版 2010）

横田弘 1979『障害者殺しの思想』、ＪＣＡ出版（→増補新装版 2015、現代書館）

渡邉琢 2011『介助者たちは、どう生きていくのか——障害者の地域自立生活と介助という営み』、生活書院

2 障害者地域自立生活支援の現場から思うこと
――あたりまえの尊厳とつながりが奪われないために

はじめに

相模原障害者殺傷事件について、ぼく自身の思いと考えの基本は、事件直後に発表した文章「亡くなられた方々は、なぜ地域社会で生きることができなかったのか？」（1章）に記した。

また、事件を受けてのぼくの思いを短文で率直にあらわしたものとして、熊谷晋一郎氏らが呼びかけた二〇一六年八月六日の東京大学での「『津久井やまゆり園』で亡くなった方たちを追悼する集会」に送ったメッセージがある。[1] はじめに読んでおいていただいた方が、本章の論旨の理解に役立つと思うので、ここに再掲する。

（1） 以下の東京大学当事者研究 LAB. のホームページ内に掲載されている。
http://touken.org/20160806tsuitosyukai/messagejp1/

なぜ、亡くなる前につながれなかったのか?

今回、被害にあわれた方は、なぜ施設に入所されていたのだろう?

なぜ、地域社会で生き続けることができなかったのだろう?

今、どんな重度の障害があっても、地域で自立して生きる生き方が少しずつ広がっている。知的障害があろうと、重複障害であろうと、ぼくの目の前では、地域で自立生活する人たちがあらわれている。

被害にあわれた方々は、名前すら公表されることがはばかられた。

彼らは人里離れた施設で隠れるようにしてのみ、生きることを許されていたのだろうか。

社会的には忘却されていた方々だったのだろうか。

このような事件というかたちで、わたしたちは19名の死を追悼しているが、もしこのような事件がなければ、わたしたちは亡くなられた方々とつながれる可能性はあったのだろうか?

ここにいるどれくらいの人が、重度の知的障害者の方が多数入られている入所施設を訪問し、入所者とつながりをもとうとしたことがあるだろうか?

今回、容疑者が狙ったのは、社会からのつながりを断たれた障害者たちだった。

事件そのものは犯人が起こしたものだが、重度障害者が地域社会でなく施設でしか生きることができない社会をつくってきたのは、わたしたち一人ひとりである。

厳しい言葉でいえば、今まで見捨てておいて、今さら追悼するのは遅いのではないか。

なぜ、亡くなる前にわたしたちはかれらとつながることができなかったのか。

なぜ、施設に入る前に、地域で生き続けることを支援することができなかったのか。

今、成人の知的障害者の5人に一人は、入所施設に入っている。実数でいえば11万人。真の意味での追悼は、社会的に忘却されている方々とつながりをつくるところからはじまるのではないだろうか。

このメッセージは、日本自立生活センターの事務局員及び介助コーディネーターとして、また知的障害者の当事者団体ピープルファースト京都の支援者として、いまだ重度の知的障害者の地域自立生活という課題について、ぼく自身、十分に取り組んでこられなかったことを悔いながら、書いたものだ。前章でも書いたが、施設で暮らす人々がどのように社会とのつながりと尊厳を取り戻していけるか、そして、いずれ施設に入るしかないとみなされている人々が尊厳を奪われることなくどのように地域で生き続けていけるか、そうしたことがこの事件の後、私たちには重要な課題になってくるのだと思う。

ただ、理念的、抽象的な言葉で語っていてもほとんどの人にはピンとこないだろうから、以下では、その課題に取り組むために具体的にどうしたらいいのかについて、ぼくの日々の実践や経験から思うところを記していきたい。障害者と共にある日常があたりまえのように広がっていくために、運動の言葉というより、できるだけ日常の言葉で記していけたらと思う。まずは、ぼくが日常的に関わっている障害者介助（支援）の光景から。

ある日常の光景から

大型の台風が接近していて、雨が長く続く日の夕方だった。ぼくは、屋根のあるバス停留所で雨宿りしながら、ある青年が障害者デイサービスから送迎車で帰宅するのを待っていた。

この日は、その青年と、夕方に歯医者に行くことになっていた。青年は、一年半ほど前から、親元を離れて一人暮らしをしている。生まれつきの障害があり、身体障害者手帳一級、療育手帳A判定をもっている。世間では重度の重複障害者と言われると思う。はじめて会う人が声をかけても、返事はなかなかすぐには返ってこない。でも、何秒か待っていると、ニタっと笑って言葉を返してくれることもある。そうした間合いを知っている親しい人から見たら、そんなに重度とも思わないだろうけど、はじめての人はかなり重度だな、と思うだろう。そして大型の手動のストレッチャーの車いすを使用している。

デイサービスで虫歯が見つかったとの知らせがあったため、この日の夕方、歯医者に行くことにしていたのだった。それまで歯医者は、親と一緒に障害者専門の歯医者に行っていた。でも、せっかく一人暮らししたんだし、近所に通いやすい歯医者があったらいいね、ということで、ぼくの知る他の重度身体障害のあるメンバーも利用している近所の歯医者に、ぼくと一緒に行くことにしたのだった。

雨がかなりきつく降っていても、二人とも平気だった。一〇年以上前からのガイドヘルプでのつきあいがある。大雨のときも大雪のときも、一緒に笑いながら、走りながら、出かけていた。

新しいところなので、青年は、ちゃんと診てもらえるかなぁ、知っている人はいないのかなぁ、とちょっと不安そうだった。少し待って、名前を呼ばれた。診てくれた先生は、最初、大きな声で「大丈夫、大丈夫、大丈夫だから」とまくしたてる感じで、余計本人には大丈夫ではない感じだった。

でも、ぼくがのらりくらりと本人と先生の間で会話を続けることで、先生もだんだん、その青年ののんびりペースに巻き込まれていった。診察はほどほどのところでぶじに終わった。先生と青年はにこやかにやりとりできるようになっていた。診断は、結局虫歯ではなかったが、今後の歯ブラシの仕方とかを教えてもらい、歯医者を後にした。青年は、デイの職員になんと説明したらいいんだろう、と気にかけていた。先生に診てもらった内容をちゃんとその職員たちに伝える自信がないようだった。ぼくからもああだこうだわかりやすく説明しようとするが、どうものみこめないようで、最後には、デイのノートに書いておくよーなどと言いながら、あれこれと話を続けていた。

そのままおうちに帰って、晩御飯の支度をしてもよかったのだけれど、なんとなく、少し遅くなったので二人で外食しようか、という雰囲気になった。近くにお気に入りの和食レストランがある。二人でそのレストランに入り、一〇〇〇円台半ばの、刺身付きのちょっといい定食を頼んだ。一緒にごはんをたべながら、よもやま話を続ける。

ふと思う。一年半前、青年の親が怪我をして家での介護が難しくなり、施設か在宅かの岐路にたったとき、親から、「この子は長期入院すると言葉がなくなってしまう、意識レベルが低下してしまう、だから、施設はできる限り避けたい」と打ち明けられていた。でも、福祉事務所をはじめ、まわりの多くの人は、親が介護できないのなら、緊急でショートステイを利用してその場をしのぎつつ、そのうち施設入所も考えないといけない、という対応だった。

今、こんな風に、ぼくらはのんびりレストランでちょっといい定食の晩御飯を一緒に食べて、よもやま話をしている。でもこれは、ひょっとしたら、彼から奪われていたかもしれない光景だった。そのことをふりかえって思うと、こんなありきたりの食事も会話も、貴重なものに思えてくる。ここには、奪われたかもしれない尊厳のようなものがあるのだ。

彼とぼくの会話自体は、他愛のないものだ。繰り返しが多くぐるぐる同じところを回っている感じ。

それでも、本人は気になることを一所懸命話している。なんとなく、そのぐるぐる回るのにつきあい、ときにツッコミをいれ、ときに変化球で返しながら、話を続ける。言葉が失われることはない。

障害が重たく、重度に見える彼。一緒にレストランに入ると、ちょっと年配の方々などは、わりとぎょっとこっちの方を向いてくる。親と一緒でもなく、なぞのおにいちゃん（介助者）と一緒に、こんな時間に、重度の重複障害と見られる障害者がレストランに入ってくることなんて、いまだめったに見られない光景だろう。

帰りの夜道、雨に打たれつつ、カッパを着て、傘も差して、手動の車いすが進んでいく。たぶん、普通だったら、車でお迎えのところだ。そうではなく、普通に傘をさして、いくらか雨に濡れながら、夜道を進む。そして、一人暮らしをしているマンションにぼく（介助者）と帰っていく。

なにげないこと、あたりまえのことのはずだ。でも、今の社会では、いまだそうある光景ではない。街の夜の世界に、重度の重複障害者の姿は、まるでなじまない。

残念ながら、今はまだ多くの障害者にこうした光景は与えられていない。あるいはこうした日常は障害者から容易に奪われやすい。どんなに共生社会、インクルーシブ社会が謳われても、障害者が一人の個人として他の者と平等に生きられる社会にはまだまだ至っていない。でもそれをあたりまえにしていくこと。こうした光景を一つ一つこの地域社会の中につくっていくこと。奪われやすい日常を、奪われないものにしていくこと。大きく言えば、そのためのこうした毎日の実践の積み重ねが、「インクルーシブ社会」への、あるいは今の文脈に引き付けて言えば「あたりまえの尊厳とつながりが奪われることのない社会」への道すじなのではないだろうか。

かく言うぼく自身も、十数年前までは、そもそも重度の障害者が地域社会で一人で暮らすなんて、まるで想像できなかった。

小学校のころに重度の自閉症の同級生などがクラスにいたけれども、それ以降、二〇代半ばまで障害者との接点はほとんどなかった。障害者は、大人になったらどこでどう暮らしているのだろう、という疑問は頭の片隅にはあったと思うが、日常で出会わないから、さほど意識もしなかっただろう。

一五年ほど前、当時学生でたまたまＪＣＩＬ（日本自立生活センター。所在地、京都市）と出会い、地域で活動する障害者たちと知り合うことになった。入所施設や筋ジス病棟（主に筋ジストロフィーの患者が長期入院している病棟）にいる人たちの介助にも行った。当初は、比較的軽度の人はなんとか地域で暮らしているけれど、全介助が必要な重度の人が地域で暮らすのは難しいんだろうな、くらいに思っていたと思う。

けれども、これまた、たまたま一時ぼくの実家のある名古屋に戻っていた際、普通のマンションの自分の一室で二四時間介助者を入れて過ごす脳性まひのおっちゃんに出会ってしまった。あれ、こんなふうに過ごしている人もいるんだ、重度障害者の一人暮らし、できるんじゃん、という感触を、現場に入ることで、リアルに得ることができた。泊まり介助というのをそこではじめて経験した。こんなふうに介助者がいれば、全介助の必要な重度の方でも一人暮らしできるんだということを発見した。

京都市は、当時（二〇〇〇年代前半）、そこまで介助保障の制度は整っていなかったけれど、名古屋でできて京都でやれないことはない、ということで、その後ＪＣＩＬの職員になってから、そのメンバーとともにいろいろと行政と交渉する中で、京都市でも二四時間の介助保障が認められることになった(2)。今、京都市では、全介助が必要な多くの重度障害者が二四時間介助者を入れて一人暮らしを営んでいる(3)。それがわりとあたりまえの日常になっている。

一方で、身体障害の人は自分で介助者に指示できて、いろいろ自分でやりくりできるから、一人暮らしできるだろう。でも知的障害のある人にはそれはちょっと難しいのではないか。そんな思いが、わりと早い段階からぼくの中に浮かんでいた。課題は、「知的障害者の自立生活」。そもそも「知的障害」と「自立生活」は両立しない言葉なのでは、とも思っていたと思う。

けれども、今度は、東京都東久留米市にある「自立生活センターグッドライフ」(4)という団体の実践に出会ってしまった。知的障害の人が、自立生活しているのである。自立生活というかどうかは定義の問題にもよるかもしれないけれど、ともかく、かなり重度の知的障害があるように見える方々が、介助者を入れて、地域の普通のアパートの一室で、暮らしているのである。そこには確かに、介助者を入れながらの「一人暮らし」のかたちがあった。その光景に出会い、なんだ、できるんだと、すとんと腑に落ちた。実際にどのようにやっているのかは、そのときはあまりわからなかった。でも、全面的に介助が必要な知的障害の人達でも、普通に地域で生きることができる、それはまた新たな発見だった。

それを知ってから、知的障害の人とも地道に関わるようになっていった。心の底では、いつかはこの人たちの自立生活を、と思いつつ。

ここ二、三年のことだが、最近ではぼくのまわりの知的障害のある人たちが、次々と一人暮らしを開始するようになってきている。その中には、先に紹介した重度の重複障害の青年も含まれる。一〇年前につきあいだした頃は、とても一人暮らしできるとは思ってもいなかった。正直、まわりの誰も思っていなかったと思う。それでも、今、できているのである。

それができるようになった条件は、もちろんいくつもある。JCILという団体が京都市と交渉して二四時間介護保障を確立させると同時に、知的障害者の仲間の活動も応援していたこと。団体の規模が大きく介助者もなんとか確保できたこと。その青年とのつきあいが一〇年以上あり、本人や親とのそれなりの信頼関係を築けていたこと。JCILの支援で知的障害のある仲間もすでに何人か一人暮らししており、その人たちの暮らし方を、本人も親も見ることで、なんとかなるという気持ちになったこと、などなど。

(2) 障害者の地域自立生活における二四時間介助保障制度は、一九七〇年代より要求運動が行われ、九〇年代半ばに東京近郊の自治体で実現しはじめ、今現在も徐々にではあるが全国各地に整備されつつあるところである。その運動の過程、及び、現行の障害者ホームヘルプ制度のあらましは、拙著『介助者たちは、どう生きていくのか』(2011、生活書院)の第2、3、4章などを参考にしてほしい。なお、二〇一七年に石川県金沢市で二四時間介助保障が認められたことにより、四七都道府県すべてにおいて、二四時間介助保障を認めている市町村が一カ所以上ある状況がつくられた。

(3) ただ、このあたりまえの日常も、しばしば奪われやすい。歴史的にはもともと脳性マヒ者が二四時間介助を要望して、それを勝ち取ったのに、今京都市では、財政難のためからか、二四時間介助は原則医療的ケアの必要な人に限る、みたいな形式的な運用がなされており、脳性マヒ者の二四時間介助が認められにくくなっている。福祉事務所の窓口で、医療的ケアがないので、二四時間介助は認められません、とはっきり言われることもある。二四時間介助の成立事情を知っていて、原則は医療的ケアの有無に関わらずあくまで個々人の介護ニーズに即した個別対応でしょ、と交渉にもち込める支援者がいないと、なかなか難しくなっているのが現状だ。

(4) その実践の実例やノウハウ、支援の心構え等を記すものとして、ピープルファースト東久留米著『知的障害者が入所施設ではなく地域で生きていくための本』(2010、生活書院)が参考になる。ピープルファーストというのは知的障害者の当事者団体。ピープルファースト東久留米は、東京都東久留米市において、当地の自立生活センターグッドライフなどのサポートを受けながら、知的障害者の当事者活動や地域自立生活を推進している。

こういうことを言うと、恵まれた地域や人間関係があっていいね、という話になりがちだが、こういう状況は、一朝一夕にできあがったものではない。団体全体の思い、それから個々人の思い、それらがあわさって、一〇年近くかけてできあがってきたものだ。すぐには無理かもしれないけれども、一〇年くらいかければなんとかなることもあるだろう。どんな重度の障害のある人たちも施設でなく地域で暮らしていくための基盤はまだまだ整っているわけではない。けれども、多くの人の志が合わさることで、少しずつ整備されていくものだと思う。

津久井やまゆり園にいる方々は本当に施設入所が必要だったのか

津久井やまゆり園に入所されている方々に直接お会いしたことはもちろんない。(5) ただ、八月二〇日、ピープルファースト京都のメンバーとともに、園の前まで直接訪れ、献花し、京都の仲間からのメッセージ色紙を届ける機会を得た。(6)

正直言うと、訪問する前は、どれほど山奥の人里離れた施設で、凶行も生みやすいような環境の施設なんだろうか、とも思っていた。けれども、行ってみたら、郊外にある普通の「平凡な」施設だった。コンビニとかはないけれども、幹線道路沿いにあり、まわりには住宅も普通にあった。ぼく自身は京都を中心に一〇カ所ほどの施設を訪ねたことがあるが、その中でも、中くらいの環境の施設だった。こんな普通の施設で、あんな凶行が行われた、ということにある意味で慄然とした。

報道ではここの施設の紹介として、強度行動障害のある人や重度の重複障害者を受け入れているところとされていたが、ぼくの感覚から、ここに入所されている方々は（そしておそらく亡くなられた方々も）、そんな最重度の方々ばかりではない、ということも直感的に感じとった。一五〇人程度も入所していたという大規模な施設ならば、最重度と言われるような方から、比較的軽度の方までいろんな方が入所しているだろうなとなんとなく想像した。

容疑者じたいは、手紙等を読む限り、「車いすに一生縛られている」ような「重複障害者」を主として狙ったようである。入所者全員を殺害すると手紙に書いてあった一方で、犯行時には、話せる人かどうかを施設職員にその都度尋ね、わざわざ話せない人を狙ったという報道もあった（なお、強度の行動障害のある人たちの行動をコントロールするために眠剤等を多量に用いていたら、眠っている間は、動かなくて言葉の通じない障害者とみなされうるかもしれない）。

亡くなられた方々の個人情報の公表が見送られたために、どのような方々が実際に亡くなられたかよくわからなかったが、事件後一か月ほどしてから、ようやくやまゆり園で亡くなられた方々、あるいは怪我を負われた方々の人となりや障害の状態が新聞報道等でいくらかうかび上がってきた。

直感の通り、被害にあわれた方々は、最重度と言われるような方々ばかりではなかった。八月二五日の「報道ステーション」（テレビ朝日）では、容疑者に首やのど、お腹など数カ所さされながら九死に一生をえた方のインタビュー映像が報道されていた。「あめ食べる」との母からの問いかけに、「や

（5）　この原稿の執筆時点（二〇一六年九月）では、施設入所者や施設の内部の様子は外部のものにとってはまだほとんど闇の中であった。けれども、この後の註（6）にあるように、入所者の親族の方と知り合うことができたため、いつかご本人とも出会いたいと思っていたところ、後日、一年半ほどたってから、施設を訪問し、その方と出会う機会があった。本書の最終章でもその時のことに触れている。

（6）　そのことへのお礼として、入所者の親族の方から、丁寧な感謝の電話とお手紙をいただいた。内部の方々がこれまでどうだったか、そして今どうしているか、外からではなかなかわからないけれども、ご連絡いただけたことで、なにほどか人間的にぐっと近づけたように思う。

めとく。おなか痛い」とはっきり答えていた。また、「やまゆり（園に）帰るのやめとく。やめとく」とも話していた。まったく言葉がないのではなく、それなりに自分の気持ちを相手に伝えられる言葉をもっている方だった。(7)

八月二六日の『毎日新聞』の報道では、事件で亡くなられた方のことが紹介されていた。ある六〇代の男性は、「カブトムシやクワガタムシを捕まえるのが得意で、自宅で暮らしていたころは、『虫捕りの名人』と近所で慕われていた。近くに住む主婦は『夏になると、「捕れたぞー」と子供たちに見せてくれた。子供たちが笑うと笑顔を返してくれた』と目を細める」。

それから、「施設の同じ部屋で暮らしていた別の男性も殺害された。軽作業や散歩をして過ごす生活の中で、囲碁と将棋のテレビ番組を楽しみにしていた。『お父さんの趣味だったようだ』。元職員はじっとテレビに見入る姿を覚えている。眉間《みけん》にしわを寄せ、電車の『車掌さん』のまねをしてみせる愛嬌《あいきょう》の持ち主でもあった。『ドアが閉まります。ご注意ください』という声が、職員の耳に残る」。

こうした記述を読む限り、亡くなられたのは、容疑者が示唆していた言葉のない重度の重複障害の方たちばかりでなかったのだろう。それなりに身体も動くし、それぞれの環境にあわせて自分なりに話す言葉をもっていた方々もいたのである。

ここには問題が山積しているように思う。

本当に彼らは施設入所しかありえないほど、重度の障害者だったのだろうか。(8)地域での支援体制さえ整っていれば、施設に入らなくてもよかった方々なのではないか。精神病院の「社会的入院」という言葉にならっていえば、障害者入所施設への「社会的入所」を余儀なくされていた方々なのではないか。

この事件については、本当はそこまでさかのぼって検証されてほしいと思う。(9)

施設に入所している人たちは、施設しか行き場のないきわめて重度の障害者たちだという偏見が、私たちの間にはないだろうか。一度施設に入所してしまっては、職員と親族と近隣のボランティア以外はめったに入所者と触れ合うことはなく、多くの場合施設内は世間から隔離されたエリアになるので、ますます入所している人は重度だという偏見は強まるだろう。

さらに、施設入所を通してしばしば実際に障害は重度化する。高齢者介護では「リロケーションダ

(7) 尾野一矢さん(事件当時四三歳)。障害のある息子のことを隠したくないという親の意向もあり、事件直後からメディアにしばしば登場された。事件二年目のNHKスペシャル「〝ともに、生きる〟障害者殺傷事件2年の記録」(二〇一八年七月二一日放送)では、言葉や表情がとても豊かになってきた様子が映されていた。ご両親と外出され、外でごはんを食べているとき、「楽しい!」と笑顔で語る尾野さんに対して、「ごはんはおいしかったですか?」と問いかける記者さん。その記者さんに「おいしかった。おにぎりおいしかった」と尾野さんはうれしそうに返事をされていた。事件直後の緊張と警戒に満ちた様子とはまるで別人のような健やかさがそこにあった。

(8) ぼく自身は、施設しかありえないほど最重度の障害者というのはただの神話だと思っている。たとえば最重度と言われ病院からも敬遠されるALS患者の中にも在宅で多くの支援者に囲まれ普通に暮らしている方もおられる。地域では夜間でも一対一の配置が可能なのに、施設や病院では職員一人で一〇人、二〇人の入所者(患者)をみないといけない。施設でやれて地域でやれないことなどないと思う。

(9) 原稿執筆時点では、入所されている方が地域で暮らせるかどうかについての検証は皆無であった。しかも、神奈川県は、津久井やまゆり園を大規模施設のまま再建する、と宣言していた。しかしながら、その後、神奈川県の方針に対して、障害者当事者団体や、地域生活の充実を望む団体から反対の声が強くあがり、神奈川県はいったんは当初の案を保留し、関係団体と協議を重ねたうえで、最終的に、入所者たちへ丁寧な意思決定支援を行いつつ、施設を小規模化して暮らし方の複数の選択肢を用意していく、という方向で話がまとまった(平成二九年一〇月津久井やまゆり園再生基本構想)。

なお、そうした方向性の中で、二〇一八年八月時点で、二名の方が施設を出て、別の社会福祉法人の営むグループホームに入り、地域移行をはたしている。しかし、一〇〇名以上の入所者が残されている中、二年たってわずか二名の地域移行というのは少なすぎるのではないか、との思いもよぎる。

メージ」という言葉もあるが、施設入所によって、住み慣れた環境、人間関係を断たれることにより、無口になったり、暴力的になったりすることがしばしばある。

「この子は長期入院とかすると言葉がなくなってしまう、意識レベルが低下してしまう、だから、施設はできる限り避けたい」という、先に紹介した青年の親の言葉を思い出してほしい。施設入所によって、もともとあった言葉が失われることはしばしばある。隔絶され、スタッフもそろっていない環境の中で、日常のよもやま話ができるというあたりまえの尊厳が、奪われるかもしれないのだ。

「23歳で園に入所すると、慣れない環境のせいか、自分の顔や手を爪で傷つけるように。一時帰宅した際も自ら肩を脱臼させるなど頻繁にパニックを起こした」[10]。これは、先に紹介した、容疑者に複数個所刺されながら一命をとりとめた方の入所後の様子だが、自傷傾向は、入所後に強く出るようになった感じである。知的障害があったらもともと環境変化に弱い方も多いだろう。その変化についていけず、自傷、他傷、パニックが出やすくなるのは、人間として、ある意味あたりまえのことではないだろうか。

さらに、施設入所は、入所者に多くのものをあきらめさせる。他に行き場もなくここしかないと言われて入るのだから、自暴自棄にもなるし、あるいは絶望的な気持ちにもなりやすいだろう。先の「虫捕りの名人」は、入所後、どれくらい虫捕りを楽しめただろうか。施設では、昼夜問わず、クワガタやカブトムシの出るスポットに行く機会が保障されているわけもない。「捕ったぞー」と自慢できる相手はまわりにどれくらいいただろうか。そうした生きがいを奪われ、狭い空間に閉じ込められたら人はどうなるだろうか。

障害は個人に起因するというより、むしろ環境に起因するものだ。つまり環境次第で、障害は軽度なものにも重度なものにもなる。これが社会モデルの原則であるが、施設入所者の障害が重度に見える（そして重度化する）のは、上記のような偏見や施設という閉鎖的環境に起因している面も多分にあるのではないだろうか。

今回の事件の容疑者は「障害者は人間としてではなく、動物として生活を過しております。車イスに一生縛られている気の毒な利用者も多く存在し、保護者が絶縁状態にあることも珍しくありません」と手紙で述べていたとされる。

施設入所が、地域での支えを失った人たちの庇護収容であり、人から生きがいや尊厳や言葉を奪いやすいとしたら、上記の発言内容もあながち的外れではないのではないだろうか。[11] もちろん、施設生活を受容した人々の間では、それなりのライフスタイルというのもあると思う。なじみの仲間やお気に入りの職員もいただろう。そしてもちろん、たとえ施設が、なにほどか生きがいや尊厳を奪われた人々が入ってくる場所だとしても、そこにいる方々を殺した方がいいと見なすことなど断じて許されないことだ。けれども、もし、大規模入所施設という閉鎖空間がなかったとしたら、そしてどんな重度の障害者でも尊厳を奪われにくい地域社会の環境があったとすれば、今回の容疑者が、上記のように障害者を描写することはなかっただろう。そして閉鎖空間に収容された障害者たちに対する大量殺

(10) 『日本経済新聞』二〇一六年八月二六日より。
(11) 「車いすに一生縛られている気の毒な利用者も多く存在し」と言われているが、津久井やまゆり園内の実態が少しずつ明らかになるにつれて、これは容疑者の偏見だったというよりも、施設内で実際にそういう処遇が行われていた、ということだった可能性も高い。たとえば、註（7）で紹介した二〇一八年七月二一日放送のNHKスペシャルでは、歩き回ることが好きな女性が、職員による見守りが困難なため、長い時は一日一二時間「身体拘束」されていたという記録が残っていることが報道されていた。車いすにベルトで固定して、動けないようにしていたのである。

人という殺意が湧くことはありえなかっただろう。このことが示唆するものは大きい。

日々の実践から政策へ

現在、成人の知的障害者の約五人に一人が施設に入所している（平成二八年度障害者白書より）。入所者は実数にして一一万二〇〇〇人。

精神病院の入院患者は約三〇万人で、そのうち一年以上の長期入院患者は約二〇万人。実数ではこちらの方が多いが、割合では知的障害者の入所者の方が多い（成人の精神障害者で長期入院している者の割合は、約二〇人に一人）。

また、同データによると、現在では、身体障害者の施設入所の割合はかなり少なく、五〇人のうち一人以下である。

知的障害者の地域生活が進んでいない。これはデータから明らかだと思うが、あまり社会的に意識されていないし、改善しようとする取り組みも進んでいないように思われる。

成人の知的障害者のうち五人に一人が施設入所ということは、そんなに重くない人も施設にたくさん入っているということだ。おそらく普通に街で出会うちょっと変わった知的障害のにいちゃん、ねえちゃんたち、彼ら彼女らが、親亡き後に、普通に施設に入所しているケースも多いわけだ。先ほども述べたが、施設入所は、決して最重度の人だけではない。比較的軽度、中度の障害者でも、地域での支援がなければ施設に入所せざるをえないのだ。

そして施設というのは、行き場のない人たちが集められた閉鎖空間なので、そんなに重度でない人たちも、重度者扱いされてしまいやすく、いつのまにか社会的にも入所者たちのことは顧みられなくなる。いったん入ってしまったら出るのはきわめて困難だ。

こんな流れをくい止めたい。親がいなくなったら、住み慣れた地域を離れて施設にいかないといけないなんてことはあまりにおかしいだろう。地域で支援できる人たちが、ある年ごろからだんだん本人と関わり、そのまま地域で支援を続ければそれでいいだけだ。けれども、そんな雰囲気は、今の障害者福祉の関係者の間ではほとんどない。

ぼく自身は、冒頭で紹介した青年のことをはじめとして、たまたま日々のつきあいの生じた方々が、施設にいかなくてもいいように、支援活動をしている。施設にもたびたび出かけ、施設を出て地域で暮らしたいと思う人の地域移行の支援も行っている。

けれども、こうした活動はまだまだ個人レベル、団体レベルの活動になってしまう。本当は行政、社会全体を挙げて地域生活の基盤整備、ひいては脱施設という課題に取り組んでいかないといけないはずだ。

いちおう国レベルでは、「障害者福祉計画」により、共生社会の実現、障害者の自立支援という観点から、施設入所を徐々に減らしていこうという方針は立てられている。実際に、平成一七年一〇月から平成二六年度末までのほぼ一〇年で、入所者の三割（以上）が施設から地域生活へ移行できるよう数値目標を立て、ほぼそれを達成している。また同期間で、施設入所者数も全体で一割（以上）削減しようとする数値目標が立てられ、こちらもほぼ達成されている。

障害者権利条約が批准され、障害者差別解消法も施行されている現在では、障害者福祉の基本は地域生活支援であり、施設福祉が表立って肯定的に語られることはほとんどなくなっている。

けれども、実際には、施設入所を希望する人たち、いわゆる施設入所待機者は今でも数多く、そうしたニーズに支えられて、いまだ障害者福祉の中で施設福祉は大きな力をもっている。施設入所者の全体数は約一〇年で一割削減されたが、このペースだと完全な脱施設の実現には少なくとも一〇〇年必要なわけだ。そんなに待てるわけがない。

この地域移行や施設入所数の削減についての力の入れ方は自治体によって異なる。大阪市では、国の数値目標の一・五倍（約四五パーセントの入所者が地域移行を達成。施設入所者数全体も二割削減）を達成しており、施設から地域への流れをつくるための取り組みにかなり力を入れている。他方、京都市では、国の数値目標の半分ほどしか実現できていない（一〇年間で一五パーセントの入所者の地域移行）。施設待機者が多いという理由で、施設入所者数の削減はほぼあきらめ、数値目標もかかげなくなった。

地域移行のための課題をあぶりだすために、大阪市では、施設入所者本人や、入所施設管理者に聞く調査も行っている。[12]

たとえば、施設入所者本人への調査の中で、「入所を決めた人」は誰かという質問があるが、

自分で決めた　7・7％
自分以外の人が決めた　73・4％

という結果が出ている。大半が本人が望んでいない施設入所であることは明らかだ（念のために言うと差別解消法施行後の現在、本人の意に反する施設入所は差別にあたるとみなされる可能性が高い）。

また施設管理者への調査では、「地域移行を進めるうえでの課題」についての質問があり、

地域での介護・支援の確保　50・5％
グループホームなどの充実　56・4％
家族の理解　70・3％
…

などの数値が出ている。地域生活資源の充実という課題に加えて、家族への理解を促していく取り組みも必要だと明確にわかるだろう。地域移行や施設入所者数削減を目指すのならば、こういった実のある実態調査を行っていくことも大事だろう。

また施設入所の待機者が多いから施設入所者数を削減できないと言うのなら、施設入所を希望しているのは誰か（本人か本人以外か）、なぜ地域生活の継続が困難と思うのか、地域でどういう支援があったら施設に入所しないですむか、などについて、しっかり調査すればいい。そうすれば、地域社会にどんな課題があり、どう改善したらいいか、あるいは家族の不安はどうしたら解消されるかなどについての筋道も立てられるだろう。

さらに、本人、家族、障害福祉関係者などは、具体的に、どのようにして重度の障害者が地域で自立して暮らしていけるのか、そのモデルケースを実際に自分の目で見て学んでいかないといけないと思う。そういう実践は、身近な地域にも一つや二つ、あるはずだ。なければちょっと遠方まで足を運

（12）　平成二五年度大阪市障がい者基礎調査参照。他の自治体のことは詳しく知らないが、施設入所の課題をきっちりと取り上げて調査をしている自治体は、大阪市以外、あまり知らない。

んで勉強するしかない。

ぼくが実際に重度障害者（身体も知的も）の地域自立生活の現場を見ることで、誰でも自立生活できるんだということを発見したように、重度障害者が普通に地域の一般マンションやアパートで暮らしている姿を見れば、今までムリだと思っていた人たちの中でも、地域で生きていけるんだ、という思いもわいてくるだろう。

なお、こうした話をしていると、必ず、施設で何十年も暮らしている人たちまで地域移行させるのか、という話も出てくる。地域生活資源の確保、そしてまわりからのエンパワメント支援などが十分に行われた上で、それでもなおかつ地域生活がためらわれるというのなら、しばらく待ってみるということもありうるだろう。他方で、新規の施設入所はこれ以上受け付けない、という方針をとることはできるはずだ。もしかしたら、地域で生きていくための支援体制が整っていないかもしれない。けれども、その体制をなんとか整え、誰しもが地域社会から排除されない仕組みをつくっていくことこそ、障害者権利条約批准後の国や自治体の役目なのではないだろうか(13)。

誰も、被害者にも加害者にもならないために

前章でも書いたが、ぼく自身は、今回の事件については、障害者への日頃からの差別、虐待、そして地域社会との断絶を余儀なくされる入所施設という構造的問題が、その大きな社会的背景、要因としてあるのだと思う。差別、虐待、隔離は、それを受ける人の尊厳を奪っていく。尊厳を奪われている人は、より一層差別、虐待に遭いやすくなり、隔離されやすくなる。「障害者はいなくていい」という言葉に表れているような「優生思想」はそうした尊厳のはく奪の果てにより明確なかたちとなっ

て表れてくるだろう。だからこそ、日々の生活の中で、いかに障害者から人としての尊厳が奪われないようにするか、尊厳が奪われにくい社会、制度をつくっていけるか、そうした課題に意識的に取り組んでいくことが大事なのだと思う。尊厳が奪われないために、また地域社会とのつながりが断たれないためには具体的にどうしたらいいか、そうしたことをわかりやすく伝えるために、ここまでできるだけぼく自身の日頃の経験や実践に即して記してきたつもりだ。

最後に、もうちょっと踏み込んで、「障害者による加害」について考えてみたい。というのも、障害者は別にいつも無垢の被害者というわけではなく、人によって、また障害やまわりの環境の状態によっては、他者に対して危害を加えやすくなることもあるし、そうした加害傾向により、はからずとも地域社会で暮らし続けることを難しくする要因を自らつくってしまい、施設入所や措置入院にいたることもあるからだ。障害者の地域生活支援に取り組む場合、そうした加害といかに向き合っていくかということも大事な課題だ。

ぼく自身のよく知る人の場合では、電車やバスの車内で、あるいは街を歩いていて、何か癇に障ったことでもあったのか、突然他人のことが気になり、相手に対して威嚇したり挑発をはじめる方もおられる。威嚇がエスカレートすると、耳の痛くなるような怒声を相手に浴びせるようになるため、そばにいるのがいたたまれなくなる。そういう状態で、ドツボにはまり、ついに手や足まで出るようになって、措置入院させられたこともあった。自分から相手の嫌がることをやって、みずからつながり

（13） 現状の日本の法制度では考えられにくいが、アメリカ合衆国カリフォルニア州のランタマン法では、障害者の地域生活のニーズにみあった福祉サービスがなければ、州は経費を確保してそのサービスを創出する義務を負うとされている。

を断たれる要因をつくってしまう傾向があり、なんでかなぁ、と思うこともしばしば。けど、そういう状態にならないときは、いろんな活動に意欲的だし、人なつっこくていろんな知り合いがいるし、また健脚でほんといろんなところを歩き回るのが好き。だから、決して、地域でのつながりが断たれることなく暮らし続けてほしいと思い、そのための支援をしている。

彼に同行する中で、どんなとき、どんな人相手にイライラパニックが起きやすいか、あるいは起きにくいかを丁寧に観察したり、興奮状態になったとき、どんな関わり方がいいのかなんとなく動物的勘でさぐりをいれていたりする。

どうやら、彼自身の根幹には、社会や他者に対する不信感など（障害があることで他者から関わりを拒まれた経験が根深いのだろう）があるみたいで、人から邪険にされたり、無視されたりするとき、それがあらわになって、相手に執拗にくいつき絡むようになるみたいである。彼の中の加害傾向というのは、他者から邪険にされたり、人とのつながりが断たれようとするとき、発動するもののようだ。

だからこそ、支援としては、多数の支援の輪や、人とのつながりのネットを彼のまわりにはりめぐらすことで、彼自身が他者から切り離され絶望状態に陥らないことを大事に考えている。人とのつながりを常に欲するから、電話も頻繁すぎるほど頻繁だ。

ぼくを含め支援者や身近な人たちにも暴言を浴びせ暴力をふるうこともあったけど、もしその都度ぼくらが完全に彼を排除する対応をとっていたとすれば、彼はたぶんもう地域で暮らしていなかっただろう。けれども今、彼自身は、親亡き後も見越して、一人暮らしの練習もしている。そのがんばりぶりをたくさんの人に応援してもらうことに一つの生きる感触を得ているようである。

「加害」とどう向き合い、どう対処していくかは、障害者の地域生活支援に取り組む上でとても重要なテーマだ。加害に及ぶから、あるいは加害に及びやすいから、自分たちの団体や地域から排除して、施設や精神病院にいってもらおうとするとすれば、それはあまりに安直だろう。少なくともそれは、インクルーシブ社会を目指す態度ではないと思う。そして、そういう拒絶的な態度こそが、さらにその人の攻撃性を強めることだって十分に考えられるのだ(14)。

他者を排除しやすい社会は加害者を生みやすいし、当然同時に被害者を生みやすい。私たちがインクルーシブ社会、誰しも排除されない社会、誰しもが尊厳とつながりを奪われることのない社会というものを目指すのだとすれば、誰にも被害を被らせないことと、誰にも加害に及ばせないこととは同時に考えていかないといけないように思う。自分たちに危害を加えかねない人をも、インクルーシブ社会の包摂の対象と考えていく、一面で大変苦しく胆力のいる作業でもある。

しかし、誰だって、本来は被害者にも、加害者にも、なりたくはない。けれども、環境次第では、誰だって被害者にも、加害者にも、なりうるのだと思う。だからこそ、誰しもが被害者にも加害者に

(14) この意味では、今回の事件の容疑者について、施設関係者、警察関係者、精神病院関係者などが事件以前に彼に対してどういう態度をとっていたのかは非常に気にかかる。拒絶的な態度が取り返しのつかない事態をまねきかねないことについて、たとえば熊谷晋一郎氏は、以下のインタビューで、ダルクのメンバーの実践として、反社会的な行動をとるリスクのある人がきたときほど、決して排除したり、ひとりぼっちにさせてはいけない、みんなでその人に声をかけて、一線を越えないように見守る、という趣旨のことを述べている(「【相模原19人刺殺】それでも、他者とつながり生きる。脳性まひの医師の思い」BuzzFeedNews 2016/08/27)。
また、斎藤環氏も、月刊『創』二〇一六年一〇月号の記事で、そもそも今回の容疑者について措置入院という社会から隔離する措置が妥当だったか検証すべきであり、「措置入院をくらったということが犯行の後押しをした可能性は、決して否定できない」と述べ、さらに措置入院解除後に孤立させないための支援を適切にできていたら、犯行を思いとどまらせることもできたかもしれない、とも述べている。

もならないような社会を粘り強くみんなで考えていく必要があるのだろう。

3　介助者の痛み試論
――直接介助の現場から考える

「障害のあるなしに関係ございません。人はいつだって暴力をふるう可能性があります……」

――熊谷晋一郎

「すごく嫌になって。なんで、俺、ヘルパーでなく、こんな奴隷みたいなことせなあかんのだろうって。それで、我慢に我慢を重ねて、腸炎になったりして。それで、けっこう（相手にきつく）言ってしまうんですよ。耐えきれなくなって」。

――ある介助者

「〈人間〉はつねに加害者のなかから生まれる」。

――石原吉郎（『望郷と海』）

はじめに

「介助者の痛み」を考えることをこの章の課題としたい。それを考えるにいたった経緯や、問題の所在をまずは述べておこう。

相模原の事件以降、ぼくは事件の背景としての「社会の責任と課題」を問う文章を書いてきた。たとえ事件を実行に移したのが容疑者一人であったのだとしても、その事件を生み出す素地をつくってきたのはこの社会ではないのか、そして亡くなられた方々がなぜ地域社会を離れて施設に入らざるをえなかったのか、そのことをこの社会に暮らす一人一人が問い直さないといけない、ということを述べた（渡邉：2016a）＝1章）。

そして、『現代思想』（二〇一六年一〇月号）の特集「相模原障害者殺傷事件」では、重い障害のある人々が、あたりまえの尊厳とつながりを奪われることなく地域で暮らし続けるためには何が課題となるのかについて論じた（渡邉：2016b）＝2章）。以前では難しいと考えられてきた重度の知的障害や重複障害の人々の地域自立生活も、適切な支援があれば可能であることを、ぼく自身の身近な実践経験に基づいて示したつもりだ。

ただ、これまでは「社会の責任と課題」ということを大きく問うてきたわけだが、ひるがえって、直接の介助現場という自分たちの足元を直視し検証することは後回しにしてきたきらいがある。ぼく自身、日々、障害者の地域生活を支える介助者・介助コーディネーターとして暮らしているわけだが、地域自立生活の毎日の介助現場の営みには、時折、名状しがたい重苦しさやしんどさが横たわっていることもまた確かだ。関わりから退きたくなるような介助現場というのも確かに存在する。その自分たちの足元を見つめ直す作業は我が身を切り刻むような苦しさを伴う。普段、できれば見て見ぬふりをしてすませたいような介助現場の重苦しさや課題を直視し、そこに自分の身を差し出しつつ関与していかないといけないからだ。

言葉は悪いが、障害の「社会モデル」に基づき、社会や他者の責任を問うのはまだラクなことなのかもしれない。それに対し、介助現場の重苦しさや痛みに関わり続けるしんどさは、おそらく権利や社会モデルといった言葉だけでは解きえない。日常の鬱屈したものが堆積しているだけに、障害者、介助者双方ともに、その思いが丁寧な言葉によって表現されることはほとんどない。時折の感情の爆発やバーンアウトなどのかたちで、そこに問題があったことが露呈するにすぎない。

とりわけ、介助者、介護者の言葉は、現状では、封印されている、あるいは自制されている側面がある。守秘義務が課せられている、というのはもちろんのこと、仕事だから我慢して当然だろう、さらに、障害者の痛みや苦しみを前にして自分の気持ちを語ってはいけない、また、当事者の理不尽な言動を前にしても介助者という立場からは何も言うべきでない……などなどの意識が、介助者たちの言葉が表に出るのを防いでいるのであろう。もし封印・自制された言葉たちをこじ開けるとしたら、障害者の存在や地域生活を否定しかねない要素がそこからあふれ出すかもしれない。語られないのにはそれ相応に適切なわけがある。

けれども、言葉にすることができず、我慢を強いられ続ける思いというのは、人の心身をむしばんでいくものだ。結果として、あまり理由を語ることもなく、介助現場から去っていく人もいる。心身に実際のダメージを受ける人もいる。もう二度と障害者には関わりたくないと言ってやめる人もいる。場合によっては、抑圧された思いは反転して虐待やいじめにいたることもあるだろう。人によって感覚は異なるかもしれないが、決して今の介助現場の未来が明るいわけでない。慢性的な人手不足、長年続ける中での現場の疲弊感は絶え間なく存続している。たとえ施設からの地域移行が大々的に主張されるにしても、全国的に見たとき今の地域にどれほど重度障害者を受け入れる余地があるだろうか。

理念を語ることと同時に、そうした足元にあるからこそかえって解決の糸口がつかみにくい課題をなんとか解きほぐしていけるよう、丁寧に考えることが必要だろう。介助者が現場の重苦しさや痛みに打ちのめされることなく、それなりに障害者の地域生活が安定的に支えられていけるような条件や道筋を考えていかないといけないだろう。

介助者・介護者が丁寧に自分たちの足元を見つめ直すこと、自分たちの気持ちを丁寧に解きほぐしていくこと、介助に伴う痛みや重苦しさを、障害当事者も交えつつ丁寧に考えていくこと、そうしたことは、障害者の地域生活の進展のための条件、共生社会の実現のための条件にもなってくると思う。

もちろん、介助者の言葉は、単なる露悪的な障害者批判になることもある（他方、障害者からの介助者批判にも同じような露悪趣味が現れることが往々にしてある）。そうならないような仕方で、つまり、きちんと障害者側の背景や痛みをも踏まえつつ、なおかつ、現場に入ることで行き場のない感情に押しつぶされていくことがないような仕方で、介助者の痛みを解きほぐしていく必要があるだろう。

以下では、上記のような問題意識に基づき、障害者自立生活運動の理念を踏まえつつ、介助者の痛みというものを丁寧に論じていくためのきっかけを提示してみたい(1)。

障害者の傷と、支援現場の暴力性

話の導入にあたって、こんなエピソードを紹介したい。

先日（二〇一七年三月一二日未明）、愛媛県の障害者グループホームにて、入所者の一人が放火し、同居人の三名が亡くなるという事件があった。ことの真相は、事件以降の報道がほとんどないのでわからないが、この事件について、「すごい興味がある」とぼくに語った身体障害の方がいた。彼は、幼少の頃から施設に入れられ、また施設職員から風呂場で殴る蹴るの暴力をふるわれた経験もある、中度の身体障害者だ。

その彼が言うには、「(放火した人の)気持ちがわかる。ぼくも(施設にいたとき同じことを)やりたかった」とのことだった。この発言は、もちろん今回の放火事件の真相とは分けて考えないといけないが、障害のあるなしにかかわらず、人がある種の環境に追い込まれたら、自分を取り囲む環境をぶちこわしたくなるような破壊衝動にいたることがある、ということをよく示唆するものだった。

障害者支援の現場にいる人たちは、それなりにこうした破壊衝動発言に接することもあるのではないだろうか。ぼくらの団体にも、感情がひどく高ぶったとき、「JCILぶっつぶしてやる!」「ピープルファーストなんかもうやめてしまえ!」などの言葉を放つ人もいるので、実行に移すかどうかは別として、障害者がそういう破壊衝動をもつことそのものに違和感をもつことは、ぼく自身はさほどない。だいたいそういう発言が出るのは、その人自身が、社会や組織にいづらくなったとき、そこから排斥されたと感じるとき、社会や組織のみんなが自分をいじめていると感じるとき、みんなから傷つけられたと感じるときであり、人間としては、ある意味あたりまえの感情なのではないかな、と思う。(2)

なぜ、この障害者自身がもつ暴力性から話をはじめたかというと、まずは障害者=被害者、健常者(あるいは介護者)=加害者というありきたりの構図をいったん崩して、障害者も健常者(介助者)も

(1) 障害者自立生活運動における「介助者」たちの感情や気持ちを論じたものとして、拙著『介助者たちは、どう生きていくのか』(2011)の第1章「とぼとぼと介助をつづけること、つづけさすこと」がある。なお、「介助」と「介護」という言葉が本稿では厳密な整理なく使用されているが、歴史的にこれらの語のニュアンスは多様なので(本書第4章参照のこと)、本稿では筆者のニュアンスのみで、これらの語は用いられている。

平場において、同じ人間として捉えるところからスタートしないといけない、単純な被害／加害の構図からだけだと介護現場にただよう重苦しさは解きえないと考えるからだ。

先日、相模原障害者殺傷事件をめぐるシンポジウムの場で、脳性まひの当事者にして、「当事者研究」を発達障害、精神障害、依存症の人らと共に進めている熊谷晋一郎氏は、「障害のあるなしに関係ございません。人はいつだって暴力をふるう可能性があります」という趣旨のことを述べていた(3)。

彼はまた、暴力の加害者になるリスク要因として、個人特性や社会環境、薬物などに由来するものを八つ挙げていたが、そのいずれにも「社会的排除」というものが通底しているとのことだった。社会から排除されると、人は暴力の加害者になるリスクが高くなる。別の言葉では、「社会から排除された人が社会に仕返しをしたくなる、当然ですよね」とも述べていた。

さきほど施設入所者の話をしたが、地域社会から「あなたはこの地域社会では生きていけない存在だ」とされ、自分の意図とは無関係に管理された施設生活を余儀なくされる、そうした生活において、思い通りにいかないことがあったら癇癪を起こし、職員はじめまわりの人達にあたったり、ものを壊したくなったりする、こうしたことは人としてはごくあたりまえの反応だろう。先に深い傷を負わせられているのは障害者の側なのである。

とある施設入所体験者はまたこのようなことも言っている。施設内において「障害者と介護職員の関係は、『共に生きる』とか『理解し合える』と単純に美しい言葉でくくられるものではなく、障害者・職員双方が不満をため込んでいた。そして虐待や虐待めいたことは、毎日、普通の日常として起きていた。暴力・暴言・介助拒否・からかい・振る舞い、様々な様相でそれらは起きていた。障害者同士の関係もいびつであった。時には障害者が職員をいじめることさえあった。新人職員の多くは、障害者からのいじめのターゲットになっていた」（太田 2016：20–21）。

施設という場所が地域社会では暮らすことができないとされる人たちが集められる場所、何らかの意味で社会的排除の場所であるならば、その場所が荒んでおり、日常的な暴力のこぜりあい、いびつな人間関係があるのも不可思議なものではないだろう。その場では、もちろん生活を管理される障害者が被害にあいやすいわけだが、単にやられるだけではなく「時には障害者が職員をいじめることさえあった」と言われる。

知り合いの施設入所経験者からは、このような話を聞いたこともある。「職員に対してむかついたとき、どうしてました？」と尋ねると、「相手に気づかれないように、操作ミスのふりをして、電動車いすで相手の足を踏んだりしてた」とのことだった。当然ながら、職員の側からも、ほんとはわざとなのに、わざとでないふりをして、障害者に虐待めいたことをするシーンもたくさんあるだろう。

もちろん問題なのは、どうして職員と障害者がこのように陰惨な暴力のこぜりあいをせざるをえない環境に追い込まれているか、ということであり、より暴力の起きにくい環境へと支援の場を移すよ

（2） 相模原事件の後、「こんな施設、なくなればいい」と叫び、暴れた知的障害のある入所者が逮捕されたとの報道もあった（『下野新聞』二〇一六年九月一一日配信）。状況はわからないが、なぜその入所者は叫び暴れたのだろうか。今回はその入所者だけに問題があるように報道されていたが、入所者に対する施設側の対応はどうだったのだろう。なぜ「こんな施設、なくなればいい」と言ったのか、そこまで丁寧に検証されてしかるべきだと思う。
（3） 二〇一七年三月一八日、第三一回「国際障害者年」連続シンポジウム「相模原障害者殺傷事件　どう受け止め、どう考えるか」（主催：「国際障害者年」連続シンポジウム運営・実行委員会）における熊谷氏の発言記録より。なお、熊谷氏はその実践において近年「介助者の当事者研究」を行っており、虐待の当事者となりうる介助者に対するアプローチの大切さを訴えてきた。本稿は、熊谷氏からの呼びかけに対する、介助者の傷や痛みという視点に基づく筆者なりの応答という側面ももっている。

う努力していくことはとても大事なことだ。ただ、実際のところ、このような微妙なこぜりあいは多かれ少なかれ、施設だけでなく地域生活の現場でも起きているので、施設という構造のみを批判してすむ話ではない。この原稿の後半では、地域自立生活の現場での暗い人間関係のあり様の問題にも言及していこうと思う。

ともかくここでは、障害者が暴力的になったとしてもそれはそれ以前に社会から負わされた深い傷に根差しているからではないか、そして社会から負わされた深い傷が横たわっているとしたら、障害者支援の現場も暴力が引き起されやすい環境になっているのではないか、ということを示唆できたらと思う。

介護者による虐待について

次に、もっとも現場で起こりやすい暴力のあり方として、介護者による障害者への虐待に話を移す。これも最近の報道からだが、つい先日、京都市の宇多野病院の筋ジス病棟[4]で看護師による悪質な虐待行為があり、行政処分が課せられた、との新聞報道があった[5]。虐待の内容としては、患者に対して「いじめられたくないんやったら黙っててよ」「患者って立場を忘れんときいや」などの暴言を吐いたり、ナースコールを患者の手の届かないところに置くなどしたことが挙げられている。一度、京都市が指導したにもかかわらず、改善されなかったことが悪質と認定され、一定期間の新規受け入れ停止などの重たい行政処分にいたったようだ。

この報道を受けてのぼくの最初の印象は、ついに実態が明るみに出たか、というもので、ある意味ほっとしたところもあった。実は宇多野病院の筋ジス病棟は、ぼくが介助の仕事をはじめた場所だった。十数年前に行っていたときは、まだ自治会などもあり、わりとのんびりした雰囲気のただよう病棟だった。その後、ぼくはあまり行かなくなったのだが、独立行政法人化などがあって以降、病院の雰囲気も殺伐としはじめ、患者の悲鳴がときどき外部にいても漏れ聞こえるようになってきた。地域で暮らしている筋ジスの方で、宇多野に入院して、突然帰らぬ人となることもしばしばあった。短期で入院していた人の家族から、「まったく文字盤をとってくれない（コミュニケーションボードでのやりとりをしてくれない）」、「ナースコールを届かないところに置かれていた」などの話も聞いていた。そういう状況なら、上記のような虐待行為があることも想像はできた。ぼくらの団体内でも、なんとかしないといけないのではないか、という認識はあったと思う。

それなら、もっと早く告発できたのではないか、と思う人もいるかもしれない。けれども、告発するまでのある程度の物証を重ねていく、病院側の圧力に負けない気持ちをもち続ける、そして外野から波風をあまり立ててほしくないという少なからぬ入所者の気持ちを解きほぐしていく、さらにその後の支援体制も整えていく、ということまで考えると、すでに日々の現場でアップアップの現状ではなかなか踏み切れなかったのだと思う。

告発され、報道される虐待などは、本当に氷山の一角に過ぎないだろう。日々、昼夜問わず、先に紹介したような日常の微細な暴力、虐待めいたことは、とりわけ施設の現場では起きているはずだ。

（4）筋ジストロフィー症患者が治療、リハビリ、療養の名目で長期入院をしている病棟。旧国立療養所（現在は独立行政法人国立病院機構）内に設置されている。全国で二八カ所あるが、一度入院したら死亡退院でしか退院できないところもたくさんあるため、社会問題の一つに位置付けられてしかるべき病棟である。

（5）『京都新聞』二〇一七年三月二九日より。

虐待防止法などがあるこのご時世、たとえ明示的な言葉では語られないにしても、丁寧な言葉を用いながら表情や口調で威圧する、あるいはあえて嫌なことを言う、あえて聞こえないふりをするというような仕方で、職員が入所者を責める場面は多々あるはずだ。

障害者虐待防止法が二〇一二年から施行されており、各年度ごとに、通報された虐待の調査報告書が厚労省より提出されている。虐待は主に、家族等の養護者による虐待と、障害者福祉施設従事者等による虐待の二つに分けられており、平成二七年度の件数で言えば、前者が一五九三件、後者が三三九件である。(6) 全国的に見てこの件数なのであるが、ぼくの感覚からすれば、特に後者の福祉職の虐待についてはもっと件数が多くても不思議はないと感じる。宇多野病院の事案についてぼくら自身がそうであったように、うすうす気づいていても、声を上げるところまでなかなかいきつけない、というためらいはやはりあるだろう。そしておそらく、その施設を責めたとして、では次に誰がどのように支援を担うのか、そのイメージがわかないことも、虐待が明るみに出にくい大きな要因だろう。

二七年度の調査報告では、虐待を起こした事業者の内訳も掲載されているが、上から順に入所施設二六パーセント、グループホーム一九パーセント、就労支援B型一五パーセント、生活介護（デイケア）一三パーセントとなっている。つまり集団処遇の場で虐待は起きやすくなっている。一方、一対一のホームヘルプ関係では、全体のうち四パーセントであり、虐待の起こるリスクが少ないのは確かである。

もちろん集団処遇の場であっても現在ではいちおう個別支援が原則とされるが、しかしたいていはその施設の管理者の意向や集団行動のルールに利用者が従うことが優先されてしまう。

先日の神奈川新聞では、入所施設ではこうして上下の人間関係ができてしまいやすいとする「ある施設長の告白」と題された記事が掲載されていた。[7]

「施設では職員と障害者の間に主従関係が生じやすい。（行動を改めない入所者に）何度も言っただろうと、私だって言いたくなってしまうときがある。少しでも油断すると、上から目線になる恐れがある」……エスカレートすれば、命令口調になり、尊大な態度を取るようになる。「手間の掛かる人たちの面倒を見てやっている自分は偉い」「自分が生殺与奪の権限を持っている」。第三者の目が入りにくい閉鎖的な施設には、思い違いが生じる危うさが常に存在している。

まさに施設長が自己批判的に告白しているように、施設は職員が入所者に対し指導的立場に立ち、その生殺与奪の権限を握るかのようにふるまう危険性が常に存在する。そしてしばしば、施設の入所者に対する管理指導の強化は、施設のコンプライアンスの遵守や入所者の安心・安全のためという美名を伴い行われる（今回の相模原事件以降の多くの施設の対応は、外部の人間の出入りのチェックの厳重化など、ますます施設と地域の風通しを悪くするようなものが多い）。

「生殺与奪の権限」という言葉が使われていたが、実際に現在でも、その権限を職員に握られ、なんの抵抗もできなくなっている人たち、一切声の出せない人たちも多数いるはずだ。一切の自発性や抵抗力を奪いその環境に隷従させることが虐待の極みと思うが、そういう状況にある少なからぬ人た

（6）「平成27年度障害者虐待防止法対応状況調査報告書（厚生労働省）」より。
（7）『神奈川新聞』二〇一七年二月二五日より。

ちの声をどうすくいとり、社会へと開いていけるか。世間の人にはなかなか目に入らないだろうが、人権救済上の喫緊の課題は常に現前している。

介助者・介護者の痛み

前節では、介護者による障害者への虐待・暴力を取り上げた。厚労省の調査報告で上がってくるのは、ほんの氷山の一角にすぎないということも述べた。ただ虐待事案が上がりにくいことにはそれなりのわけもあることはいくらか示唆をした。そこしか行き場がないとされているために、虐待めいたことがあっても本人もまわりの人も安易には声を上げにくいのだ。だからこそ、当事者の行き場（あるいは依存先）が増えていかねばならないのだろうが、多くの場合介助者・介護者側も痛みやしんどさ、余力のなさを抱えているため、そこはなかなか増えていかない。

次は障害者から介護者への暴力を取り上げようと思う。先にいくらか示唆したように、現場における障害者と介護者の暴力関係は単に介護者から障害者への虐待がある、という一方的なものではない。人間同士の関係である以上、そこには陰に陽に、障害者から介護者への暴力というのも存在している。もちろん、特に入所施設などの閉じた空間における力関係の中では、圧倒的に、いや絶対的に障害者の方が不利ではある。しかしだからといって、障害者との関わりにおいて介助者・介護者の受ける痛みや傷を見ないですませるとしたら、決して本章の「はじめに」で述べたような介護現場の重苦しさが取り除かれていくこともないだろう。

具体的にどのような暴力性があるかいくらか挙げてみよう。特別養護老人ホームでのものだが、ちょうど介護労働者の「傷つき」実態調査というのがあり、そこで利用者から介護労働者がどのような傷つきを受けたことがあるか報告されているので、まずはそれを簡単に紹介する（以下、（吉田2014：58－9）より抜粋）。

文字で書き起こすとなかなか辛いものもあるが、利用者からたとえば次のような暴力的な言動を受けていることが報告されている。

・ばか扱いされた場面
「バカヤロー」「バカ　殴ってやろうか」「バカ　死ね！」「来るな　バカ」「何をする、バカ者」

・罵られた場面
「こいつらは社会の底辺の職だバカ野郎、殺してやる、殴るぞ・この対応は何だ・人権侵害だ・乱暴者　など」

・介護否定場面
「トイレ介助やおむつ交換の時に、『するな！　来るな！』と嫌がられた」「『お前なんかはやくやめろ』と毎日のように言われる」「『施設長にお前をやめさせるように今言ってきた』とナースコールで呼び出され言われた」「返事をしてもらえない」

・介護者存在否定場面
「近づくな!!」「帰れ!!」「二度と来るな!!」「何やってもダメだ・お前来るな！　別な人を呼べ」「お前なんかクビだ」「あんたなんか嫌いよ」

・暴力・興奮的場面
「ジュースの瓶で叩かれそうになった」「トイレ介助の時に、『バカ野郎！』と握りこぶしを振り上げ、蹴られそうになった」「言葉とともに手足だけで叩く、蹴る、唾をかける」

これらは、介護労働者の「傷つき」の一覧表のごく一部の抜粋にすぎない。一読すると若干たじろぐかもしれないが、ぼくとしては、地域生活の介助の現場でも、これらの言動に類することは確かにそれなりにあるな、と気が付き、正直ドキッとした。

ぼくが介助をはじめて十数年、類似のことは、自分自身にも身に覚えがあるし、直接現場を見たこともあるし、伝え聞くこともある。言葉による暴力もあるし、叩かれる、蹴られるということも確かにある。最近では、ある利用者のことで介助者から相談を受け、トイレ介助のときに、自分では手順をきちんとやっているはずなのに、突然利用者が身体をぶるぶるふるわせて、頭をぽかぽか殴られた、そしてその後、わけもわからないまま、その人の介助から外された、という話を聞いたこともある。

もちろん、言葉は文脈次第の部分もある。同じ「バカ」一つとっても、親密な間柄で「バカやなあ」と言っているのと、ひどい剣幕で人格否定するように「バカ野郎！」と言っているのではまったく違う。

また、もちろん介助者側に問題があって、相手を怒らせてしまっている部分もあるだろう。ほんとに無頓着で痛がらせることしかできない人に、介助なんてやってもらいたいと思わないだろう。高圧的で自分勝手なことばかりする人に、介助なんてやってもらいたくないだろう。障害者が暴力的になるというのは、ほとんど場合、なんらかの要因があって障害者自身が傷や痛みを覚えているからのはずだ。

右に抜粋した一覧表の中で「返事をしてくれない」という表現で挙げられているが、障害者の地域生活のホームヘルプの場では、障害者が介助者の問いかけを一切無視することで介助者への激しい拒絶の姿勢を示すこともしばしばある。障害者がほんとうに苛立ったとき、一切介助者に指示を出さず、だんまり、介助拒否を決め込む、というものだ。言語障害のある重度障害者にとっては最後の抵抗の手段の一つかもしれない。だがある障害者は、介助者を無視することで「こちらが介助者を虐待しているのかもしれない」ということを述べていた。

いずれにしても、文脈はどうであれ、逆は許されないだろう。つまり、介助者が上記のような言動をとること、あるいは無視（ネグレクト）することは、現実はどうあれ、少なくとも法制度上は許されないことになっている。

文脈にかかわらず、介助者が障害者のことを「バカ」「あほ」というのはさすがにアウトとなるだろう。もちろん障害者に手を上げたり、無視したりすることが露呈したら、やはりアウトである。つまり、介助者は、一方でそれなりに障害者側からの暴力性を受け止めたり、あるいは受け流すかして許容することが求められるのに、他方で職業倫理として、同じようにやりあうことは戒められている。介助・介護の現場ではそのことはある程度の共通理解だろう。しかし、そうだとしたら、そこにあるのは、少なくとも平場での、対等な人間同士のやりとりではない。

介助者は、介助中に受ける障害者の苛立ちや感情の爆発のようなものをどう処理したらいいのだろうか。

（8）　今回、介助者の痛みを主題化するにあたって、二〇一七年三月から四月にかけて数名の介助者にインタビューを行った。以下紹介される介助者たちの声は、そのインタビュー記録からの抜粋である。なお、障害者からの声は、本稿では、ぼく自身がこれまで日常会話の中で直接聞いたことがある内容をもとにしている。

ある介助者は(8)、障害者からの苛立ちや怒りの強烈なエネルギーを受ける時のことをこう表現していた。

> やつあたりをされた瞬間って、言葉以上にエネルギーみたいなものをもらってしまうので。私は傷つきはしないですけど、なんかどーっと疲れます。使ってる体力以上に。疲れますし、なんというか、その時、必要な判断ができない、鈍ってしまう、というか、こう、真っ白になっちゃうというか、思考が停止するし。

そして、そうして受け止めたエネルギーを自分の内にためこんでいると次のような状態になっていくと言う。

> がまんしてしまうと、がまんできたと思って忘れたと思っても、ぜったい体のどっかに残っているんですよ。で、夜眠れなくなったり、で、なんか常にストレスというか、怒りみたいなのを体が帯電してしまってるみたいなかたちで、ずっと力が入ってしまっていたり。そういうもののせいで、鬱になってしまう。

つまり、バーンアウトなり、離職なりが近づいている状態になっていくということだ。

ぼくは、障害者の身体が、介助者からの威圧的な態度や、それとない放置、無関心的態度などによって、苛立ちを募らせ、負のエネルギーをため込み、悲鳴をあげることがあるのも、感覚的に重々承知している。正直、多くの介助者は言葉で言いつくろうのがうまいので、ある程度わかっていても自分の態度によって障害者が傷ついていることを隠そうとするだろう。そして今の社会は一般に、障害者の言うことよりも介助者の言うことの方が信ぴょう性が高いと思われるから、「障害者の痛み」が表面化しにくいことも確かだ。

しかし他方、介助者には、障害者側からの感情の爆発や暴力的言動があったとしても、自分の感情は平静を保たねばならない、ということが基本的に求められる。介助者も人間である以上、そうした激しいエネルギーを受けたときは、当然心身にダメージを受ける。それが「介助者の痛み」であるだろうが、おそらくその「痛み」が明示的に顧みられることは現状ではあまりない。

現状では、まるでシーソーの両端が振れるように、障害者、介助者双方の間に距離があり、それぞれの痛みの強度が大きいのだと思う。相手が自分によってふりまわされているということを双方ともさほど意識できていないかもしれない。けれど、その双方の意識をどう中心点に近づけ、それぞれの痛みの強度を減らしていくことができるだろうか、ということは大事な課題であろう。

介助者の隷従化1——介助現場にあらわれる権力関係

本稿を執筆するにあたって、障害者の地域自立生活に関わる介助者数名にインタビューをした。その中でぼくとしてもいくらかびっくりしたことがあった。介助者の痛みやつらさ、しんどさをテーマにしたいと述べてインタビューしたのだが、多くの人が、「奴隷」という言葉を自然と用い、またその言葉を自分から言わないにしても、その言葉を用いることはもっともだとの認識を示していたのである。障害者地域自立生活の介助が、介助者を「奴隷」みたいな気持ちにさせることがあるということとだ。もしそれがそうなら、残念ながら、障害者自立生活運動の未来はあまり明るいものではないかもしれない。

ある介助者は、障害者が自分でまったく指示を出したり動こうとしたりせず、ときには車いすのリクライニングを倒して昼寝しているのに、介助者にやることだけを要求し、働かせる状況に対して、次のように言っていた。

すごく嫌になって。なんで、俺、ヘルパーでなく、こんな奴隷みたいなことせなあかんのだろうって。それで、我慢に我慢を重ねて、腸炎になったりして。それで、けっこう言ってしまうんですよ。耐えきれなくなって。（すると）まわりの方が、ほんまに態度悪いヘルパーやな、みたいなかたちになってしまって。

介助というのは利用者が主体となってその行うことをサポートするもののはずなのに、利用者は何もせずに介助者に自分のやるべきことを肩代わりさせてる状態。そして、おかしいじゃないですか、ちゃんと指示出してくださいよ、みたいなことを言うと、そこばかりが注目され、厳しいことを当事者に向かって言う態度の悪い介助者と見なされる。言ってもいいはずのことも言えなくなり、ただ相手の都合よく働かせられているような状態を彼は「奴隷みたい」と言ったのだろう。「言えることも言えなくなって。また言ってしまったら態度悪いって怒られるんちゃうか、くびになる可能性もあるのかなぁ、と（思ったので）」。彼のイライラや鬱屈した気持ちは行き場を失い心身を蝕み腸炎になったということだ。

近年では自立生活運動における「当事者主体」が変質して、「当事者権力」になっているのではないか、と指摘されることもある。(9)

介助者が障害者の恣意に付き従わざるをえず、なんらかの意見を言おうとすると押し黙らされる、そしてうまくできないと叱咤されるというような状況が続くとしたら、そこには権力関係がひそんでいるのだろう。ちょうど、さきほど施設において職員と入所者の間に主従関係が生じやすいと述べたのとは逆に、ここでは障害者と介助者の間に主従関係のようなものが期せずして生じているのかもしれない。

介助現場にそのような序列関係がつくられることについて、ある介助者は、障害者にとって、介助者やヘルパーはある意味はじめて威張れる相手だからでないのか、とも述べていた。

(障害者はこれまで、まわりの人から) バカにされてるような気がしてずっと過ごされてきたら、はじめてじゃないにしても、(ヘルパーというのは) すごく威張れる相手だったりするわけですよね。自分を、立ててくれて、言ったことを聞いてくれて。どっちかというと自分が優位に立てるというか。

当事者主体という運動理念のもとにある介助者たちはまず基本的に障害者を立て、その指示に従っ

(9) 長年、故・新田勲氏らと介護保障要求運動に関わってきた益留俊樹氏が集会等でしばしば「当事者権力」という言葉を用いて、自立生活運動を批判的に見直す努力をしている。

て動く。その介助者の所作がいつの間にか権力関係まで生み出してるところもあるのだろう。
障害者と介助者の間における権力関係のようなものは、介助が仕事となったから成立するようになったわけではなく、障害者自立生活運動の初期の頃から、しばしばそれとなく認識されてきたものだ。(10)

たとえば、重度障害者のための二四時間介護保障制度の礎を築いた故・新田勲氏の専従介護者を長年つとめた斎藤正明氏は、新田との関係を「使用人」だったと表現している［深田 2013：469−73］。

「使用人。あ、おれ思ったんだけど、新田さんのところでやっていると使用人だね」。……「（介護者が）ちょっと意見をもつと、違う意見をもつと「ぎゅぎゅ」（と握りつぶす）だから。支配者としていないと常にいけないいんで。従順な子羊たちにいてもらいたかったんじゃないの」。……「使用人だと思ったことがある。一生、使用人かなぁと。身分の低いさぁ。奴隷制のさ。使用人というか、新田さんの小間使い。普遍性をもたずに」。

まだ介助・介護が仕事として成立する以前は、障害当事者の強烈なパーソナリティによってそうした主従関係が成立したのだろうが、介助が仕事、サービスとなって以降は、介助者は、「介助者」「ヘルパー」として固有名をもたないサービス労働者とされやすく、ある程度何を言っても聞いてくれる「使用人」みたいな立場に位置づけられやすくなっている可能性もある。そして、そういう場で介助者が理不尽なことを要求されても何も言えない状況になってしまうとしたら、介助者は疲弊していかざるをえない。そして、そういう現場に入りたいと思う介助者はどんどん減っていくだろう。

介助者の隷従化２――当事者も介助者も見通しのもてない現場にて

障害者自身が進行性の難病に罹っており、本人も介助者もまるで先の見通しがもてないような状況の中で、介助者がひたすら隷従化していくような現場も存在する。症状が進行し続け、その変化に障害者本人がまるでついていけず、ただひたすらその場にいあわせた介助者に自分の苛立ちをぶつける日々が続いていたというような状況の中で、ある介助者はその利用者のところに入っているうちに、次第に自分の自尊心や自分らしさといったものを失っていったということを述べていた。

　言い返そうとはしてなかった。自分の意見を言おうとはしてなかったですね。ひたすら聞き従うという感じ。そうでないとまわらないし、自分がもたないという感じ。やりとりに耐えられる力がもうなかったかもしれない。やりとりすると、もうわけわからなくなる。特に、泊まり、一〇時間とかとなると、そういう場所では時間感覚って無限に長いような感じがある。

症状の進行に伴い介護の精密度もどんどん高くなっていったようだ。その中で、障害者の苛立ちをぶつけられて相手とやりとりしていても、やりとりは徒労に終わるので、ひたすらその感情は受け流

（10）　本文中とは別の例として、『カニは横に歩く』において、兵庫青い芝の会の脳性マヒの活動家福永氏が、もともと健全者に対して何も言えなかったのに、運動に関わるにつれて、健全者に向かって「黙れ、健全者！」という〝暴言〟を吐くようになったという、「河野〔健全者〕に初めて会ったときは何も言えなかった福永が、時を経て傲慢になっていったエピソード」が紹介されている（角岡 2010：58–9）。

し、指示に聞き従うという感じになっていったようだ。
するとその先に次のような段階になっていったとのことだ。

やりとりがしんどいから、逆に、介助が、読み取る方向にいく。読み取って完璧にするという方向に。表面的には、文字盤でのやりとり減るし（いい感じにはなる）。ほんまに、ちょっとした目の動きとか、状況の中で今これ言おうとしてるなとか、そういうところにすごい気を割いて。先回り。……わりに、こっちも、自尊心みたいなものがなくなってきてるから、そうやって、おれはこんなに完璧な介助ができるんやぞ、みたいな、そっちの方で、支えにせざるをえないのはあった。

つまり、介助者の身振りとして、指示を待ってから動くというのではなく、障害者の顔色、気配を常に窺い、障害者が不快な状態にならないように常に先回りして動くようになっていき、相手の気持ちを察して事前に動ける自分は偉いというような心性になっていったということだ。これはまさしく、主人に奉仕する奴隷の心情に近いなと話を聞いていて思ったが、実際本人も、「障害者が王様のような気分になったり、感じにさせとったんちゃうかな」と述べていた[11]。
けれども、以下の通り、その方向性もいつかは破たんする。

でも、完璧な方向性を目指す介助はある時、完全に壊れます。全然できなくなる。つまりオッケーと言われなくなる。それまで何も言われず一分でできてたことが、三〇分やっても、一時間やっても良いと言われなくなる。

そうした状況の中で、この介助者は鬱的傾向もひどくなり、障害者との関係も悪化し、障害者からは、来るな、触るな等、様々な暴言を受け、他事業所の人達にもこいつがどんなにひどいダメな介助者かと言いふらされるようになった。それでも、他に人手がいない中で自分はこの場に入り続けようとしていたが、最終的にこの現場から離れることになった、とのことだ。

もちろん、症状の悪化の中で苦しんでいるのは障害者本人なのだろう。そして、その本人の抱くこの世に対する憎悪感のようなものが目の前の介助者にぶつかってくる。

こういう現場も確かに存在する。おそらくは誰も望まないかたちでの隷従化であるが、しかし似たような現場を経験した別の介助者はこうも言っていた。

(そういう介助現場に)長いこといられる人は、別にその人の力量でいられるだけでなくて、(他に)攻撃される人がいるおかげで、残れてる。必ずターゲットにされる人が一人いる。攻撃を受けてる介助者はいい介助者だ。

(11) なお、介護のあり方として、苦しんでいる相手に対する絶対的奉仕という身振りもありうる。先の新田勲氏の晩年の専従介護者大滝氏は、「介護で大切なこと」として次のように述べている。

「言葉以前のところで、相手の気持ちをくみとってくってていう感受性をどこまで鋭くしていけるかっていうこと以外に何もない。……モノいわぬ人のさ、うめき声をさ、どこまで感じとれるか、聞きとれるか」(深田 2013:488)。

彼はそのような介護者の姿勢を、「自己を捨てる」とか、「自分自身を全身全霊で疑っていく柔軟さっていうのを常に持ち続ける」と表現している(同 484-5)。

しかし、このように自己を常に否定し続けたとしても、その自分が相手から承認されることなく否定され続けるとしたら、いつか介護者の心か身体はつぶれていくだろう。

これはおそらくその通りで、こういう状況の場合、確かに批判にさらされる介助者なり事業所なりが、次々と移り変わっていく。ひょっとしたら、やり場のない怒りがこのように常に誰かに向かっていくという状況は、症状の進行に対して誰もなんともできないような重度の方のケアの現場の必然なのかもしれない。こうした中では、ターゲットになる人が、たとえ一方で攻撃され否定されたとしても、他方で孤立せず、追い込まれず、人間として守られるような支援のつながりが必要になってくるのだろう。

障害者の痛みと介助者の痛みの落ち着きどころを探る

本稿では、「介助者の痛み」を主題化したため、相当ハードな現場の状況を叙述してきた。もちろん、言うまでもないが、介助・介護の現場というのは、常にこのような痛みやしんどさを伴うところばかりではない。お互いになごやかにすごしたり、ちょくちょくお互いに言い合って楽しめる場所や時間というのもそれなりに存在する。

しかし相当に厳しい現場が一つでもあると、あるいは、激しい暴力的な言動を被ると、そのダメージや痛みが、介助者の日常生活にまで引きずられることもある。鬱的状態がひどくなれば、他の介助に入ることにも支障が出てくるだろう。キレやすくなることもあれば、介助そのものから離れていくこともありうる。

最後に、この「介助者の痛み」の問題とどう関わっていくのかということを、もちろん答えは見つからないが、簡単に整理したい。

何度か述べているが、介助者の痛み以前に、障害者の痛みや傷というものが背景として存在している。

ある介助者は、障害者の言動に理不尽な思いをすることもあるが、それ以前に障害者自身がこの社会においてその存在を否定されるような不条理な状況に置かれていることをいつも感じる、という趣旨のことを述べている。

障害者の人が理不尽な場合は、たくさんあるんだけど、でも、障害者の人が理不尽な状況に置かれているのはそばで山ほど見てるから。街の中で。家の中で。理不尽な状況にあるから理不尽なことをしていいとは全然思わないんだけど、でもまぁ（介助者に理不尽なことをするのは）障害者の感じてる不条理さの一部にすぎんな、といつも思う。だからそれがぼくの中での大きいストッパーになっている。

街の中で、障害者が人から奇異な目で見られる、無視される、さまざまなところにアクセスできない、そういう環境に置かれて、毎日のように障害者自身が傷を負わざるをえないのがまだまだこの社会の現状だろう。その傷が、障害者の目の前にいる介助者にある程度転化していくのもある意味では受け止めざるをえない。この場合、障害者、介助者双方に傷を負わせているのは、この地域社会の責任だろう。長い目で見るならば、障害者に深い傷を負わせているこの社会の差別的なあり方こそ、改善されていかないといけないはずだ。だから、障害者としても目の前にいる介助者に都合よく痛みを転化し、留飲を下げるだけでは、決して深い傷の要因が取り除かれることはないだろうし、また介助者としても、単にキレやすいめんどくさい障害者と見るだけでも問題は解決されないだろう。

介助・介護の場には、陰に陽に権力関係や主従関係が忍び込んできやすいことも明らかにしてきた。それは施設か在宅かを問わないし、そして障害者と介助者のどちらが主となり従となるかも状況次第だ。もちろんたいていの場合、健常者の方が圧倒的に力が強いし、口も達者なので、権力を行使する立場に立ちやすいが、状況によっては健常者が障害者に対して何も言えずに心身を病んでいく場もあることを見た。しかも、現状では、気が弱くあまり何も言わなさそうな介助者ほど、従属的な立場に置かれやすいように思う。障害者、介助者双方ともに、自分が相手に対して権力を行使しており、その力で不当に相手を押し黙らせていないかどうか、それぞれに検証しないといけないだろう。暴力性と痛みは権力関係のあるところで増幅されていきやすい。障害者、健常者問わず、状況次第で誰もが加害者になりうるのである。もちろんこの権力関係は、障害者同士、健常者同士の間にだって当然生じうるものである。

直接介護の現場では、障害者の痛み、介助者の痛み双方とも、それぞれの態度や言動に起因することが多い。介助というのは、直接の人間関係である以上、一面ではお互いに痛みを与え合う関係であらざるをえない。おそらく、「介助者が気に入らない態度をとったから苛立ちをぶつけてやった」、とか「介助をちゃんとやってるのに障害者から突然癇癪を起されて困ってる」、といった一方的な言動からは、あまり何も生まれないだろう。障害者、介助者双方ともにそれぞれが自分を顧みつつ、自分と相手の加害の可能性を同時に認識するところから、この「痛み」の問題はスタートするのだと思う。

先に「私らが介助者を虐待しているのかもしれない」という障害者自身の言葉を紹介したが、介助者も自身の加害性を認識すると同時に、障害者からのその言葉を聞いてはじめて、「痛み」が和らいでいくような感覚を覚えるのかもしれない。

ある介助者は、障害者からしばしば一方的ともとれるやつあたり、痈癪を受けていて、それを当初はぐっとこらえていたという。介護職として、こんなことでイライラしていてはダメなんだというような気持ちだったそうだ。だけど、もうこのままではこの人の介助は続けられない、という段階にきて、ついに自分も感情的にきつく言ったらしい。それがよかったのかどうかは今でもわからないけど、その後お互いに、自分が感情的になること、なったことをいくらか話し合い、考え合う時間があったそうだ。その時間をとった後、彼女は次のようになったと言う。

イライラをもってもいい、というふうになれた。たとえば、こんなことでイライラしたらダメなんじゃないかとか、自分に対する批判をもってしまうと、自分を責める気持ちが、人からも責められ、プラスアルファ自分からも責められるというダブルパンチ状態になってしまいますよね。

なにか「がー!」って言われたら(感情的に苛立ちをぶつけられたら)、相手のことを「こいつ!」って思うんですよね。で、そう思う自分をまず許してあげましたね。で、なおかつ、ちょっとたまには、そんなんやめてくださいよ、っていうのもオッケーになったら、格段になんか、らくにはなりました。

一方的に言われてきた関係から、一度相手に自分の感情をぶつけてみたことで、はじめてそれぞれの加害性(痈癪やイライラ)が共有され、それによって格段にらくになったということだ。

この話を障害者の側から捉えると、ひょっとすると障害者の側がある一定譲歩して、感情を押し殺すようになったのではないか、ということももちろん推察される。

けれども、障害者介助というのは、たとえば泊まり介助だと一〇時間以上のつきあいになり、しかも長期間にわたる。そういう長期間、長時間の人間関係が一方的なものであり続けることは、相当に一方に負担を強いることになるだろう。おそらくそれぞれの痛みの具合、痛みの背景、あるいはイライラする気持ちなどをそれぞれなりに理解しあうという、人間のつきあいの所作みたいな作業も必要になっていくのであろう。あたりまえだけれども、障害者も介助者も、感情や自尊心をもった人間なのだ。

最後に、進行性の難病に罹り、障害者自身も介助者もまるで先の見通しがもてないような苦しい状況の中で、障害者、介助者双方が痛んでいくような現場における、ささやかなエピソードを紹介して、この文章を締めたい。

あるとき、その介助者は、障害者から体に触るな、と言われ一切の介助を拒絶されたそうだ。でも、呼吸器も使用しており、身体もまったく動かせない状況にある彼を前にして、その言葉をそのまま受け入れて介助現場を離れることもできなかった。彼は、その存在を否定された状況の中でその場に居続けざるをえなかった。そういう状況の中で、彼は障害当事者でもある事業所の管理者とやりとりをし、管理者はとりあえずいってみるとのことだったが、もう全く話にならないので来ない方がいい、と伝えたそうだ。でもやはり、その管理者はこの場にいかないといけないと判断し、その障害者と面と向き合うことになった。結果は、やはりその管理者も激しく拒絶されたそうだ。それでも、その介助者からしたら、この状況でもこの場に来てくれて、自分を一人にしなかった。そのことに本当に救われた、ということだった。このときの管理者の行動が相手の障害者に何を残したか、さすがにわからないが、この状況の中で来るはずのない人が来て、得も言われぬ表情になったとのことだ。人々がどうしようもない「痛み」と向き合わざるをえないとき、このように「痛み」の場に居合わせてくれる人の存在こそ、ある種の救いになっていくのではないだろうか。

この文章は、「介助者の痛み」という非常に主題化しにくい問題をなんとか言葉にして、そこに今後取り組むべき大きな課題があることを示そうとしたものだ。もちろん整理できていないところや、誤解を生むようなこと、あるいは誤解しているようなこともあるだろうが、何らか、現場で困難を抱えている人々（障害者、介助者双方）にとって、この文章がいくらかでもよりよい方向を切り開くきっかけになることを願っている。

参考文献

太田修平 2016「相模原障害者大量殺傷事件に思う――元療護施設入所者として」『季刊 福祉労働』第一五三号

角岡伸彦 2010『カニは横に歩く――自立障害者たちの半世紀』、講談社

深田耕一郎 2013『福祉と贈与――全身性障害者・新田勲と介護者たち』、生活書院

吉田輝美 2014『感情労働としての介護労働――介護サービス従事者の感情コントロール技術と精神的支援の方法』、旬報社

渡邉琢 2011『介助者たちは、どう生きていくのか――障害者の地域自立生活と介助という営み』、生活書院

渡邉琢 2016a「亡くなられた方々は、なぜ地域社会で生きることができなかったのか？――相模原障害者殺傷事件における社会の責任と課題」（SYNODOS、二〇一六年八月九日付、https://synodos.jp/welfare/17696）

渡邉琢 2016b「障害者地域自立生活の現場から思うこと――あたりまえの尊厳とつながりが奪われないために」『現代思想』二〇一六年一〇月号（特集「相模原障害者殺傷事件」）

II　介助者として生きる／働くとはどういうことか

4 「介助者」「介護者」「ヘルパー」「健常者」「支援者」などの呼称をめぐって
――障害者運動のバトンをめぐる一考察

ちょうど西暦二〇〇〇年の頃だったか、ぎりぎりの生活費で暮らしていた京都の学生時代、せめて本を買うお金の足しにでもできないかと思い、気のきいたバイトを探していた。そのとき、障害者の有償介助というバイトがあることを知った。どこにでもあるチェーン店のバイトとかよりも、なんか社会的に意義があるバイトの感じがして、障害当事者団体の門を叩いた。これが、ぼくが障害者と直接関わるようになるきっかけだった。

そしてそこで、「介護」でなく、「介助」をしてほしい、と言われた。ぼくは最初、自分のことを「介助者」として認識した。

しかし、その後、いろんな人と出会い経験を重ねるうちに、「介助者」という言葉も、多くある呼び名のうちの一つにすぎないんだなと、次第に気付いていった。人によっては「介助者」でなくあえて「介護者」という言葉を使う。また、障害者運動に関わっていると「健常者」という立場を否応なく自覚することもある。知的障害者の運動の中では「支援者」という言葉が多く用いられ、その運動に関わっているときは自分のことを「支援者」と言う。もちろん世間一般には「ヘルパー」という通り名もあり、特にこだわりないときは、「ヘルパー」という言葉を使っているときもある。

どの呼称も障害者運動や現場の中でよく使われるが、それぞれちょっとずつニュアンスが違う。また時代や状況の変化によって、それらのニュアンスも少しずつ推移していく。日頃、話すときも、文章を書くときも、どの言葉を使ったらよいか、よく迷う。特に「介助」と「介護」は迷うので、文章を書くときなどは仕方なく「介助・介護」と併記することも多い。介助者、介護者、ヘルパー、健常者、支援者、どの呼称も一定の歴史と背景をもち、それらを調査するだけでも膨大な時間が必要となるだろう。それはぼくの手にあまる作業なので他のどなたかにお願いするとして、ここではぼくのこれまでの体験に即して、ぼくの関わる障害者運動や介助の現場において、それらの呼称がどのようなニュアンスや経緯をもっているかを記していこうと思う。

どれか一つの言葉の使用にこだわる人たちもいるのだけれども、どの言葉もそれなりの背景や意義、そして限界をもっており、一つの言葉にこだわることは、多様な観点を見失うことにもつながる。これまでの歴史をふりかえっても、障害者の解放運動・自立生活運動・当事者運動は決して一枚岩ではなかったし、その運動は現在でも、介助者、介護者、ヘルパー、健常者、支援者などと言われる人々との関係において様々な課題に直面しているので、ここではそうした課題を多様な観点から眺められるように、それらの呼称の意義やニュアンス、限界などを浮かび上がらせていきたい。そうした作業はおそらく、障害者運動のバトンを引き継ぎ、運動のこれからを考えるといった課題にもつながっていくことであろう。

「介助者」について

最初に障害者と関わるようになったのは、京都の日本自立生活センター（ＪＣＩＬ）[1]においてだった。そこで最初にぼくは自分を有償の「介助者」として認識した。

ＪＣＩＬでバイトをはじめようとするとき、障害当事者から、「介護」ではなく、「介助」をしてほしい、と言われた。その思いを聞くことで、介助という言葉はぼくの中にすとんと落ちた。「介護」という言葉には、「護る」「守る」というニュアンスがある。「介護」ということで、これまで当事者たちは介護する側の過剰な保護や囲い込みの中で、その主体性を奪われてきた。なにもできない、なにもわからないから護ってあげる、代わりにやってあげるというのは、たとえ善意からくるものであっても、それによって当事者の意向は抑圧される。その主体性は育たない。だからまず、介護者の意向を優先させるのではなく、当事者のやりたいことや思いを尊重し、その思いがあらわれるのをじっくり「待ち」ながら、そこに手を貸すという「介助」をやってほしい。もちろんそれによって当事者は失敗することだってあるだろう。でも、失敗することだって大事な経験の一つだ。「介護」でなく「介助」に徹することで、隠されてきた障害者たちの主体性が徐々に浮かび上がっていく。それ

（1）　日本自立生活センター＝Japan Center for Independent Living、略称ＪＣＩＬ。一九八〇年代半ば、日本で最初期にできた自立生活センター。自立生活センターの発祥はアメリカ・カリフォルニア州のバークレーであり、その後、同形態の障害者当事者組織が世界的に広まった。ＪＣＩＬの初代所長の長橋榮一はバークレーＣＩＬの創設者エド・ロバーツと懇意であり、日本で最初期に自立生活センターを導入したため、団体名に「日本」とついている。現在、日本では一〇〇以上の自立生活センターがあるが、ＪＣＩＬもそのうちの一つにあたる。

によって、これまで声を出せない存在、なにもできない存在と見なされてきた障害当事者がこの社会で認知され、そして社会が変わっていく。「介助」という言葉にはそうした意味合いがある。当初そこまで明確に認識していなかったにしても、その「介助」に大きな意義を感じつつ、介助者として障害者に関わることになった。

日々の介助ではかなり「介助者」としてのふるまいを意識していた。街で出会う人たちの目には、そうした介助者の姿はいささか奇異に映ったことだろう。付き添っているのに、何かを代わりにやってあげるわけではない、付き添いの人と思って声をかけても特に返事もしてくれず、障害者の後ろに隠れてしまう。いったいこの人たちはなにをしているんだろう、といぶかしがられる。当の相手はしぶしぶと障害者本人と話をする。そうした場面では、わりとはっきり言う障害者の場合は、相手に対して「介助者でなく、わたしに話して」ときつく言うこともある。そしてその相手は、あぁ、この人と向き合って話をしないといけないのだな、わからない人と見なしていてはいけないのだな、と気づく。あえて表に出ないそうした「介助者」の身振りにはある種のかっこよさ、クールさも感じていた。

たいした金額ではなかったが、お金を本人から受け取って介助をする、という有償介助（アテンダント）のスタイルも自分の中では意義があったと思う。その当時はまだ制度がととのっておらず、施設などを除いて障害者介助はいまだ「仕事」にはなっていなかった。地域で障害者と関わるとしたら主にボランティアとしての関わりだったように思う。けど、「ボランティア」というのは何か嫌だった。そこについてまわる善意とかいいことというイメージが性にあわなかった。障害者ボランティアサークルの大学生のお兄さんお姉さんが、自分より年上の障害者に対してレクリエーションをするという構図もなにか嫌な感じがしていた。ボランティアという健常者の仲間にはなかなか入りがたい自分がいた。

JCILでは、一九八〇年代の半ばから、有償介助のシステム（アテンダント・システム）をとっていた。[2] 当時は、「障害者からお金をとるなんて」とか「障害者とのつきあいはお金のためではない」という批判が数多くあったらしいが、そのシステムをとることには、障害者自らが介助者にお金を支払うことで、その時間帯についてはボランティア気分の介助者に左右されることなく、逆に障害者が介助者をコントロールする立場にたつ、という大事な意味合いがあった。そしてまた、ぼくにとっては一対一の関係での有償介助というお金による決済にはどこか安心感があった。余計な人間関係の雑音を気にすることなく、あるいはボランティアにどうしてもつきまとう「善意」に負い目を感じることなく、ある人の介助をすることでお金を受けとり、その人の生活の一部を支える、そしてそのお金はぼくの生活の足しにもなる。自分にとっては、人との新鮮なつながりと社会的意義を感じることのできるお金の受け取り方だったと思う。

ところで、当時、介助者は手足になってほしいという意見を聞くこともあったが、いわゆる「介助者手足論」はそんなにすんなりと受け入れたわけでもなかった。介助をはじめてまもなくしたころ、ある障害者のお宅の介助者控え室に『あなたは私の手になれますか』（小山内美智子）という本があったのでパラパラとページをめくった。[3] その表題にはドキッとしたし、中に書いてあることも、介助者

（2）アメリカの自立生活運動では、障害者自身が介助者を雇い、介助者への支払いもする（その際の介助料は行政から出るが、介助者の管理と支払いは当事者が行う）というパーソナルアシスタンス及びダイレクトペイメントのシステムが基本であり、それにならい、日本でも自立生活センターにおいて、有償の介助システムが導入された。当初は行政からの介助料の支給は制度として整っていなかったため、障害者のポケットマネーなどで有償介助者を雇っていた場合もしばしばあった。

側の隠された偽善の部分や、障害者の力を奪いかねない部分をよく暴いており、今でも自分自身の介助を点検する際に役に立っているのだが、それでも「私の手足になれますか」ということについては、「そりゃムリだよなぁ、だってやっぱり別な人なんだもん」と率直に思ってしまった。

ともかく障害者と関わりはじめた最初数年間は、そうした「介助者」として、クールに過ごしていた。

「介護者」について

自立生活センターで介助をしていたので、相手は身体障害者の方が多かった。「介護」でなく「介助」をしてほしいという言葉も頻繁に聞いていた。けれども、知的障害者の介助に入るようになってから、従来の「介助」のスタイルでは通用しないということがわかってきた。「介助」には「待ち」ということが重視される。本人のためを思ってあえて先回りしていろんなことをやってあげるのではなく、当事者から言葉や指示が出るのをしっかりと待つ、当事者が判断できず悩んでいるならば、その悩みを受け止め、本人の中に次の方向性が出るまで、しっかりと待つ、そうした「待ち」が介助には大切だ。けれども、その「待ち」の姿勢だけでは知的障害者の介助現場は通用しなかった。

苦渋の選択だったが、やはり相手の行動をどこかで制止したり、危険回避やその場を切り抜けるための先回りをしたり、本人の意に反して強引に誘導せざるをえない場面もしばしばあった。衝動的によその家や見知らぬ企業の建物に入っていこうとする人がいた。駅の中で座り込んで、まったく動かなくなった人もいた。突然、道路に飛び出そうとする人がいた。部屋の中でアイロンが飛んでいることもあった。正直、どうしたらいいのかよくわからなかった。自立生活センターの「介助」では通用しなかった。

そんなとき、東京の多摩地区で重度の知的障害者たちの一人暮らしの取り組みを進めている「自立生活センターグッドライフ」という団体に出会った。そこでは「介助者」ではなくて、むしろ自覚的に「介護者」と言っているらしかった。そして、介助・介護に関して、当事者にももちろん一〇〇%の責任はあるけど、同時に介護者にも一〇〇%責任がある、ということを言っていた。(4) とっても新鮮な体験だった。

考えてみれば、「介助者」というのは、どこかで責任逃れも可能である。それは当事者の責任でしょ、とか、そんなこと当事者から指示されてないからやらなかったです、と言えばいいからだ。けど、「介護者」にはその責任逃れはできない。何か起きたとしたら、たとえば、当事者が物損を起こしたり、人を傷つけたりしたら、それを防ぐために介護者はいるのだから、介護者にも責任がある。当事者だって、もちろんそうした場合、責任とらなくてすむわけではない、人のせいにしてすむわけではない。そうした際、介護者、当事者、双方に負うべき責任があり、それを意識しつつ、それぞれがその時間を過ごしていく。介護者は、当事者と関わりつつ、自分でいろいろ考えて、悩みながらことに

(3) 小山内 1997。もっとも彼女は、その本の副題に「心地よいケアを受けるために」とあるように、「ケア」という言葉をしばしば使う。ぼく自身が「ケア」という言葉を使うことはほとんどないし、障害者運動の界隈でもあまり用いられる言葉ではないので(ただし、八〇年代に「ケア付き住宅設立運動」というのがあり、小山内さんもそれに尽力していた)、この章ではこの言葉については取り扱わない。上野千鶴子に『ケアの社会学』(上野 2011)という大著があり、そこでは「ケア」を「介助」や「介護」、あるいは「育児」の上位概念と捉えているのだが、この本に対するぼくの見解は、第8章で記している。
(4) 『良い支援?』の6章「当事者に聞いてはいけない——介護者の立ち位置について」(末永弘)により詳しい説明がある(寺本他 2008：206–11)。

あたらないといけない。介護者もある意味で主体的に悩み考えながら、障害者の自立生活が成り立っているのだった。

障害者運動における介助者、介護者あるいは健全者としての自分の立場を模索している中で、「全国公的介護保障要求者組合」の人たちとも出会う機会があった。出会うまでは何も知らなかったのだけれども、実はこの団体に関わる人たちこそ、一九七〇年代より活動をはじめ、国や東京都及びその他の自治体相手に交渉を挑みながら東京都重度脳性麻痺者介護人派遣事業や生活保護の他人介護料の特別加算、それから全身性障害者介護人派遣事業などの制度を築きつつ、この日本で障害者の二四時間介護保障制度の基礎をつくりあげてきた人たちであった。自立生活センターに集う人たちは、その礎の上に自分たちの事業をのっけているにすぎない、そうした見方もできるくらいでもある。二〇〇〇年台以降は往年の力を落としており、目立ちにくい存在となったため、今の自立生活運動の歴史においては忘れられがちだ(5)。

その組合の系列においても、自覚的に「介護者」という言葉が使われていた。自立生活センターは障害当事者団体であり、基本的に障害者がメインの組織であり、健常者はあくまでサポートするにとどまるという立て方であるが、この要求者組合は、そもそも障害者と介護者の混成団体であり、健常者が副委員長につく。介護保障というのは決して障害者だけの問題でなく、健常者の問題でもある、ということが明確に言われていた。そして、「介護保障」には「障害者の介護保障」＝「介護者の生活保障」という二重の意味があり、その運動は障害者・介護者双方が一体となり双方のいのちと生活を守っていく運動なのだと、主張されていた(6)。そうした障害者と健常者との双方の協同の運動によって、日本の介護保障運動がつくられてきた。そのことは、現在ではほとんど忘れられているが、その都度ふりかえって思い出されるべき大事なポイントである。

先の多摩地区で知的障害者の自立生活支援を進めている団体も、この組合の系列に近い人々によってつくられている団体だ。そして知的障害者の自立生活という点においては現在この団体の実践が日本の先端を行っている。七〇年代の介護保障運動の嚆矢より、日本の介護保障運動の先端を切り開いてきたのは、まさに障害者と介護者の協同の運動の中で、介護者の主体性や責任もきちんと主題化してきた取り組みをしている人々なのである。

さて、青い芝の会の系列に連なる関西の障害者解放運動の文脈においても「介助」よりもむしろ「介護」という言葉が用いられてきた。そもそも七〇年代当時には、「介助」という言葉はほとんど使われていなかったのかもしれない。「介助」は八〇年代に入って以降、主に自立生活センターなどに集う人々の間で新たに使われはじめた言葉なのではないかと思われる。慣習的な側面もあるのだろうが、障害者解放運動に関わっている方々は「介護」という言葉を使うことが多い。

大阪で七〇年代より自立生活をしている金満里さん（劇団態変主宰）が、ある本の中で、「介護者の主体性」ということを述べているので、それを紹介しておこう（金 2008）。「障害者の主体性」ということはよく言われるけれども、少なくとも運動においては「介護者の主体性」ということが言われることはほとんどない。むしろ障害者の当事者運動は、介助者・介護者の主体性を抑える方向で運動が展開されていったととれる側面もある。では、ここで彼女はどのような意味合いでそれを言っている

（5）全国公的介護保障要求者組合に連なる運動の盛衰や、その内部の人間関係の愛憎渦巻くドラマ、そして次第に自立生活センター系に当事者運動のメインストリームが移っていった経過などを詳しく描いたものとして、深田 2013 を参照のこと。

（6）新田 2009、渡邉 2011：220－4、深田 2013 などを参照のこと。

のだろうか。

日本社会では個人の主体や権利ということで言えば、その他大勢に属することで無意識の内に主体者となっているような錯覚をしているだけで、幼い頃から個としての主体性を育まれる環境はそれほど多くない。その一方で、少数者に対しては主体性をあれこれ問題にする傾向がある。そして今のところ介護者の主体となると突然、無色透明に存在になってしまう（同：75）。

ここで言われているように、多くの健常者はその他大勢というマジョリティに含まれていることだけで、自分のことを主体的だと勘違いしており、自分の主体性についてそもそもふりかえって考えることがない。けれども、介護者がそうした自分のあり方に無反省なまま介護に入っていては、「無意識の内に重度者の生きる力を奪い兼ねない」（同：75）。

そもそも「重度の障害者が自己のやりたい生活として、介護者へ自分の考え方を主張し意思を通すというのは闘いである」（同：77）。重度の障害者が、介護者の身体を通して自分のやりたいことを実現していくというのはそれほどにハードなことなのだ。別のところでは、「重度者と介護者は、互いの身体というものを通して、命がけのまさしく生命保存の法則を闘っている関係と言える」（同：79）とも言われている。だから、ただ漫然と介護をしているだけでは、いつの間にか介護者は重度者の身体をのっとりかねない。

介護者がその闘いを受け止めて、ただ従順な振る舞いをするだけでことが解決するわけではない。

介護者には、相手の言わんとすることによく耳を傾け、自分が把握したことについて聞き返して確認し、重度者の言わんとしていることをより正確に理解しようとすることが求められているのだ。そして、そうした努力をするなかで介護者としての主体が生まれてくるのではないか（同：77）。

たとえば重度の言語障害のある人の介護に入るとき、その人がなにか言おうとしているのに、そのわずかな動きをキャッチできずに、一方的に話しはじめる人がいる。なにか言おうとしているのはキャッチしても、自分で聞こうとせずに、隣の人に、「なんて言ってんですかね」と聞く人もいる。ある程度聞こうとしても、最初の二言、三言で、勝手に自分で解釈して動こうとする人もいる。ある程度聞けるのだけど、介護の指示以外の話はしないでよ、と無言のプレッシャーを相手にかけ、黙らせようとする人もいる。

しばしば障害者自身がなかなか本当に思っていることは言えずに、介護者の顔色をうかがい、介護者の意向にあわせた表面的なことしか言わないこともある。自分の望むことを言わず、まわりの都合にあわせたことばかり言っていることもある。そのとき、障害者からの表面的な言葉を聞いただけで、その人の「生きる力」を引き出している、と言えるだろうか。

重度者がこの社会で生きようとする力を奪っていないか、あるいは重度者の生きる意欲を深いところで読み取ろうとしているかどうか、そうした自己点検や反省を経つつ、重度者のともすれば消え入りがちな「生きる力」を引き出しつつ彼らと関わり続けようとする営みがここで介護者の主体性と言われているのだろう。

「介助者」という言葉にはそこまで主体的な含みはあまりないように思う。さきほど、街ゆく人々とのやりとりに際して、介助者は自ら言葉を発することなく障害者の後ろに隠れる、ということを述べたが、むしろここで介護者はさらに障害者を前に押し出す役割を担っているようにも思われる。たとえば駅員が介護者に何かを尋ねた場合、駅員に向かって「行くのは私でなく、（車椅子に乗る私を指し）こちらに聞いてください」とはっきり伝えるのが介護者の態度とされる。「本来とるべき態度として、主体としての介護者の責任において、重度者の存在に注目させ、本人に聞かせるために主張し、知らせなければならない立場をとるのが介護者としての主体だと考える」（同：77－8）。

運動の中で、介護者というと介助者に比べてよりアクが強く、人によっては暑苦しいと思えるような存在かもしれない。二一世紀に入ってまもなく二〇年近くたつが、近年では、そうしたアクの強い「介護者」はほとんどいなくなった（もちろん一方で、無頓着な押しつけ介護をする人はまだ大勢いる）。けれども、まわりから見たら余計なおせっかいにも思われるようなアクの強い介護者の関わりによって、施設や親元に閉じ込められていた重度の障害者たちが社会の表に出て、地域で自立して暮らすようになったという側面も確かにある。

暑苦しい介護者というのは今の時代にはあわないかもしれないけれども、社会から忘れられようとする重度者たちへ向けられた熱い思いとその行動はなんらかのかたちで今後も受け継がれていくべきであろう。

「ヘルパー」について

二〇〇三年に支援費制度がはじまったのが大きな変わり目だったのだと思う。障害者運動においては「介助者」、「介護者」などの言葉が基本的に用いられていたが、その変わり目以降、介助者や介護者は、「ヘルパー」としても認識されるようになっていった。

ぼく自身は二〇〇〇年頃から介助をしていたが、その当時は時給七〇〇円で、そこから事務手数料を一割（七〇円）事務所に収めるということで、実質六三〇円の仕事だった。これで食べていけるなんて、考えたこともなかった。

ところが、二〇〇三年四月を境に、確かに何かが変わった。その当時は泊まりの仕事をしていたのだが、記憶をたどれば、一晩数千円で泊まっていたのが、一晩一万円以上になった気がする。当時、金額には執着していなかったが、へぇ、けっこうな額になったな、と思った。

その変わり目にあったのが支援費制度だった。この制度によって、障害当事者団体含む多くの民間の任意団体が、ＮＰＯなどの法人格をとることで、国の制度のもとで介助派遣事業を営むことが可能となった。これによって、ある程度の介護報酬が事業所に入ることになり、介助者や事務員がその事業所に労働者として雇われていくことになった。それまでの有償介助は、確かにお金は受け取っていたが、ほとんどの場合、雇用契約に基づく労働ではなかった。支援費によって、介助者は「労働者」という側面ももつようになったのだ。

ぼく自身は、二〇〇五年一月にＪＣＩＬの介助派遣事業所に正職で就職することになったのだが、給料はなにも期待していなかった。一〇万円ちょっともらえれば御の字と思っていたのだが、なんと月々二〇万円近くあった。まぁ、世間知らずだったということなのだろうが、こんなにお金をもらって、どう使ったらいいのだろう、という感じだった。

介助派遣事業所がはじまった当初は、それ以前の任意団体の延長みたいな仲間内での活動という感じもあったのだが、障害者の介助利用ニーズは非常に高く、どんどん利用者数や介助派遣時間が増え、それと同時に介助者も増えていった。それと同時に、介助の「労働」としての側面も意識されるようになっていった。

訪問介護員、いわゆる「ヘルパー」には、労働者として、それなりの規制がある。(7) 月の労働時間はいちおう所定内労働時間に収めないといけないし、それを越えたら、残業代を出さないといけない。仕事(介助)がキャンセルになって、代替の仕事が見つからない場合はキャンセル料も出さないといけない。介助と介助の移動時間も給与に加味しなければいけない。

当初は、派遣時間が増えて、介助者の数が足りなくても、なんとか介助者の長時間労働でおぎなっていた。介助派遣をまわすコーディネーターは、休日もなく、私生活を犠牲にして、二四時間電話対応に追われながら、働いていた。それはいわば障害者の地域自立生活を継続させるという大義名分のもとに特に疑問もなく行われていた。

けれども、労働法とかを顧慮するまでもなく、介助者や介助コーディネーターからの心身の悲鳴がまず聞こえてきた。(8) 実際に、体調を崩したり、やめたりする人が多くあらわれるようになった。少人数で、多人数の障害者の地域生活を支えるのはムリなのだ。

そうした経緯から、ある程度労働法を守りつつ、介助者の心身に気を配りつつ、介助派遣を行う必要が出てきた。それと同時に、介助は、運動の理念に基づいて行われるものから、雇用契約においてある程度決められた内容をこなす労働へと少なからず変わっていった。

資格という側面から見ても、支援費以前の介助者、介護者は、資格についてとやかく言われることはほとんどなかった。公式の研修は特に受けることなく、ぼくらは介助・介護に入っていた。支援費になって以降は、重度障害者向けの「重度訪問介護」(当時は「日常生活支援」と言われていた)などのサービス類型においても、介助、介護に入るために二、三日程度の研修は受けないといけなくなった。「資格」をとって、介助・介護に入り、ヘルパーとして給与をもらう、そうした仕事としてのかたちが一般化していった。

ところで、支援費制度によって介助（ヘルパー）の利用量は大幅に伸びたのだが、一方で、その急速な伸びをあえて抑制させようとするかのような動きが国においてとられ、介護報酬単価も削減され、介助者の給与も少しずつ減っていかざるをえなかった。介助者（ヘルパー）は、障害者の地域生活を支えるという側面もあるけれども、自身もまた「生活者」である、という側面もある。つまり、食っていけなければ困るのである。

ぼく自身は、「かりん燈～万人の所得保障を目指す介助者の会」という団体を仲間と共にはじめ、国に介護報酬単価を上げろ、という運動を行った。障害者も生活者だし、自分もまた生活者なので、双方共に食って生きていくための介護保障や所得保障が必要だとの思いから、「介護報酬単価を引き上げろ」と厚労省に、あげくには財務省にも交渉にいった。そうした際に、先にも言及した「全国介

（7）「訪問介護労働者の法定労働条件の確保について」（平成一六年八月二七日、厚生労働省）において、ヘルパーの移動時間、待機時間、研修時間、休業手当などを含めた労働条件に関し留意すべきことが記されている。

（8）かりん燈 2008 において、当時、障害者介助の現場で働く正規職員の約半数が月二〇〇時間以上、また二割近くが二四〇時間以上働いているなどの実態調査が報告されている。また当時の現場の人たちの、次のような悲鳴に近い声も紹介されている。

「やっぱり拘束時間が長いという事が一番しんどいです。待機時間や、休日家にいても昼夜問わず仕事の電話が頻繁にあったり、緊急介助依頼の対応、常に拘束されていて気が抜けない状態にあるのがしんどいです。その他シフトが安定しなくて、休日突然仕事になることもよくあります。十分な休息時間が少ない分、無理が重なり心身に大きな負担となって、体調管理も難しい状態です。長く続けられる労働環境でないため、一刻も早く辞めたいです」。

護保障要求者組合」の方々が、「障害者の介護保障＝介護者の所得保障」として運動していたのが、大いに励みとなった。

こうした運動の成果があったためかどうかは定かでないが、介護報酬単価は、基本的には二〇〇九年の頃より今のところ、上がることはあっても、下がることはなくなっている。また煩瑣なのだが様々な加算制度が設けられ、おそらく介助者たちの給与はそれ相応に上がってきていると思われる（事業所によって、給与（時給）は変わるのでなんとも言えないけど、時給にして、この一〇年程度で、たとえば一〇五〇円→一二〇〇円程度はアップされていると思う）。

介助が仕事となることにより、この仕事で食べていく人は格段に増えている。しかしその一方で、運動の理念の中で培われてきた「介助者」、「介護者」という観念は、「ヘルパー」として中性化されてきているようにも思われる。

新しく介助の仕事に就く人の中で、障害者の地域自立生活を支えたい、施設でなく地域で障害者が暮らしていくために自分ができることをしたい、という思いで関わりはじめる人は少数派だ。たいていは、給与がそこそこいいかどうか、給与のわりに仕事がラクかどうか、仕事が安定しているかどうか、くだらない人間関係に煩わされる職場であるかないか、ある程度休みの融通がきくかどうか、などを判断基準として決めているように思う。その人たちにとっては正直、施設か地域か、とか、障害者の権利の保障とかはおそらく仕事選びの決定打ではない。とりあえず、まずは仕事の条件、ということだ。

こう書くと、新しく入る介助者にあまりいい印象を抱いていないかのような感じをもたれるかもしれないけれど、実はそんなこともない。感覚的に、運動の理念から介助をはじめる人よりも、生活のために介助をしている人の方が、長続きするし、長時間働けるし、苦しい現場でもへこたれない感じがすることもある。

常勤の介助者だと、月に二〇〇時間以上働く人もいる。夜勤帯は時給一五〇〇円を超える場合もあるので、人によっては三〇万前後の給与を得る場合もある。

「安定して食べていけるかどうか」、というのはやはり大事なことだ。障害者の地域生活というのは、一年や二年や三年で終わるものではない。何十年も続くものなのだ。介助者の方も理念だけでは続けられない。障害者介助が介助者の生活基盤となっていなければ、介助を続けるのは難しくなるだろう。多くの介助者（ヘルパー）にとっては、働くことは、生活することに直結しているのだ。

もちろん、運動の理念を共有し、共に活動してほしいということを「ヘルパー」たちに要求するのはいくらか無理がある。その都度、研修等で意識づけすることはできるだろうが、すべてのヘルパーに、障害者運動の理念を担いつつ介助しろ、と言うのは要求が高すぎるのだろう。いや、そもそも、障害当事者ですら、四六時中障害者運動の理念のもとに活動し続けている人はさして多くない。実質、介助の多くは、日常のルーチンをこなすことである。頭や理念よりも、まずは身体の生理的必要を支えてくれる人が近くに居続けることが大事だという側面は確かにある。

仕事としての介助をする人が増えるに連れて、以前に比べ、労働時間に関係なく障害者の地域生活を支えるために奔走するという人は少なくなっているようにも思う。二四時間三六五日働き尽くしている人は今は以前よりは減っているだろう。ブラックといえばブラックなのだろうが、これまで（今もだが）そうした人たちの働きによって重度障害者の地域生活が成り立ってきている面があることは認めなければならない。今でも、いいか悪いか別として、仕事なればこそ、無理を聞いてもらい、きついシフトでも入ってくれる人もいる。たとえきついシフトが無理でも、毎週同じ曜日の同じ時間帯に決められた介助をこなし続ける人たちも、とても貴重だ。

近年、大地震や豪雨などの天変地異が多い。そういう場合、単にヘルパーとして仕事で介助に入っている人たちは信用しがたいという意見があるかもしれないけれども、少なくともぼくのまわりでは、「なにがあっても介助にはいきます」という人が多数おり、頭が下がる思いもする。台風直撃予想で交通機関の遮断が予想される際に、人知れず、介助先の近くのホテルに泊まり、翌日の介助に備えていた、なんてことをあとで聞くこともある（もちろん、ある程度危機対応意識の高い事業所の場合、事業所全体の対応として、災害が予想される場合は、遠距離の移動を避ける、災害がひどいと予想される時間帯の出勤をできるだけ避けるなどの介助シフト調整を前日に行っている）。

ただ、全国的にヘルパー事業所全体として見たら、二四時間三六五日欠かさず派遣しており、二四時間介助が必要な重度障害者を支えています、なんていうところは実際にはほとんどない。多くの事業所はお盆や正月は普通に派遣ストップだし、深夜帯の派遣もほとんどやっていない。災害時にもヘルパーには無理をさせないだろう。重度の障害者の地域自立生活を支える事業所はほんのわずかだし、それを支えるヘルパー（介助者）も全体としてはまだごく少数の部類だ。多くの地域で、重度障害者を支える事業所がない、ヘルパーがいない、ということで、障害者の地域自立生活が妨げられているのは、確かな現実だ。

ただその一方で、二四時間三六五日重度の障害者の地域生活を支えるというのは、労働法で規定されるような「労働」という枠内では、いろいろ難しい課題が生じるのも確かだ。たとえば泊まり介助は、夜の八時から朝の八時まで、一二時間連続もざらにある。日中、どこかへ遠出する際には、朝から深夜近くになる介助もよくあることだ。重度障害者の「生活」を軸に介助を考える際、それはごくあたりまえのことなのだが、いったんヘルパーの「労働」という側面から見ると、長時間すぎないか、休憩時間はどうなのか、など様々な規制を気にしないといけなくなる。けれども、たとえば、痰の吸引が必要なのに、休憩時間だからと障害者を放置しておく人はいないだろう。休憩時間だからと障害者に対して、テレビでも見て黙っておいて、と言う人もいないだろう。その一方で、決められた時間ではないにしても、長時間の介助においては、特に何もしないゆるやかな時間が流れたりもする。そのゆるやかな時間が、重度障害者の生活を支える長時間介助の醍醐味であったりもする。生活というのはヘルパーの労働の枠組みではっきり区切れないグレーゾーンを残すものなのだ。

障害者の「生活」とヘルパーの「労働」はしばしば抵触する。福祉関係者含め多くの人は、働く人の「労働」を優先に考えて、障害者の「生活」がそれによって制限されることに気付かない。(9) けれども、しょせん、一人の人間は一日八時間程度しか働けない。二四時間、重度障害者の生活を支えようとすれば、三人以上の介助者が必要となるが、それより少ない人数で障害者の「生活」を支えようとすれば、ヘルパー側の「労働」の枠組みを逸脱してくるのはある意味あたりまえであろう。

その意味で、どんな障害があっても地域で自立して生活するのに足るだけの介助制度の整備がなに

(9) 第7章「生存と労働をめぐる対立」では、そうした対立や葛藤が障害者運動の中で大きなテーマの一つであったことを、運動の歴史をふりかえりながら紹介している。

(10) ディーセント・ワーク（decent work）は、一九九九年以降、ＩＬＯ（国際労働機構）において提唱されているスローガン。「まともな仕事」、「適正な仕事」といった意味だが、より敷衍すると「働きがいのある人間らしい仕事」となる。それには、仕事の安定性、適正な労働時間や休暇の保障、相応の賃金、安心できる職場環境などといった条件が必要となる。障害者の地域自立生活を支える介助・介護が、いかにしてディーセント・ワークとなりうるかは、より詳細に議論される必要があろう。

よりも必要であろう。そうした制度が整ってはじめて、介助者たちが「まともな労働」（ディーセント・ワーク）[10]の枠内において、その障害者の生活を支えることができることになるのだろう。

障害者があたりまえに介助・介護等の支援を得つつ、施設や親元でなく地域で自立生活できること、そして、それを支える介助者（ヘルパー）たちがディーセント・ワークの枠内でそれを行えること、この両者を同時に実現させていくことがこれからの運動にとっても大事な課題になるだろう。

「健常者」について

健常者として、障害当事者団体に所属しているというのは、なんともすっきりいかない感覚がある。ぼく自身の名前が世間に出たり、ぼくが人前で話したりする際には、自分自身それなりの違和感を抱いている。

そもそもなぜ、障害当事者運動に健常者として関わっているのであろう。もともとは、今のように運動に関わるつもりはさらさらなかった。学生時代も、社会運動に多少の興味はあったが、濃い、アクの強そうな運動には関わりたいとはあまり思わなかった。たまたま障害者運動と関わることになり、障害のある人たちに出会う中で、その運動する姿、生きている姿に触れ、だんだんと運動に関与するようになった。運動の理念や歴史はさまざまな障害者と出会う中で、後から知ったものだ。

ぼくの見聞きする限りにおいても、最初から高い理念のもとに障害当事者運動に参与する健全者・健常者というのはなかなかいない。たまたま障害者と出会い、つきあい続ける中で、運動の重要性とかを肌身に理解して、運動に関わるようになった人が多い。

たとえば、闘争的で名高かった兵庫青い芝の会の盛衰を描いた『カニは横に歩く』という本があるが、そこに集った健常者たちは、このように言う。「障害者に出会うまでは、人生まっ黒けやったね。いつ死ぬかしか考えてなかった。障害者と付き合うて初めて、なんか俺にもできることがあるんかなあと思たぐらいのもんで」（角岡 2010：69）。[11]「僕の場合は差別がどうとか、社会のひずみがどうとか、そういうところから入っていったんではないんですよ」（同：70）。なんとなく、障害者たちの必要に迫られて、そのたまり場に出入りするうちに、そこから抜け出せなくなっていった、というのが実情だ。

ぼく自身についても、最初は特に何も考えておらず、障害者と関わる中で、徐々に、障害者たちのおかれた不自由な状況や、障害者への差別を肌身に感じるようになった。一緒に街に出て、車いすで入店できる店がどこにも見つからなかったり、移動がきわめて不便であったり、世間の人たちが障害者にひどい視線や言動を投げかけるのを目の当たりにした。『母よ！殺すな』という本の中で横塚晃一が「あなた方は、我々をはじきだした学校で教育をうけ、我々の姿のみられない職場で働き、我々の歩けない街を闊歩し、我々の利用できない乗物、エスカレーターなど種々の器物を使いこなしているのです」（横塚 2007：142）と述べているが、きっと本を読むだけでは観念的なことしか分からなかっただろう。けれども、そこに書かれていることは、目の前の現実であった。

これまでの人生を考えたら、ぼくは障害者のほとんどいないところで暮らしてきた。障害者の不在も、障害者へのひどい言動もあまり意識せずにこれまで生きてきた。障害者は構造的にぼくらの目か

（11）この言葉は、故・大賀重太郎さんのものであるが、彼はその後、関西や関東他で、障害者の自立と解放の運動の事務局として活動し、ＤＰＩやピープルファーストといった当事者団体の成立に寄与し、また阪神淡路大震災からの復興においても大きな貢献をし、陰ながら障害者の当事者運動を支えてきた人だ。

ら隠されてきていた。介助・介護の保障に関しても、なぜ障害の重い人たちは施設や親元に居続けないといけないのか、なぜ地域では介護の保障なく放置されているのか。いったい人権とか権利とかはこの社会ではどうなっているのか。障害があることが、人としての権利を享受できない言い訳になっていいのだろうか。そんな疑問を抱きつつ、自分なりに主体的に運動に関わろうと思うようになっていた。

ただ、ぼくが関わりはじめた二〇〇〇年代は、運動の中で健常者や介助者が声を上げる、なんてことはなかなか考えられない時代だった。歴史的に見れば、健常者の力を借りずとも、障害者だけで力強い運動ができる、そんな地力がついてきた、ということかもしれない。

障害当事者運動は一九七〇年代からはじまるとされることが多いが、その運動の当初は、破天荒な健常者たちがぐいぐいと引っ張っていた側面もある。障害者運動の歴史の中でもっともラディカルな主張をした青い芝の会のメンバーたちは、大佛空《おさらぎあきら》という浄土真宗系の破格の僧侶がはじめたマハラバ村というコミューンに集い、そこから大きな思想的影響を受けている。関西方面でも、青い芝の会を広めるきっかけとなった『さようならＣＰ』上映運動は、健常者の故・河野秀忠さんを中心として進められた。当初は、「健全者主導の運動だった感は否めない」（定藤 2011：87）とも言われる。

その後の、障害者団体と健全者団体との確執やゴタゴタ、そして健全者組織の解体を経ての運動の復興に至る経緯は別にゆずるが[12]、ともかく、さまざまな葛藤を経ながら、障害者運動は再生し、健常者たちは運動の後景へと隠れていった。また、七〇年代の運動は脳性マヒ者たちが切り開いてきた側面が強いが、八〇年代以降は頸損やポリオなどの、ある意味で「有能な」[13]障害者たちが自立生活センターを設立するなどして、新しいかたちでの運動をけん引していった。

そうしてぼくの関わりはじめた二〇〇〇年代初めごろには、健常者が運動に関わる余地はほとんどなかったように見えた。目の前の障害当事者たちは、すさまじい熱気とパワーで、厚生労働省前に集結し、デモ行進するなど、運動をしていた。ただ、障害者運動を傍らで見続けるにつれて、大事な局面においては、後景へと隠れているだけではダメなんだと思うこともしばしばあった。すでに「介護者」の項目で述べたように、二四時間介護保障の運動なんかは、介助者、介護者も障害当事者とともに活動しなければ成り立ちがたい。障害当事者と介助者・介護者がチームを組んで二四時間の介護保障を要求していかない限り、たとえ行政によって二四時間の支給決定が認められたとしても、介助者・介護者がすぐに見つかるわけでもないため、地域自立生活は成り立たないのである。

「かりん燈」という介助者の会をやり、国に対して、障害者、介助者双方が生きるために介護報酬単価を上げよと活動しはじめたとき、障害者からさぞかし批判を受けるだろうと内心おそれていたが、実際には、よく声を上げてくれた、と言ってくれた障害者の活動家の方が多かった。自分自身がなんらかのかたちで運動に主体的に関わろうとしたとき、活動する障害者たちとの距離もぐっと縮まったように思う。

その頃から、今では一〇年以上の月日が流れているが、その間だけでも障害者運動の雰囲気もだい

(12) たとえば、山下 2007、角岡 2010、定藤 2011 などを参照のこと。

(13) 日本における最初期の代表的な自立生活センターであるヒューマンケア協会は、設立時、「明確に意識して事業体を運営しようとの考えから、事務局は有能なスタッフの精鋭主義をとった」(中西 2001：36) とのことだ (そのあたりは拙著でいくらか詳しく言及している (渡邉 2011：248－9))。それ以前の青い芝の会の運動が妥協なしの反能力主義を貫こうとしていたのとはある意味対照的であるが、以降、障害者運動はその両側面ともあわせもちながら進んできていると思う。

ぶ変わったようにも思う。七〇年代、八〇年代の頃より運動を引っ張ってきた障害者運動のリーダーたちが相次いで亡くなり、またかなり高齢化した。二〇〇〇年代の頃の障害者当事者運動の草の根的な盛り上がりは今ではあまり見られなくなった（運動の成果があって、制度がまがりなりにも整ってきており、また行政の審議会などへの当事者参画が進んできたからであろう）。ゴリゴリした熱い運動を知らない若い世代の人たちが運動に関わるようになってきた。運動に関わる人たちの障害種別も多様化した。これまであまりできてこなかった難病患者や知的障害者などへの支援という課題もあらわれてきた。障害当事者のみががんばる、ということでは運動は展開しにくい状況になっているのかもしれない。

そして、二〇〇〇年代頃より関わりはじめた健常者たちも、ベテランと言われる領域に入ってきた。若い障害当事者から「渡邉さんの方が昔からやってるのだから、教えてくださいよ」と言われることもある。当事者運動の中で育ってきたぼくからしたら不思議な感覚だ。

おそらく、障害当事者運動としては、一つの時代の区切りがつき、新しい時代に切り替わりつつあるのだと思う。障害者運動に若い世代が集まらない、運動のバトンをどう受け渡したらいいのか、ということが課題として挙がるようになってきている。旧来のやり方では、行き詰まりがあるからなのだろう。(14)

すでに九〇年代の終わりごろに、障害者当事者運動のある種の限界を指摘した文章がある。「当事者幻想論」と名付けられた文章だ（豊田 1998）。そこで、「当事者運動の意義と限界」として、次のように指摘されている。

当事者運動の最大の意義は障害者に権威を与えたことであり、限界もまたそのことによる

（同：108）。

確かに、九〇年代、二〇〇〇年代の運動を通じて、「障害当事者」にある種の「権威」が付与されていった側面もある。ぼくが運動に関わった当初、おいそれと健常者の立場から何も言えない状況にあったのは、まさしくその権威をひしひしと感じたからであろう。そこには、障害者のことは障害者で決める、健常者はそこに口をはさんではならない、というような圧力が確かにあった。そして、運動に関わる当事者たちのエネルギーと行動力には、単なる権威というよりも、その主張を納得させるだけの内容と説得力があった。そこについていきたい、と思わせるものがあった。

そして、もともとは圧倒的に健常者が障害者に対して権威をもっていたのだ。運動において、障害者自身が権威をもつようになることについては十分に正当なことだろう。

けれども一方で、その方向性は、障害者以外は運動に関与しなくていい、というような排他性にもつながるものだ。主張の中身が伴わず単なる権威だけが際立つようになれば、障害者のことは障害者が決めればいいんでしょ、ということで、健常者たちの心が離れていってもそれはしょうがない状況だって生む。そして、障害当事者たちの間ですら、権威のある障害当事者と、そうでない障害者という、分断を生む可能性もある。

「当事者幻想論」は、そのように運動が矮小化していくおそれに対して、次のように述べる。

（14）ぼくも編集に関わった日本自立生活センター編（2016）『障害者運動のバトンをつなぐ』では、まさに時代の変わり目の中で、運動のバトンはどう引き継がれていったらいいのか、どのような課題があるのかについて、さまざまな立場から議論されている。

障害者問題とは障害者固有の問題として考えられるべきでない。障害者と非障害者というマイノリティとマジョリティの関係の問題として位置づけるときにおいては、少なくともその双方が当事者として同じテーブルにつく必要があるし、社会全体の問題として考えるとき、その変革の主体は障害者ばかりに求められるべきではない。それは共同の作業としてなしうるべきものだからである（同：113）。

おそらく、現在は、障害当事者運動のある種の限界がそれとなく意識され、ここで言われるような障害者と非障害者（健常者）との間での「共同の作業」ということに丁寧に取り組んでいくことが模索されるべき時代に入ってきているように感じる。

「支援者」について

自立生活運動というのは、障害種別を問わないものだ。どんな障害があろうと、誰しもが地域で自立して暮らせるようになることを目標とする。けれども、この運動が身体障害者の運動に偏っていることは、正直否めないであろう。現在、自立生活運動を担う自立生活センターにおいて、知的障害者、精神障害者のスタッフがいるところは数が知れている。代表や事務局長が身体障害者以外の障害者であるところはほとんどないであろう。障害種別を問わずサービスを提供すると言われているが、実質的に身体障害者以外に対して一人暮らしのサポートまで行っているセンターもあまりない。「介護」の項目のところで記したが、自立生活センターで推奨される「介助」では、知的障害者、精神障害者の支援はなかなか通用しない。

知的障害者の当事者運動としては、「ピープルファースト」という運動団体がある。それは基本的には、知的障害者自身による、知的障害者のための団体だ。全国各地にあるというわけでもないが、九〇年代半ばからはじまった全国大会には、現在では各年、五〇〇人〜一〇〇〇人くらいの規模で人が集まる。基本的に当事者が大会の企画から、大会当日の司会進行、発表のすべてをやり、支援者は裏方に徹する。この全国大会は、ぼくの知る限り、もっとも原始的エネルギーに満ちた、不思議でアバンギャルドな空間だ。

知的障害者の介助に入りどう関わっていったらいいのだろうと悩み、また知的障害者の当事者運動ってどんなふうにしてありうるのだろうと関心をもったぼくは、二〇〇〇年代の半ばからピープルファースト京都の活動に「支援者」として関わるようになった。この「ピープルファースト京都支援者」というのも、ぼくのアイデンティティの一つのようにも思う。

ピープルファーストの活動においては、介助者でも介護者でもなく、一般的に「支援者」という呼称が使われる。「支援者」は健常者に限ったわけでなく、身体障害者がなっていることもある。「介助者」「介護者」は自分自身を押し殺すことが多いが、「支援者」は団体の運営にあたってかなり口をさしはさむ。支援者自身も、当事者とともに闘っているのだ、という感覚がそこら中にある。運動でどこかに出かける際、介助者、介護者の交通費、宿泊費等は当事者がもつのが基本のように思うが、支援者の場合、自分もちのことが多いと思う。もちろん支援者にも濃淡あり、わりと先頭にたって共に闘うタイプの人がいるかと思えば、裏方仕事に徹する人もいる。

知的障害者の当事者活動であるピープルファーストの運動自体は、日本では身体障害者たちの運動からはだいぶ遅れ、九〇年代にはじまった。[15]その運動の歴史や形態は日本ではまださほどまとまって記述されてはおらず、いずれまとめられる必要があると思うが、それはそれとして、ピープルファーストを日本に広めようとした人たちは、七〇年代、八〇年代から障害者の解放運動・自立生活運動に影響を受けた健常者たちが多いようだ(16)。身体障害者による運動では不十分だった部分を、知的障害者の当事者活動の支援として開始していったのであろう。

ピープルファーストの運動で出会う「支援者」は正直、身体障害者中心の自立生活運動で出会う健常者たちに比べて、もっとアクが強い。二〇〇〇年代半ば、ぼくがはじめて参加したピープルファーストの全国大会では、著名な支援者の一人がビール缶を片手にして赤い顔をしながら、大会に来ていた厚生労働省の役人をきわめて厳しい口調で糾弾していた。その口調に多くの障害当事者が感化され、全体的に糾弾大会といった様相だった。

ピープルファーストには、支援者に厳しく叱られながら、活動家として育ってきた当事者もいる。入所施設等でいじめや虐待にあいながら、ピープルファーストの支援者によってはじめて救われた、という当事者もいる。支援者が恩師のような立場にあることもけっこうあるように思う。

おそらく各地の団体の立ち上げから関わっているピープルファーストの支援者たちは、自分たちの人生をかけてこの運動に関わっているのであろう。だからこそ健常者の立場からの介入の度合いも色濃いのだろうが、そうした強い志がなければ、なかなか知的障害者の当事者活動であるピープルファーストという団体が根付かない、あるいは根付かなかったのだと思う。

こうして見ると、「支援者」というよりも、「先生」、「監督」というような側面が初期の支援者たちにはあったように思われる。だが、当事者運動としては、そうした支援者のあり方は望ましいとされるものではないだろう。たとえば本場アメリカのピープルファーストカリフォルニアでは、「支援者の五つの原則」として、次のことが掲げられている〔People First California 2010より私訳〕。

1. ピープルファーストはあなたのグループではありません。そのことを忘れないでください。
2. グループの声によく耳を傾けてください。
3. グループ・プロセス〔ピープルファーストにおける活動や会議の流れ〕をよく理解してください。
4. グループの使命を知り、尊重してください。
5. グループを指導しないでください。グループを支援してください。

支援者がグループを指導することは、ここに書かれているように厳に戒められ、あくまでピープルファーストは当事者のグループであり、支援者に引率されるようなグループでないことがここで言われている[17]。

けれども、本当にそれだけでいいのか、ということもしっかり検討されなければいけないだろう。「健常者」の項目で述べたように、「当事者運動」における、自分たちが決めるという面ばかりが強調されると、支援者は特に考えなくてもいい、介入しない方がいい、サポートに徹するだけ、というこ

(15) もともとは、七〇年代、アメリカのオレゴン州における知的障害者の大会で、参加者の一人が「私たちは障害者である前に、まず人間だ〔People First〕」と述べたことがきっかけで、ピープルファーストという団体が北米で広がり、以降世界的に広がっていった。

(16) 青い芝の会系の団体で介護者をやっていた人たちや自立生活センターに関わっていた人たち、またあるいは普通校への就学闘争を支援していた人たち、また解放教育に携わってきた人たちなど、個別にはいろんなルーツをもった人々が各地でピープルファーストの立ち上げに関わり、その支援者となった。

とになりかねない。

施設で虐待されていたり、私宅に監禁されている障害者がいるとして、本人たちが特にそこに介入したがらない、関心がなかったとしたら、ほっておいたらいいということになるだろうか。そうではないはずであろう。

障害者運動の歴史を踏まえたこれまでの議論から推察される通り、運動の初期においては、あるいは当事者たちがまったく声を上げられないような状況においては、支援者による力強い介入、余計なお節介が必要な場合はしばしばある。虐待や監禁等で力を奪われた人たちに対して、自分たちが声を上げないのが悪い、声を上げないから支援しない、なんていう態度はとるべきではないだろう。他方、運動が進展し、当事者たちが十分に自分たちで声を上げ、仲間の窮状を助けられるようになったならば、あるいは、そもそも窮状にある仲間がほとんどいない状況になれば、支援者があえて口をはさむことも少なくなるであろう。

ご多分にもれず、ピープルファーストの支援者も世代交代の時期にあたっている。初期の、アクの強い支援者たちは、だんだん引退を考えはじめている。残された当事者と支援者たちは、次にどういう運動をつくっていったらいいだろうか。相模原障害者殺傷事件に代表されるように、障害者を取り巻く現状はいまだ極めて厳しい状況にある。支援者はまだまだ、当事者と共に、そうした厳しい状況に立ち向かっていかないといけないのではないだろうか。

おわりに

障害者運動の歴史をふりかえりつつ、介助者、介護者、ヘルパー、健常者、支援者といった呼称の意義やニュアンス、限界等をぼくの見聞に即しながら記し、また、その呼称から読み取れるこれからの運動の課題も提示したつもりだ。

言葉というのは時代や状況、文脈に応じて意味合いが異なってくるので、そうした文脈等抜きに、特定の言葉だけにこだわるのは愚かなことだ。ぼく自身の立場から言えば、文脈に応じていろんな呼称を使い分けた方がいいと思っている。そうした思考や構えの柔軟さこそが、最終的には幅広く層の

---

(17) さらには、People First California 2010では、支援者の「契約書」や「評価表」も紹介されている。支援者は、ピープルファーストの代表や副代表が契約書に署名することにより、「支援者」になる。たとえばその契約書では「支援者の資格(必要条件)」として以下のものが掲げられている。

1. 知的障害のある人たちに肯定的な気持ちをもっていること
2. コミュニケーションがうまくとれること
3. 人の話を聞くのが上手であること
4. 丁重、丁寧な人柄であること
5. 信頼される人柄であること

こうした諸条件すべてに、初期の支援者たちがあてはまるかといえば、微妙な部分もある気がする。けれども、当事者団体というかたちがある程度できあがるまでと、できあがった後では、支援者の立ち位置やふるまいが変わるのはある意味当然であろう。基本的には、世代が下るにつれて、当事者も活動に慣れてくると、支援者には穏やかで、丁重な性格の人が増えるように思う。

なお、アメリカでも初期のころの支援者はなかなか手加減がなかったようだ。カリフォルニアのピープルファーストのことを紹介した本の中では次のような支援者のことが紹介されている。

「キャピタル・ピープルファーストの創立者で、調査チームのメンバーでもある健常者のC氏は、まわりにけむたがられるほど、厳しい言葉で知的障害者を激励することでした。しかしこれは、決して彼女が知的障害者を虐待しているということではなく、それぞれの人が前進するための激励の手段なのです」(カリフォルニア・ピープルファースト 2006:79)。ある時は、あるピープルファーストのなりたてのメンバーを壁におしつけ、ひどい剣幕で「あんたは本当にひどいところにいたんだから。ナチスの収容所よりもひどいところよ。取り返しようもないところにいたのよ。わかってるの。本当にわかってるの」と一気に浴びせかけ、ショック療法のようなかたちでその当事者を目覚めさせたこともあったそうだ(同:80)。

分厚い運動としての障害者運動の精神を受け継いでいくことにつながるのだと思う。

障害者と非障害者（健常者）という言葉の境目ですら、今ではだいぶグレーゾーンが大きくなっているのではないだろうか。発達障害、自閉症スペクトラムなどの概念に見られるように、いわゆる障害者と健常者の間というのは連続的であり、その中間層にたくさんの人たちがいることも最近ではそれなりに認識されつつある。障害者に対する制度の保障が整う中で、十分に制度を活用できている障害者と、制度の枠組みから外れた健常者では、どちらが生きづらいか、にわかに判断しがたい場合も多い。さらに、かつてに比べて、障害者間でも大きな格差が生まれている。団体のトップで多くの健常者から敬われている障害者がいる一方で、入所施設などで世間から忘れられ、職員たちから蔑まれている障害者もいる。

そしてまた、人の一生というスパンで見ても、赤ん坊として生まれて全面的な他者の庇護のもとで育てられる時期から、大人になり自立して自分の社会的役割を果たしていく時期、さらに年老いて成人期のような活動はできなくなり他者の世話になりながらも人生の価値を次世代に伝えていく時期など、さまざまな時期がある。介助、介護、支援、あるいは、育児、保育、ケアなど類似の言葉がさまざまにあるが、人生のそれらすべての時期を通して使い続けることのできる一つの言葉があるわけでもない。

障害者を成人になっても庇護し続けるような過剰な保護は、確かにいらない。けれども、だからといって、人が人を護り育てる、ということの価値まで否定するわけでもないだろう。人を護ることは大事であろうが、それが人の自由や自発性を奪っているかもしれないことは、常に反省されるべきであろう。自己決定は大事であろうが、窮状にありもはや声を上げられない人たちを助けようとするとき、本人の自己決定を待たねばならない（本人が声を上げない限り助けない）、ということはないだろう。障害者の解放運動、自立生活運動、当事者運動というのは全体として、そうした相反する価値観をも包摂しつつ展開する運動だと思う。自己決定だけを言えばいいわけではない、介護や支援だけを言えばいいわけではない。

障害者運動の総体は、一つの言葉でだけ捉えることができるものではない。そして、そこにはまだ向き合うべき課題は多くある。次世代の人たちは、その運動の総体や諸課題を意識しつつ、自分たちの立場や状況にあわせてそれぞれの言葉を適切に用い、あるいはその意味を変容させたり、新しい言葉をつくりながら、その都度の事態に対処していく必要があるだろう。それが真に障害者運動のバトンをつなぐということにつながっていくのだと思われる。

参考文献

上野千鶴子 2011『ケアの社会学――当事者主権の福祉社会へ』、太田出版
小山内美智子 1997『あなたはわたしの手になれますか――心地よいケアを受けるために』、中央法規出版
角岡伸彦 2010『カニは横に歩く――自立障害者たちの半世紀』、講談社
カリフォルニア・ピープルファースト編 2006『私たち、遅れているの？――知的障害者はつくられる（増補改訂版）』、秋山愛子＋斎藤明子訳、現代書館
かりん燈 2008「緊急調査！障害者自立支援法に係る訪問介護労働者の生活・労働アンケート２００８年・報告」
金満里 2008「ケアされる身体」、上野千鶴子他編 2008『ケア その思想と実践３　ケアされること』、岩波書店
定藤邦子 2011『関西障害者運動の現代史――大阪青い芝の会を中心に』、生活書院
全国自立生活センター協議会（ＪＩＬ）2001『自立生活運動と障害文化――当事者からの福祉論』、全国自立センター協議会

中西正司 2001「自立生活センターの誕生」、全国自立生活センター協議会編 2001『自立生活運動と障害文化』
新田勲 2008『足文字は叫ぶ！』、全国公的介護保障要求者組合：自費出版（→縮刷版 2009 現代書館）
日本自立生活センター編、尾上浩二、熊谷晋一郎、大野更紗、小泉浩子、矢吹文敏、渡邉琢著 2016『障害者運動のバトンをつなぐ――いま、あらためて地域で生きていくために』、生活書院
寺本晃久、岡部耕典、末永弘、岩橋誠治 2008『良い支援？――知的障害／自閉の人たちの自立生活と支援』生活書院
豊田正弘 1998「当事者幻想論――あるいはマイノリティの運動における共同幻想の論理」『現代思想』一九九八年二月号（特集「身体障害者」）
深田耕一郎 2013『福祉と贈与――全身性障害者・新田勲と介護者たち』、生活書院
山下幸子 2008『「健常」であることを見つめる――一九七〇年代障害当事者／健全者運動から』、生活書院
横塚晃一 2007『母よ！殺すな』、生活書院（初版 1975、すずさわ書店）
People First California 2010 "Guide to becoming a Qualified People First Helper/Advisor"

5　ベーシックインカムがあったら、介助を続けますか？

——介助者・介護者から見たベーシックインカム

「ベーシックインカムがあったら、介助を続けますか？」という質問を何人かの介助者に聞いてみた。[1]

たずねた相手は、基本的に職業として賃金をもらいながら介助・介護にたずさわっている人々だ。もし介助や介護が嫌な仕事だったら、ベーシックインカムがあれば介助・介護をやらなくなるかもしれない。他方で、介助・介護に何らかの意義を感じていたら、ベーシックインカムがあっても介助・介護を続けるかもしれない。

ベーシックインカム関係の議論の中で、介助・介護・ケアについてはおおよそ二つの観点で言及されているように思われる。

一つは、より多くの人が介助・介護・ケア・育児等に時間をさけるようになるために、ベーシックインカムを保障していこうとする議論の方向性。「参加所得」の議論に典型的にあるように、介助・介護・ケア・育児にたずさわっている人や、あるいは地域社会に貢献するコミュニティ活動やＮＰＯ活動に「参加」する人々の生活保障として、ベーシックインカムや参加所得を捉える方向性が一つある。

もう一つは、逆に、ベーシックインカムを導入することで、介助・介護等に携わる人が減っていくのではないか、という議論の方向性。介助・介護や清掃などの仕事は、汚れ仕事という側面をもち、できることならあまり就きたくない仕事で、現在は生活のため、給料のために仕事をしているにしても、ベーシックインカムなどで仕事せずとも生活できるようになったら、多くの人が介助・介護、清掃などの仕事から撤退してしまうかもしれない。そう懸念する議論もある。

個人的にはどちらの観点もそれなりに理解できるが、巷の議論でも、研究者の議論でも、介助や介護にまつわるイメージだけで話がわりと進んでいるようにも思う。その場合、介助・介護・ケアというと、やりがいがあって人間らしい活動と捉えられたり、逆に単純に汚い仕事、誰もあまりやりたがらない仕事というイメージで捉えられたりする。そうした中で、実際に介助・介護に携わっている人がどう思っているのか、どう感じながら仕事をしているのかなどについては、誰もあまり聞いたことがない。その思いや感じ方は、けっこう複雑で、理路整然としたものはあまりない。単純にお金のために仕事をやっているのかといえば、それだけでない側面もあり、またやりがいや思いやりの気持ちだけでやっているのかと、そういうわけでもない。今回、そうした現役の介助者・介護者たちのさまざまな思いや感じ方をうきぼりにするために、単刀直入に何人かの介助者に「ベーシックインカムがあったら、介助を続けますか？」と尋ねてみた。その答えは決して一直線でもないし、どこかに結論があるというわけでもない。けれどもそうしたとまどいや揺らぎを言葉でそのまま表してみるということも、それなりの意義があると思い、以下、筆者がおこなった介助者とのやりとりの一端を紹介し、最後に議論のまとめをしよう。

なお、筆者自身も含めて、今回登場する介助者・介護者は、ほとんどが地域での障害者介助の仕事を生業としている者たちである。一口に介助者・介護者などといっても、他に家族介護者や介護保険ヘルパー、あるいは施設職員等、さまざまな立場で介助・介護に関わる者がいる。今回の質問に対する回答も、そのそれぞれの立場ごとになにほどかは変わってくるかもしれず、そうした意味では、今回の議論は若干の限定つきである。

また、地域での障害者介助が、無償のボランティアで担われていたのは、すでにある程度昔のことである。現在では、特に二〇〇三年の支援費以降、多くの人達がこの介助・介護の仕事で食っている。もちろん時給一〇〇〇円ちょいで働く登録ヘルパーもいるが、月給三〇万をこえる正規職員もいる。他業種の平均と比べるとまだ安い賃金だが、地域での障害者介助はボランティアやバイト感覚というだけでなく、主たる生計維持の仕事という側面もたぶんにもちはじめている。現在では地域で生きる

---

(1)「ベーシックインカム」とは、働いていても、働いていなくても、あるいはお金持ちにも貧乏な人にも基本的には一律に生活に必要な現金を支給し、その所得を保障しようとする制度構想のことであり、あるいはそうした制度において支給される所得そのものを指す。

日本では、二〇〇〇年代半ばに、障害者、シングルマザー、非正規労働者、生活保護受給者などが集合して「反貧困」の運動を起こした時期に前後して、社会運動の界隈においても、みなに通底する所得保障のあり方の一つとして「ベーシックインカム」が話題になったように思う。山森亮『ベーシックインカム入門』(光文社新書、二〇〇九年)では、まさにアメリカの黒人シングルマザーの運動、イタリアの「家事労働に賃金を」と主張する女性たちの運動、イギリスにおいて年金や生活保護の受給者、失業者、病者たちが集まった要求者組合の運動、さらには日本の障害者団体「青い芝の会」の運動などの中に、ベーシックインカムの発想があることが指摘されている。

その後、日本での議論はいくらか下火となっているが、二〇一〇年代の頃から、世界各地で部分的に導入実験が行われるなど、ところどころでこの構想の実現可能性や影響などについて具体的に検証されるようにもなっている。

障害者の多くが、そうした仕事としての介助・介護を入れることで生活を成り立たせている。そうなるようになった背景には障害者自身による長い介護保障運動の歴史があるが、それはここでは触れられない。介助・介護というと、ともすればボランティアと考えられがちであるが、現在では仕事・労働としての側面もたぶんにもっており、それによって障害者の地域生活が成り立っている、ということも以下の議論の前提として、ちょっと頭に入れておいてほしい。

◆Aさん（二〇代半ば、男性、介助歴三年ほど、介助専従）

渡邉「ベーシックインカムがあったら、介助を続けますか？」

Aさん「それは、ベーシックインカムがいくらあったらという仮定で？」

渡邉「額によりけりですよね。えっと、三段階、三万、八万、一五万くらいで。」

Aさん「そうですねぇ。三万、八万だったらたぶんやめないと思いますけど。一五万ぐらいになってくると、［ためらいがちに］ものすごい減らすか、やめるかしちゃうかも、しれないかなぁ、と思います。」

このAさんは、介助をはじめて三年くらい。数か月前まで介助に月二〇〇時間くらい入っていた。けど、一度しんどくなり、精神的にまいってしまって、仕事をちょっとお休みした。その後復活。現在は月一五〇時間くらいで、前みたいにめいっぱい仕事をせずにぼちぼちのところで介助を続けている。介助に関してはちょっとお疲れ気味で、生活に保障があるのだったら、介助をやめちゃうかもしれない。やっぱり介助だけだったら、しんどいとも漏らしていた。

◆Bさん（二〇代後半、女性、介助歴二年ほど、ほぼ介助専従）

渡邉「ベーシックインカムがあったら、介助を続けますか？」

Bさん「私は続けると思う。けっこう続けやすい組み合わせだと思う。まぁペースは減ると思う、ぜったいに。やっぱり人と人とのあれだから、ぶっちり切るのはやりにくいと思う。」

渡邉「わりと世間では、ベーシックインカムがあると介助する人がいなくなるんではないかという懸念があるけど。」

Bさん「介助って、だいぶ情が入るからやめられない。どうしても。人が相手だと。」

渡邉「嫌な利用者とか、口の悪い利用者のとこも行く？」

Bさん「口が悪い習慣があるだけで、障害者はうまいことやる技術があるから、あめとむちである程度はひきつける方法をみんなもってて、それは方便だと思うし。すごい嫌な人でも、情とかがあると、すっごい嫌だけど、毎週はつらいけど、なら一か月にいっぺんならとか、そういうやり方はある。介助する人にも気持ちがあるから。」

渡邉「ふーん。」

Bさん「逆に介助する人が増えるかもしれないですね。いいことしてるかも、という気持ちになれて。なんとなく人と関わりが薄い現代社会においてはそういうのけっこう。主婦のボランティアみたいな実感で、なんとなくあまった時間ちょこっと手伝って、やったような気持ちになるのと同じように、一人暮らしの人でも、都市で生活してる若い人とか特に、誰かと関われない人にはいいと思う。」

渡邉「介助に限らずだけど、汚い仕事はみんなしなくなるんじゃないか、という人もいるけど。」

Bさん「でも介助はそんなに汚いと思わない。まぁもとから汚いと思う人はやれないけど、それをやれないと思う人の割合は別にそんなに多くないと思う。別にそんな汚い仕事やってるとも思わないしね。ほんとに別になんてことなく。そういうの気になる人はやれないと思うけど。」

渡邉「なるほどねぇ。」

Bさん「それより、なんか役に立ってるという意識の方が強いんじゃないかな。ボランティアとかエコとかNPOとかそういうもんは、若い子とかそういうのに価値を見いだしやすいから、そういう意味、そっちの方が大きいんだと思う。」

Bさんは、介助をやって二年目くらい。月一五〇時間くらい介助に入っている。情が入っているから、相手の顔をすでに知っているから、介助は続ける、と言っている。けっこう人と人のつながりを大切にしているように感じた。一人暮らしの都市生活者のさびしさにも言及していた。そういう人には、介助はいい仕事ではないか、と。あと、これはぼくも感じることだけども、介助がそんなに汚い仕事かというと、そうでもない、と彼女は言っていた。

けど、ここには但し書きがあった方がいいかもしれない。介助・介護は、そのあり方しだいによっては、汚い仕事にさせられてしまう可能性がある。たとえば、以前ある看護職の方が「病院では、介護士のやる仕事って糞尿の始末なのよね」と漏らしていた。これは口の悪い言い方であるが、システム次第では介助・介護がそうした状況に追い込まれる可能性だってやはりある。また施設での介護だと、職員一人に対して入所者一〇数名とかいう状況もあって、そうなると排泄介助等も頻繁だと思う。一人ひとりと寄り添う時間も少なく、食事やトイレなど、生存維持に精いっぱいになってしまう側面はあるだろう。それに対して、Bさんが関わっているような地域での障害者介助は一対一の介助であり、わりとまったりとすごす時間が多く、別に排泄介助や食事介助に走り回っているわけではない。障害者がテレビを見ている時間、新聞を丹念に読んでいる時間、昼寝をしている時間、そうした時間もそばにさりげなく待機して、その都度ごとの介助・介護が必要な事態に備えている。介護保険系のヘルパーは、基本一時間程度で業務をこなしていかないといけないので、わりとあわただしいが、障害者介助は、そこまであわただしくなく、それなりの距離感を保ちながら、のんびりとお互いの関係づくりをやっていく。そういう働き方だったら、あまり働かされている、しんどい労働をしている、汚れ仕事をしている、というわけでもなく、仕事のため、お金のためというだけでなく、なんやかやで続けていく人も多いかもしれない。また、新しく介助の仕事をはじめようと思う人もけっこういるかもしれない。

◆Cさん（四〇代前半、男性、介助歴は無償介護時代から含めると二〇年以上）

渡邉「ベーシックインカムがあったら、介助を続けますか？」

Cさん「うーん。額によるんじゃないすかね。」

渡邉「三万円だったらどうしますか。」

Cさん「三万円だったら、生活にドラスチックな変化は起きないんじゃないですかねぇ。続けるかもしれないし、減らすかもしらない。」

渡邉「八万円だったらどうしますか。」

Cさん「それだったら減らすかもしれないですね。」

渡邉「次、一五万だったら介護をしますか。」
Cさん「一五万円だったら、やらない可能性もありますね。」

Cさん（四〇代前半、男性）は、月に一〇〇時間ほど介助に入っている。Cさん自身はすでに学生時代から、何年も自立障害者のところに無償のボランティア介護で入っていた。今の介助の仕事は、三年ほど前から。その自立障害者が亡くなって、しばらく介助をやっていなかったが、誘われて仕事として介助に入るようになった。上のやりとりに続けて、次にその亡くなった自立障害者のKさんのことを聞いてみた。

渡邉「さて、Kさんの介護だったらやりますか？　一五万円あったとして。」
Cさん「うーん、そこらへんは難しいところだなぁ。逆にだから、親密性とかあったら、遊びに行くということは、自由にいけるということですね。」
渡邉「そうですよね。仕事に拘束されない。」
Cさん「だから、結局その人との関係に、どんだけなにかがあるかないか、というところになるわけですよね。いっちゃえば、おもしろいかおもしろくないか、というところなんだよね。」
渡邉「それじゃぁ、いやな人の介護にはいきますか。」
Cさん「いや、いかないでしょ。」
渡邉「おお。そうするとどうしたらいいですかね。ベーシックインカムのあと、介護は。」
Cさん「どうしたらいいですかね。これはたいへんな問題ですよ。」

Cさんがかつて自立障害者のところに無償のボランティアで介護に入っていたのは、やはりおもしろかったからだ。その障害者との関係だけでなく、その家がある意味で溜まり場になっていて、他の介護者との出会いもあったと思う。そういう意味で、その場じたいがおもしろかったから、無償で介護にいっていた。けど、そういう場自体のおもしろみがなかったら、また相手が嫌な人だったら、はっきりと「いかないでしょ」と言っている。そういう意味では、なんだかんだいっても、無償のボランティア介護には限界があるように、ぼくも思う。そうだからといって、お金を介在させて仕事としてやるなら、それでいいのかどうか、そこらへんの話が次に続いた。

渡邉「いやな人の介護。うーん。」

Cさん「でも、ベーシックインカムがあっても働きたい人は働くのでそこはあんまり心配しないと思うんですよ。はっきりいって。一五万あっても普通は三〇万とかほしいわけだから、それは心配するにあたらない、という気がしますよね。おれだって、一〇万とかほしかったら、いくかもしれないし。」

渡邉「なるほど。」

Cさん「仕事だと、いやな人でもいい人だという話になるわけですよね。」

渡邉「いやな人はいやな人じゃないんですか?」

Cさん「いやいや。いやな人もいい人になる。お金はすべてを変えてしまうんですから。」

渡邉「うーん。」

Cさん「そういうのがいやだから、いろいろ考えるんだよね。実際には、マネー・チェンジズ・エブリシングだったりするんだけど、それはいやだ、というのもありますよねぇ。」
渡邉「ありますねぇ……。」

ベーシックインカムがあっても、もちろん現状の賃労働としての介助・介護をボランティアにおきかえるというわけには到底いかないだろう。それはそうだとして、お金で関係を変える、お金でがまんする、ということにもやはりなにほどかの抵抗感はある。仕事としての関係が必要な場合もあるけど、人間としての関わりはそれだけではわりきれないこともある。もちろん無償のボランティアを礼賛することで、なかば強制的にボランティアで介助・介護に関わらせようとすることは問題あるが、それでも、仕事としてだけわりきれない部分をもつのは、多くの介助者に共通する点だと思う。

◆Dさん（二〇代後半、男性、サービス提供責任者、介助歴五年）
渡邉「ベーシックインカムがあったら、介助を続けますか？」
Dさん「あってもなくてもぼくは続けますけど。」
渡邉「ほぉ。」
Dさん「ぼくの場合は、金のためも半分ありますけど、やらなあかん仕事をやっているので。給料のために働くという部分もあるけど、今すでに責任あるから。ベーシックがあったら、仕事量が減ったときにらくになるから、気持ちの安心はめっちゃありますけどね。これから先のこと考えても。」
渡邉「なるほどね。仕事は続ける、と。」

Dさん「仕事は、介助は、続けると思います。お金のためも半分ありますけど、自分の人生の中では大きいので。」
渡邉「いろんな意味で？　人とのつながりとかも含めて？」
Dさん「そうですね。他の仕事をするよりはこの仕事をしますし。ベーシックインカムと介助は直結しないです。」

Dさんは、そこそこ責任ある立場で、介助派遣事業所に勤めている。単に介助者としてだけでなく、事業所の中の責任者としての立場もある。自分の人生の中での生きがい、やりがいとして、この仕事に関わっている。事業所の中でも、利用者に対しても、自分が重要な位置にいる、という実感がもてているのだと思う。今の仕事に大きな意義を感じているから、Dさんの中ではベーシックインカムと介助は直結せず、あってもなくても介助を続ける、と言っている。

◆Eさん（四〇代半ば、男性、介助歴一〇数年、去年まで介助専従、今年からコーディネーター）
渡邉「ベーシックインカムがあったら、介助を続けますか？」
Eさん「なんとなく、やらへんちゃうかな。もともとお金が払われている仕事だからなぁ。前から言っているけど、介助者っていうのと、ＣＩＬの職員ってのは微妙に違うしね。延々と介助の仕事だけっていうのなら、やらへんと思う。」
渡邉「なるほど。介助の仕事だけだとしたら、やらない。」
Eさん「もちろん介助も一部だけど、ＣＩＬの職員ということで、トータルでおもしろいことがあるからなぁ。それから、ベーシックインカムだと、ますます固定化して、拘束されちゃうんじゃないかな。金を媒介としてるからある程度の自由が保障されているように思う、お互いに。」

Eさんの話に関しても説明が必要だろう。EさんはCILに勤めていると言っているが、CILというのは、障害者の「自立生活センター（Center for Independent Living）」のこと。このセンターは、介助派遣もやるにはやるが、それだけが事業ではなく、基本的には障害者の自立生活のための運動団体であり、自立生活に必要なことを事業としてやっている。特に障害者自身が運営しているというところに特徴があり、ピア・カウンセリングやILP（自立生活プログラム）等の障害者同士による支援活動が中心であり、介助派遣はその一部としてある。Eさんは、このセンターに所属しているが、単に介助者として所属しているわけではなく、そのグループの運動の理念を担った一員としてこのセンターに関わっているという意識がある。彼はだから、障害者の介助に関わっているというよりも、むしろ自立生活運動に関わっている、という意識をもっている。その中で、彼は、もし単に介助・介護だけだったら、やらないと思う、と述べている。あと、現在お金をそのセンターからもらって仕事をしていることの意義も認めている。金を媒介にしているという意識の中で、そちらの方が、お互い適切な距離をとれて、相互の自由が保障されているように思う、と言っている。もしベーシックインカムで、仕事以外の部分での介護・介助の関わりができるのならば、その場合、介助者・介護者がある一部のつきあいある人だけに限定されはじめ、固定化されて、かえって介助関係が拘束され、お互いに不自由になっていくのではないか、という懸念も述べていた。

さて、以上、何名かの介助者の声を紹介した。いちおう全体では、一一名の方にインタビューしてみた。そのうち、七名が続けるといい、四名がやめちゃうかも、と言っていた。けっこう続けると言っている人が多い。やめると言う人でも、実際には関係があるから、すぐにはやめられないけど、というようなことを言っていた。ただし、続けるという人の声にも社交辞令的な部分もあるかもしれない。学生介助者で、大学を卒業して、介助もやめるとき、だいたいの人は「また来ますね」と言って去っていくが、その大半はほとんど来なくなってしまう。それと同じで、「続けますよ」と言いながらも、次第に去っていく人も多いかもしれない。

また、「続ける」と言った人の多くに共通しているのが、ベーシックインカムがあったら介助は続けるけれど、「ペースは減らす」と言っていたことだ。大勢の介助者がペースを減らしたら、介助がまわんなくなっちゃうんじゃないか、という一抹の不安を感じた。

介助を続けると述べていたBさんは、後日、仕事という縛りの大切さも述べていた。「ベーシックがあるとやっぱりよくないんじゃないかな。仕事（しなくちゃいけない）という縛りが人には大切なんじゃないかな」と。介助も現在は仕事という縛りの中で成立している。介助者たちは仕事をしなくては、つまり介助をしなくては食っていけないわけである。「ペースは減ると思う」と述べていたBさんは、その縛りがなくなることに対して何らかの不安を抱いたのかもしれない。

他方で、ベーシックインカムがあったら新しい層が入ってくる可能性もある。今介助をやっている人の中には、他に仕事がないから、仕方なくこの仕事をやっている、という人も多いだろう。逆に、介助に関わりたくても、低賃金不安定収入を懸念して、別の仕事に就いている人もいるかもしれない。生活に余裕ができたら、介助・介護に関わりたいと思っている人もそれなりにいるかもしれない。全体として、介助・介護に関わる人のマッチングは、ベーシックインカムがあった方がよくなると思う。

また、以前あるシンポジウムの席上で、ベーシックインカムがあったら介助をする人が減るのではないかという不安の声に対して、全国青い芝の会（脳性マヒ者の当事者団体）の代表クラスの方が、「ベーシックインカムがあったら、ぼくは介護者増えると思うんですよ」と力強く発言していたのを筆者は印象深く覚えている。

それから、以上のインタビューの中には、これまでのベーシックインカムがらみの議論からは抜けていた重要な論点があるように思う。それは、一口に介助・介護といってもどのような関わり方があるかはさまざまで、その関わり方しだいによって、介助・介護が好ましいものにもなり、嫌なものにもなるという点だ。つまりベーシックインカムと介助・介護・ケア労働の関係を考える上でも、どのような場所で、どのような立場で、どのような考え方のもとで、どのくらい、介助・介護に関わるか、という議論が不可欠なわけである。

たとえば、DさんとEさんは、組織の中での自分の位置にある一定の誇りをもっていた。自分の居る位置に誇りがもてるからこそ、その際に必要な介助や介護にも関わっていける。Eさんが述べているように、延々と介助だけだったら、やめちゃうかもしれないのだ。また、Cさんが無償ボランティアを続けてきた理由は、その介護現場じたいが、おもしろかったからだ。そういうのがなかったら、別に行かなかったのだろう。

Aさんが、介助に対してしんどさを覚え、そしてもし可能ならば離れたいと思っているのも、介助だけをやるということのしんどさがあったからだろう。組織の中や事業所の中で、確かな位置がなく、利用者との一対一の関係の中だけで働いていくとしたら、うまく関係が築けている場合はいいが、うまくいかなくなったとき、しんどくなったときは袋小路におちいるしかないだろう。また、ある程度介助時間を減らすことで、ぼちぼち介助を継続できる、という側面もある。介助・介護が過重労働となるとき、人はそれを嫌な仕事、しんどい仕事と捉えるようになっていくだろう。

それから、介助・介護という仕事が、もし社会の負担を引き受けるだけならば、多くの人はやりたがらないだろう。もし地域や家族がもう面倒みきれないから、施設に入れた、というのならば、その人たちは結局地域の中ではお荷物になったということになると思う。家族の立場からしても、社会が支援してくれることなく、家族にのみ介護が押し付けられるのであれば、次第に限界に達していくだろう。そういう状況の介護は、やはりどんどん閉塞していく。家族や施設の中の限られた人間関係の中では、お互いに行き詰っていくだろう。

Eさんが言うように、地域で障害者が生きていくための自立生活運動の一環として、介助・介護に関わっている、と言うのならば、そこには障害者との関係だけでなく、社会とのさまざまな接点が生まれてくる。「社会を変える」、「社会を改善する」活動の一貫として、介助・介護が見出されてくる。そうすると、介助・介護は単なる汚れ仕事だからベーシックインカムが導入されたら多くの人がこの仕事から撤退する、という議論は不十分であろう。また、多くの人が介助・介護・ケア・育児等に時間をさけるようになるためにベーシックインカムを導入する、という議論も安直だろう。確かにベーシックインカムによって、多くの人が介助・介護等に時間をさけるようになるだろうが、それらが社会に開かれたものでなければ、一部の人に負担を押し付けることになるだろう。

介助・介護等は、一面ではやりがいという側面ももっているが、もう一面では負担という側面もある。介助・介護の社会性についての仕組みや考え方が今以上に成熟していかないことには、ベーシックインカムがあっても、介助・介護を必要とする人の生活はよくならないだろう。

介助・介護・ケアをめぐる議論においては、介助を使って社会で生活する、介助を使って社会の人々と関わりをもつという、障害者・高齢者側の主体的な視点も不可欠である。ベーシックインカムが導入されるとすれば、言うまでもなく障害者や高齢者も、他の者と同じようにベーシックインカムを受け取る社会の一員であり、この社会で他の者と同じように活動し、消費する存在である。介助・介護は、障害者・高齢者の単なる生存維持のためだけにあるのでなく、当事者と社会との関わりを支え続けるためにあるはずだ。現行では、そのための社会の意識や制度的保障も不十分である。

介助・介護が社会に開かれたものになっていくかどうか、社会的なものになっていくかどうか、そうした議論も、ベーシックインカムの議論と同時並行的に進んでいかないといけない。

6　社会経済的観点からみた障害者介助の意義と課題
――バイク屋から介助職への転職を通して考える

「うまい具合に乗り換えられた口」?――バイク屋から介助職へ

「うまい具合に乗り換えられた口《くち》ちゃうかな。」

先日、別の仕事から介助職に転職してきて半年ほどたつ介助者に、前職と比べて介助の仕事はどうだろう?と話を聞いたら、彼はそのように言っていた。「うまい具合に乗り換えられた口」というのは、「うまく転職できた部類(に入る)」というくらいの意味だろう。

彼の前職は、バイク屋さん。古いバイクを集めて、整備して、それをまた中古車として販売したり輸出したりする中古のバイクショップの店員さんだった。その仕事に行き詰まりを感じ、彼は介助の仕事に転職してきた。転職先の介助の仕事というのは、重度障害者の地域生活を支える介助・ヘルパーの仕事のことだ。まったくの畑違いの仕事への転職。

三七歳の決断だった。一六歳のときからバイク業界の仕事をやってきたというから、それ相応の決断だっただろう。別にバイクの仕事そのものが嫌になったというわけではない。そして、障害者のことに関心があったわけでも、福祉の仕事に情熱があったわけでもない。そんな彼が、今回の転職について、「うまく乗り換えられた」と言っているわけだ。

通常介護の仕事というのは、３Ｋ（「きつい」「きたない」「給料安い」）の仕事の代表格とみなされる。また、男性が本腰を入れて働く仕事というイメージもない。それなのに、彼は、今回の転職について、「うまく乗り換えられた」と感じている。そこにはいったいどんな背景、事情があるのだろう。

実のところ、彼のように、福祉とは縁もゆかりもないような職業から、介助の仕事に転職してくる人は、ぼくのまわりにはちょくちょくいる。

彼らの動きを見ていると、やはり日本社会も変わりつつあるんだなぁ、ということがなんとなく実感されてくる。ただし、一方では介護職にはきつい面や給料の安い面など、当然ながら負の部分もある。また、一口に「福祉」「介護」「介助」といっても、働く職場によって状況はまったく異なる。

それでも、彼らの動きにはなにか有意味な転換があるような気がする。バイク関係という日本のものづくりを代表する産業から、介護関係への転職。今回聞いた彼の話は、今の時代の転換を語る上でなにか象徴的なものがあったように思う。また、その転職を可能にした背景には障害者介助をめぐる特有の事情もあったと言える。以下ではそこらへんのことをざっくばらんに報告してみたい。

介助・介護という多種多様な人の集まる職場

ところで、筆者自身も障害者の地域生活を支える介助という仕事に、主として介助コーディネーターの立場で関わっているわけだが、この仕事に就く前は、いわゆる福祉とは縁もゆかりもないことをやっていた。さる大学院でドイツ古典哲学を研究し、その道を目指していたが、力及ばず、挫折し、なんとなくある人から引っ張られて介助の仕事をはじめた。

障害者の地域生活を支える介助（通称はホームヘルプ、あるいは行政用語では訪問介護）の仕事が広まったのは、おそらく二〇〇三年の支援費制度がはじまった頃からのことだ。その時期に数多くの新規介護派遣事業所が設立され、ぼくもその勢いにのまれてこの仕事に就いた口だ。その三年前の二〇〇〇年には介護保険も施行されている。介護の必要性が行政的にも認識され対策が講じられ始めたのが九〇年代からのことで、九〇年代に入って以降、介護保険や支援費制度をへて、急激な勢いで、福祉・介護・介助の仕事に就く人が増加している。

世間のイメージ通り、全体としては、女性の参入割合が高いが、ぼくの職場付近では、男性が相当数入りつつある。[1]

そして、介助者になる人たちの経歴は実に多様である。介護労働安定センターの調査（平成二四年度）によると、介護職に就く人の実に約八割は前職があり、そのうちの六割近くの人たちは、前職は介護以外の仕事と答えているという。[2] 介護関係以外の職種・経歴から、介護に入ってくるという人材がかなりの割合でいるということだ。

介護職に就く前がどんな職種・経歴だったかについての調査はおそらくあまりないであろう。しか

（1）　たとえば平成二四年度介護労働実態調査における回答労働者の基本属性を見ると、全体の七八％が女性（訪問介護労働者に限れば八九％が女性）。一方、筆者たちが行った障害者ホームヘルプ従事者に関する調査では、回答者の六〇％が女性（重度訪問介護従事者に限れば五四％が女性）。障害者の地域生活に関わる介助者たちに関しては、通常の介護業界に比して、男性の占める割合はかなり高くなる（かりん燈 2008）。

（2）　この割合は、平成二九年度介護労働実態調査でも変わっていない。前職ありが約八六％、前職が介護・福祉・医療以外の仕事という人が六〇％である。

し介助コーディネーターをしているぼくの立場から言えば、さまざまな職種の人が入ってくることによって、障害者介助の現場そのものが潤ってくる、そういう印象をもっている。アーティストもいれば、料理人も、そしてプロレスラーもいる。先に挙げたバイク屋とか大工など建築・製造関係からくる人もいる。ぼくと同じように、研究職を目指しつつ、なぜか介助の仕事に就いてしまった人もいる。

このような人々が各障害者のお宅に伺い、そばに付き添うことで、その人々の生活に趣が出てくる。福祉の勉強だけをしてきました、という人だけが入るより、多種多様な人が入る方がよほど介助の現場に社会性がもたらされるだろう。そしてそういう人達の中の一人に、先に挙げた前職までがっつりバイク関係の仕事をやってきた人もいる。

建設・製造業から医療・介護分野への転換

彼のことを述べる前に、マクロレベルから時代の変化をみてみよう（本稿執筆が二〇一三年秋ごろであったため、以下その時点での記述であることに留意されたい）。

先日、とある統計を見ていて驚いたことがある。昨今のデフレ脱却のための経済政策（リフレ政策）とされるアベノミクス（特に「第一の矢」としての「大胆な金融政策」）によって、生産・雇用・物価について各種統計が上向きとのことで、統計局の夏ごろ（二〇一三年）の「労働力調査」を見てみた。

二〇一二年一二月に第二次安倍政権が始まって以降、就業者数、失業率などは確かに改善されている。就業者数は今年はじめの二〇一三年一月ごろより着実に伸びており、失業率もここ数か月間、減少しているようである。リフレ政策で重視される金融政策の目標の一つが雇用状況の改善、「雇用の最大化」であるとされるので、これは確かにアベノミクスの成果が短期的にも現れつつあるんだな、

とも思う。(3)

しかし、就業者数の推移について、産業別内訳をみると、驚いた。前年前月比の棒グラフでみると、アベノミクス以降、建設業は基本的に前年度より低迷。製造業も当初前年より落ち込んでおり、夏になってほぼ横ばい。卸売業小売業は春以降にそこそこ上昇傾向。そんな感じの、そこまで景気のかんばしくない状況の中でひとり、着実に前年前月比を上回り伸びている業界がある。それが医療・介護業界だ。(4)

アベノミクスの第二の矢「機動的な財政政策」で、昨年度補正予算において公共事業に大幅に予算を投入したはずだが、建設業は就業者数から見るとどうもその恩恵をこうむっていない。医療・介護はそれらの政策におそらくほぼ関わりなく、安定的な成長を続けている。このことには少々びっくりした。

建設業がここのところ全体として縮小しつつあり、財政支出が行われても、それに応じることので

(3) 本稿はアベノミクスがはじまって一年もたたないうちに執筆されたが、その後、中期的に見ても、就業者数や失業率が改善している傾向は変わっていない。就業者数は二〇一八年七月分までのデータにおいて、六七か月連続で増加。失業率も四%台から、二%台へと推移し続けている。しかし、註(4)で指摘するように、就業者数の増加のうち、四割強は医療・福祉業界である。医療・介護分野はアベノミクスの政策パッケージに入っていないので、就業者数が伸び続けていることについては、一概にアベノミクスの成果ばかりとは言えないとも言える。

(4) この傾向は、その後も基本的に変わっていない。たとえば二〇一二年から二〇一七年の就業者数の推移でいくと、建設業は五〇三万人→四九八万人(微減)、製造業は一〇三三万人→一〇五二万人(一九万人増)、卸売・小売業は一〇四四万人→一〇七五万人(三一万人増)、そして医療・福祉は七〇八万人→八一四万人(一〇六万人の大幅増)。その他の産業も含めて全就業者数はこの五年間で二五〇万人程度増えているが、実質その四割強は医療・福祉業界での増加である。(平成三〇年七月発表の労働力調査のデータによる)。

きる企業の体力がもはやあまりなく、公共事業そのものがあまり効かなくなっていること（「公共事業の供給制約」）がしばしば言われている。それに応じて、伸びる可能性が指摘されているのが、医療・介護業界だ。

公共事業はやはり非常に効きが悪いということはよく言われているんです。……建設業の供給制約によるもので、ずっと公共事業を減らしてきたので職人もいないし機械もない、と。……代わりに、もっと波及効果があるところは何かと考えると、たとえば介護や医療であったり、あるいは環境やサービスであったりという可能性はあります。（若田部 2013：88）

今や国会でも世論でも、医療や介護は国民にとっての負担であり、その抑制が急務であることが喧伝されている。しかし、見方をかえれば、建設等の公共事業にお金をつぎこむことよりも介護・医療にお金をつぎこむことの方が、雇用創出効果や波及効果が高い可能性もあるわけだ。景気回復のために福祉サービスにお金をつぎこむことも十分に考えられるのだ。

好景気と言えば何か煙突がニョキニョキ立っていくことばかりイメージするかもしれませんが、福祉サービスにおカネを使う額が世の中全体で膨らんで、失業者がどんどん福祉労働者として雇われていくことだって、「景気がよくなる」ことの一ケースです。（松尾 2010：20）

介助・介護の現場にいて、新たに入ってくる人材の多様な姿を見ていると、こうした産業構造の変化に向けたきざしがなんとなく感じられる。そして、見方によっては、医療・介護業界が伸びることは、景気がよくなる、つまり社会が潤ってくることにつながるのだ。

もちろん、この業界に多様な人が入ってくるからといって、手放しで喜んでいいものでもない。建設業・製造業の伸び悩みは、その当事者たちにとっては極めて深刻な事態であろう。また、後ほど述べるように、医療・介護は決して待遇のいい業界ではない。どこもかしこもさまざまな問題を抱えているのが実情であろうが、それでも、今後の日本社会のあり方を考える上で、こうした変化の一端を見つめておくことも大事であろう。

バイク業界の実情

さてここで、冒頭の元バイク屋の彼に話をもどそう。まず、なぜ彼は長年続けてきたバイク業界から身を引くことになったのだろうか。その背景にあったバイク屋、バイク業界の実情はどうだったのだろうか。

彼がバイクに憧れ、バイク業界の仕事をはじめたのは一六歳のときだったという。夜学に通いながら、旧車のレストア関係で働きはじめた。旧くてプレミアのつくバイクを部品から組み立て直し再塗装し中古車に仕上げる仕事だ。

給料はそのときが一番よかったという。九〇年代はじめでまだバブルの余韻があり、バイク人口も減っていなかった。夜学に通いながらだが、夏休みなどはがっつり働けるので給料は三〇万円台後半にいったという。学校があるときも、夜学がおわったあとに残業にいき、残業代がきっちりでるので、二〇万ほどは入ったらしい。黒板の整備リストに二〇台、三〇台のバイクがいつものっており、「仕事はうなるほどあった」そうだ。

その後、レース関係の方面に行くがそちらは外見の華やかさとはうらはらに待遇があまりにも悪く、二〇〇〇年ごろより、中古車の整備・販売・輸出をやるお店に移ることになった。そこに入って数年は景気もそこそこよく、給料は手取りで三〇万ほど。当初は一年に一回の社員旅行があり、ボーナスや残業代もしっかり出たという。

しかし二〇〇〇年代の半ば頃より、だんだんと売り上げが伸びなくなったという。それと同時に、まず最初に社員旅行がなくなり、そして給与がぐんぐん下がり、ボーナスがなくなり、それから残業代も「ごめん」ということになったという。バイクが売れなくなり、仕事がなくなっていったそうだ。

「バイクが売れなくなってますね。バイク人口が減ってるのと、それから学生が乗らなくなったのが一番でかいですかね。学生の親自体がお金をもってないから」

大阪の産業大学の近くにあったお店では、「調子のいいときは、地方から出てきた学生相手に、春先の二月から四月は毎日一、二台は売れてたんですよ。店しめる前なんかでしたら……全然売れへんかったな……最後の方は一週間に一台売れたらいいくらいで」。

中古車を集めて、整備して販売するお店なのに、中古車も集まらなくなっていた。

「景気のいいころは一週間のうちに社長が外回りして、二トンロングのトラックで、満車で週三回は帰ってきてくれたから。週で三〇～四〇台くらい。……最後らへんなんか、トラックの半分。一週間で一〇台集まらない。ぼくらの仕事量自体も少なくなってきて……店番だけで一日が終わる感じだった」。

また、バイクの生産ラインが海外に移ることによって粗悪品がでまわるようになったことも中古バイク屋としては痛かった。

「メーカーが海外にライン作って、海外の部品を輸入して組み立てて、ですから、エンジンとかの材質も雑になって、今までもってた距離をもたなくなってるんですよ。なおして売るほどのものじゃないんですよね」。

海外への輸出もやっていたが、それもうまくいかなくなった。

「為替自体も一二〇円とかのときってあったじゃないですか。あのときはけっこうばんばん出してたんですよ。不景気がもろに。円高不況が……」

最後の方は手取りで一五万くらいにまで給料が落ち込んでいた。バイクが売れず、仕事もなく、バイク業界の下火は彼の目には明らかだった。今後の見通しも明るくない。メーカーの新車の販売数もここ一〇年くらいずっと右肩下がり。バイク人口はどんどん減っている。

「もし浮上するにしても、あと五年、一〇年は無理ちゃうかな。」

彼は転職を考えざるをえなかった。

もちろん介護業界はたいへんだ

さて、転職を考えるにしても、バイク一筋二〇年の彼が、介助・介護職を転職先に考えるだろうか。世間一般では、介助・介護職は、きつい・きたない・給料安いの3Kの仕事。特にホームヘルプは女性がパートでやる仕事で、男性が正規職員でやるような仕事でない、というイメージが色濃くあるだろう。そのことじたいは確かで、実際にホームヘルパーは女性（しかも中高年の）のパートが非常に多い。

また、バイク屋の彼も、転職後、泊まり介助明けで昼間家の周辺でぶらぶらしていると、「仕事やめたのか」と聞かれ、「はい。……介護やってます」と答えると、「それで食っていけるのか」と定番のように聞かれるという。

介護職は給料が安いため、家計を背負う役割を担わされている男性が「結婚退職」することもあると言われる。

三〇代の男性介護者からも、「仕事は好きだが、結婚して妻子を養うとなったら転職せざるを得ない」という悩みを聞いた。身体を使う仕事が好きで人材会社の営業担当から転職したというが、男性が家族全員の生活費を調達する役割を負わされている日本社会では、妻子ができたら介護の仕

事は安すぎて続けられない。「男性の結婚退職」が必要な業界だというのだ。（竹信 2013：161）

バイク屋の彼は、妻と小四、小一の子二人の妻子もち。右の話からいけば、とても介護職に転職するような状況ではない。

実際、統計的にも（平成二四年度介護労働実態調査）、訪問介護員の月収は、月給制の者の所定内賃金で一八万三〇〇〇円。施設系等をあわせても介護職の全体の平均月給は二一万円ちょっと。労働条件等についての悩み・不安・不満等も、「仕事内容のわりに給料が安い」が四三％にのぼっている。[5]

福祉系でも管理職の上の方にいけば、年収五〇〇万を超えるくらいにいくことがあるかもしれない。ただ、新規に転職して、最初からそこそこの収入をえることは、まず考えられないだろう。通常、どこの福祉職だって、初任給は一〇万円台が基本である。

なおかつ年齢も問題だ。通常、特に施設系は中高年の人たちを新規でとりたがらないと言われる。多くの施設は、障害者の生活を組織的に安全に管理するのが主な仕事のため、職位のヒエラルキーがしっかり定まっており、部下に中高年の人が新規でくると、やりにくいからだ。

中年の彼が介助・介護を転職先にするにはいろいろと不利な条件がそろっている。彼自身も、介助職の話がもちあがったのち、福祉系の求人をネットで見てまわったそうである。しかし条件はかなり厳しい。そんな中で、今働いている介護派遣事業所は、そうした不利な条件をそれなりにクリアして

（5）なお、五年後の平成二九年度調査では、給与は少しアップして、全体で二二万七〇〇〇円、訪問介護労働者で一九万八〇〇〇円となっている。アップの理由の一つとしては、「介護職員処遇改善加算」によって、介護労働者の給与改善が図られたことが挙げられる。

いるようだった。

障害者介助って……？

もともと彼はバイク屋からの転職先を考えるにあたって、福祉系に行くというイメージはほとんどもっていなかった。そもそも介助・介護がどんなものなのかまったくイメージがなかったという。彼が介助職を考えたのは、バイク屋のお客さんで、障害者の介助派遣事業所に勤めている知人の勧めがあったからだ。それ以外のきっかけはない。その知人は、自身の事業所の人手不足を解消するために、いろんな人に声をかけていたらしい。

給与面に関しては、働いたら働いた分だけ賃金は出るし、また泊まり介助の夜勤とかに入ったら賃金も割増があるので、それなりに給料をえられる、とは聞いていた。

ただ、仕事内容については、どうもよくわからない。障害者の地域生活に関わる介助の仕事なんだけれども、障害者がどう生きているかのイメージもそもそもなかった。結局あいまいなまま、実際に介助をはじめてみるしかなかった。

「右も左もわからへんから、とりあえずバイトでやってみて、やれそうだったらシフトしていったら、みたいな感じで」。

一般的にも、なかなか障害者の生活や介助の仕事内容は、イメージしがたいであろう。また、障害者介助ないし介護といっても、そのあり方は施設か在宅か、あるいは訪問介護（ヘルパー）か、作業所やデイサービスか、またグループホームかでは、大きく異なる。彼がどういうところで働くことになったのか、さしあたり簡単に説明しておこう。

彼の転職先は、障害者の地域生活を支える介助派遣の事業所である。そこでの障害者介助が彼の新たな仕事である。それはどんなものだろうか。

通常健常者と言われる人たちも、当然ながら、朝起きて、朝ごはん食べて、顔を洗って歯を磨いて、トイレにいって、それから仕事に出かけたり、家の用事をすませたり、遊びに出かけたり、また、昼飯食べて、夕飯食べて、お風呂に入って、ときには飲みにいったりして、日常生活を営んでいるわけだ。

障害があっても同じことを営むだけである（ただし、施設では、施設のルール、職員の都合、許可のもとで日常生活を営まねばならない。外出もままならない場合が多い。基本的にここで言う障害者介助は、施設でなく、地域で普通に自立して生きていこうとする人たちを支えるための介助の仕事である）。

ただ、同じことを営むにも、重度の障害があり、自分の手足をまるでコントロールできなかったり、自分の身体を一ミリも動かせなかったりする人もいる。その際に介助者がそばについて身辺の介助をするわけだ。排泄の手伝いをする。食事の手伝いをする。着替えの手伝いをする。移動の手伝いをする。「介助」とは、言ってみれば、それだけのことだ。

最初は、それぞれの人のやり方にあわせて介助をしないといけないので、慣れていくのに少々時間がかかる。相性も重要だ。けれども慣れてしまえば、介護技術的には特にそれ以上に難しいことを習得せねばならないということもない。

また、私たちは寝ているときに、寝返りしたり、暑い寒いに応じて布団を調整したりして無意識にさまざまな動作を行っている。もし身体が動かない場合、それらにも他人の手を必要とする。だから、寝ているときに介助者がそばで待機することもある。

というわけで、二四時間介助者がつく場合もある。介助者がいなければ、生きていけないからだ。褥瘡をつくるなどして、身体が弱って死んでしまう。

そして、そうした長時間介助を可能にする制度が障害者福祉にはある。それが「重度訪問介護」という制度類型である。重度訪問介護の詳しい内容については、厚労省の詳しい通知では、以下のように記されている。

重度訪問介護は、日常生活全般に常時の支援を要する重度の肢体不自由者に対して、比較的長時間にわたり、日常生活に生じる様々な介護の事態に対応するための見守り等の支援とともに、食事や排せつ等の身体介護、調理や洗濯等の家事援助、コミュニケーション支援や家電製品等の操作等の援助及び外出時における移動中の介護が、総合的かつ断続的に提供されるような支援をいうものである（障発第0331041号（平成一一年三月三一日）「障害者自立支援法に基づく指定障害福祉サービス等及び基準該当障害福祉サービスに要する費用の額の算定に関する基準等の制定に伴う実施上の留意事項について」より）。

ここにあるように、食事や排せつ、家事などの基本的なことから、たとえば電灯やエアコンなどの家電製品の操作、他にも蚊をはたいたり蚊取り線香をつけたりすることも含めて、健常者がほぼ無意識に常時営んでいることを長時間付き添いながらサポートする介護類型である。

ちなみに、高齢者の介護保険には「重度訪問介護」はない。介護保険では、ホームヘルプに関して言えば身体介護か家事援助で、一日三、四時間しかヘルパーに来てもらえない。外出の際の付き添いも介護保険では認められていない。重度訪問介護のような制度類型は、障害者が地域であたりまえに自立して暮らし、町に出ることができるように、重度の障害者自身が運動して自らつくりあげてきた制度である。全国的に見たらこの制度を十分に利用できる地域はまだ少なく、介護保障の充実を求める運動は今でも各地で続いている(6)。

そして、バイク屋だった彼が転職してきた先は、そうした「重度訪問介護」を中心としてやっている介助派遣事業所であった。もちろん彼自身は、そうした制度の背景などは何も知らずに入ってきたのだろう。

「子どもと過ごす時間が増えた」!――介助職をはじめて

重度訪問介護は、二日プラス半日の受講で資格がとれる。バイク屋の彼はまずはお試しで、資格をとる前から、前職とかけもちしながら、研修の名目で何名かの介助に入っていった。最初は、オイルにまみれて手がまっ黒で、「そんな手で介助されても困る」と言われたこともあったそうである。

バイク整備なら機械相手にいついつまでに整備を仕上げる、というのが主な仕事だろう。介助の仕事は、介助に入っている間中、人に付き添っていなければならない。最初はその人間関係を築くのに

(6)「重度訪問介護」などの障害者の地域生活のための介助制度の説明は、拙著(渡邉 2011)の第2章「障害者ホームヘルプ制度――その簡単な説明と課題」を参照のこと。障害者介護保障運動の歴史的経緯については同書第3章、4章を参照してほしい。

苦労したそうである。

「ノルマがないところは楽なんですけど。信頼関係を築くまでがちょっとしんどいかなっていう。信頼関係の部分。入ってやっぱり数か月はみなさん警戒してるな、て。やっぱりお互い腹をわって話せるようになるまでが。最初はやっぱりぼく信頼されてないな、ていうこと言われたりした」。

それでも彼は、兼業を三か月くらい続けて、そこそこ人間関係を築くのに慣れてきて、この仕事でいけるという実感をもったようだ。重度訪問介護の資格もとり、介助職に転職すると決断することになった。

給料は、バイク屋をやめ介助の仕事をはじめて最初は二〇万をちょっとこえる程度。まだ入って間もないので、入れる利用者も少なく、労働時間もそこまでは多くなかった。それではまだ足りないので、もっと仕事くださいとコーディネーターに切望していた。ほどなくして、利用者や事業者からの信頼もある程度えられるようになり、給料は三〇万くらいまでいくことになった。労働時間は、二二〇時間とかまでいくこともあった。

一般的には働きすぎと思うだろうが、彼のこれまで働いてきた感覚からすれば、働いた分だけきっちり給与が入り、またシフトも丁寧にくんでくれているので、働きやすかった。驚くことに、彼はこの仕事をはじめてから、「子どもと過ごす時間が増えた」というのである。

「この仕事をしだして、家にいる時間が増えたから。そのへんではすごい。ほぼ忙しいときバイク屋なんかでしたら、子どもの動いている姿を見なかったんで。って思ったら、今けっこう家にいる時間があるんで。今日でも、子ども帰ってきて、宿題させて、なんやかんや相手してから仕事いってるくるわ、みたいな感じで」。

たとえばバイク屋では、朝六時に家を出て、八時に店を開け、二〇時に店を閉め、その後また事故車の回収などにいって、結局日が変わってから家に帰ることなどもざらにあったという。バイク屋の仕事が減ったあとも、店を閉めた後、宅配業者でバイトなどをしていた。介助をはじめて「家庭をかえりみず仕事してたのが、家にいる時間が増えて。で、子どもと遊ぶ時間も多いから」というのである。

介助の仕事は二四時間全般にわたる。たとえば夜の二〇時に入って朝の八時まで、あるいは夕方の一六時から深夜の〇時まで、朝の八時から夕方一七時までなど、無数のパターンがある。シフトがしっかり組まれれば、空き時間もできる。日中家にいることもあるため、子どもと顔を合わす機会も増えてくる。ノルマがないので、「家にもってかえれー」もない。変形労働時間制だが、休む時間もきちんととられており、身体的には楽だそうだ。

また彼は、病院に行く時間もできた、という。

「よかったと思うのが、時間ができたから、やばいなと思ったら、空き時間に病院にけっこう頻繁にいけるようになったんですね。ヘルニアとか、ぼくもともと整備士してたんで、中腰で仕事して。今までやったら、まず無理やったのが」。

バイク屋から介助職はまったく畑違いの仕事だが、バイク整備でつちかわれた技術も障害者と接する中でいかせることもあるようだ。

最初介助に誘ってくれた知人から「（バイク整備のような）そういうふうな技術って、この仕事でいかせるときがくるって」と言われて、半信半疑だったが、実際に介助に入ってみると、「たとえば、自転車のスピードメーターを車いすにつけたりとか。パイプに穴をあけて、ドリンクホルダーをつくってあげたりとか。車いす自体の異常とかの場合はすぐ気づきますね」などということで、けっこう車いすを使用している障害者から重宝がられているらしい。実際、車いすのチューンアップにこる障害者はけっこう多い。

それから、「3Kの仕事」といわれる3Kのうち、「きたない」についてはどうだったのだろう。排泄の介助などにはすぐ慣れたのだろうか。

「（介助を勧めてくれた）Hさんいわく、オイルにまみれてんのも、おしっこうんこも変わらへんやろ。それで、おまえやったらできる言うてはったんみたいな。実際のところ、おしっこ、うんこかかったたって、洗えばしまいですしね。実際にそこまで抵抗感なく、まあこんなもんか、と」。

というわけで、けっこうあっさり慣れたようである。そんなこんなで、給料的にも労働時間的にも仕事内容としても、彼にとっては、十分とはいえないにしても、それなりに満足できたのであろう。また不況のあおりを受けてバイク屋をやめた彼にとっては、介護関係は景気に左右されにくく、仕事もなくなることがないという魅力があったのだろう。

「不景気が関係ないじゃないですか。今後、高齢化進むから、仕事がまずなくなることはないかな、という意味もあるし」。

そこで、冒頭の彼の言葉があったわけだ。

「うまい具合に乗り換えれた口ちゃうかなと思いますけどね」。

介助職のたいへんなところ

元バイク屋の彼の話を聞いていると、確かになかなかうまく転職できたんだな、と思われる。ノルマや、無制限の残業とかなく、働いた分だけの給与もある程度ある。毎月三〇万あったら、今の時代そこそこいいかもしれない。彼自身も、できたらこれからこの仕事を続けていきたい、と述べていた。ただ、仕事をはじめた今の時期は確かにいいかもしれないが、筆者自身の感覚からすれば、やはりいくつかの面でこの仕事はやはりたいへんなところがある、とも思う。そのことを次に述べておこう。

国の定める報酬単価はやはり低い!

現在、元バイク屋の給与は月に三〇万ほどある。しかし、労働時間はいわゆる所定内労働時間を大幅にこえて、ようやくその給与なのである。これまでそれなりにきついところで働いてきた彼からすれば、今は全然大丈夫なのかもしれない。しかし所定内労働時間での給与は、おそらく二〇万いくかいかないかの程度だ。国から事業所における報酬単価も限られているので、所定内労働時間では二〇万程度が限度だろう。そこからの昇給もあまり考えられない（単価は一定なので、昇給システムを採用しようとすれば、初任給がかなり下がる。初任給が下がれば、人手を確保できない。人手を確保しようとすれば、最初からある程度の給与を設定しないといけないが、その後の昇給の見込みはない）。国の定める単価設定自体が、その程度にしか設定されていない点にそもそも問題がある。

報酬単価は政治情勢に左右される

またこの仕事は、景気には左右されにくいともいえるが、事業所に入る報酬単価が国によって決められるので、事業所経営や労働者賃金が大きく政治情勢に左右される。

たとえば二〇〇六年に「障害者自立支援法」が施行され、介護報酬単価が引き下げられたとき、現場では介助者の離職が相次ぎ、深刻な人手不足に襲われた。残された介助者たちは、介助のシフトに穴をあけてはいけないと、過重労働を強いられ、結局何人も倒れていった。

二〇〇〇年代後半期の深刻な人手不足と過重労働

その当時、どのように人が倒れていったか、筆者自身もある人を例に挙げてかつてまとめたことがある。

「四〇歳すぎの男性で、彼も支援費がはじまったとき、知り合いの当事者から誘われ介助の仕事をはじめた方です。二〇〇七年の夏、去年の夏ですが、やはり人手不足の中、週六日勤務であったのが、だれか別の介助者がヘルニアか何かでつぶれ、ついに週七日勤務になりました。その勤務体制も、わたしたちはほぼ二四時間にわたり介助が必要な重度障害を相手に仕事をしていますので、朝昼晩泊まりどこにでも対応しなければならないという不規則・不安定な勤務となるので、彼のそのときの状況は、夜勤が三日、これは仮眠のない夜勤です、それに昼の勤務が二日、そして週末の土日は夏の暑い中でのガイドヘルパーの仕事でした。これがまったく休みなく三ヶ月ほど続きました。労働時間は月二五〇時間をこえ、しかも変則勤務。その結果ストレスがたまり、ついにその年の秋一〇月に心筋梗塞で倒れてしまいました。幸いながら彼は、利用者さんや職場仲間の理解と支えがあり、数ヶ月の入院の末、この一ヶ月前から通常勤務に戻ったと聞いています」（渡邉 2011：45）。

当時は、人手不足が深刻で、おそらく家族の顔が見れる云々の余裕はなかった。そして、給与の引き下げと同時に多くの人がやめていっていた。その後若干報酬単価が上がったので、今は多少安定しているが、この仕事は政治情勢に左右されやすい。これからもおそらく職場は政治情勢によって大きく左右される。そのときを乗り越えられるか、きわめて大きな問題だ。

身体が資本！　腰が命！

また当然ながら、介助は身体が資本になるので、もし腰を痛めて介助で働けなくなったら、ある意味一貫の終わりである。もし相談支援等をやるだけの力があるならば、そっち系の勉強をしておくのも一つの手であろうが、みんながみんなそれをできるわけでもない。一途に介助に入るのが取り柄の人だっている。でもそうした人たちの、身体を壊した後の保障はなかなか考えられていない。そうした部分での不安はつきまとわざるをえない(7)。

本当に厳しい介助先もある

また、給与や労働時間面以外にも、そもそも介助自体の難しさもある。正直なところ、入ってまだ半年くらいの彼の場合、わりと介助に入りやすい利用者のところだけに入っていて、かなり難しい利用者のところには入ってない可能性もある。介助は、信頼関係を築けるにこしたことはないが、信頼関係を築けないこともある。それでも介助に入り続けないといけない場合も多い。

介助の要求水準が極めて高い利用者もいる(その水準に満たなければ、その人の身体がもたないのだ)。それに応じることができなければ、利用者にとっては死活問題なので、ときに介助者が人格否定をされることもある。それでもその人の生活を守るために入り続けないといけない。きわめて精神的にこたえるケースである。

そうしたケースも、介助の仕事にはしばしばあるわけだ。介助職をやり続ける以上、そうしたケースにも対応していくだけのものを、介助者自身がもたないといけない。

介助で食っていけるための条件とは……

バイク屋の彼は、介助をはじめてまだ半年ほどだ。労働条件的には、少なくとも前職と比べたら、今のところそこそこいいように思う。介助はそれなりに、転職先として想定されうる仕事になってきているように思う。けれども、多くの人がこの仕事に就き、長く続けていけるようになるためには、まださまざまな条件を整備しないといけないように思われる。どのような条件が必要か、それも述べておく。

長時間介護保障＝雇用の保障

まずは、介護保障の整備自体がまだまだ大きな課題である。二四時間介護が必要であっても、二四時間分支給決定が認められている人は、全国的にはさほど多くはいない。重度訪問介護という長時間類型の枠組みは、全国的にみたら、さほど普及しているわけでなく、自治体によっては、一か月合計七四四時間（二四時間×三一日）のうち、二〇〇時間ちょいしか支給時間を認めていないところも多い。

行政によって介護保障が認められないと、障害者の生活は非常に窮屈なものになる。短時間で、さまざまな介助をこなさないといけなくなる。二四時間必要な人の場合、ボランティアを強いられざるをえない時間も増える。そうなると、人間関係はきまずくなりやすい。行政からしたら、支給量を多く出すのは財政的に厳しいかもしれない。しかし長時間の介助というのは、障害者の生活の安定と同時に、介助者の仕事の確保（雇用の保障）にもつながるのだ。冒頭近くに引用した言葉では、長時間介護の保障にお金をつぎこむことも「景気がよくなること」の一ケースである。

（7）なお、後日談であるが、バイク屋の彼はその後バイク事故で大怪我を負い、六級の身体障害者手帳も取得。移動や力仕事が少なければ介助も可能だが、介助に長時間入り続けることは難しくなり、労働時間も減少した。それでも彼は、介助コーディネーターをやりはじめ、さらに車いす修理やスロープの制作など、もともともっていた職人技能を生かすことで、団体内で個性的なポジションを占めている。

細切れ単発よりも長時間の保障を

また、重度訪問介護のような長時間の介助というのは、短時間に利用者のところを何件もまわるよりも、移動コストや調整コスト、空き時間のロスを考えれば、実はムダなコストがかからない制度なのだ。一般に重度訪問関係の事業所は、人件費比率がきわめて高い。重度訪問介護は、単価は低いのだが長時間介助であるため余計な中間コストがかかりにくく、直接介助者にいく分が一番多くなるシステムである。

今の厚労省の制度変革の向きは、短時間で効率よくそれぞれの現場で介助をこなしていくというスタイルだと思う。けど、実際にはその方法は、ムダが多い部分もあるのではないか。短時間の効率性を求めようとすればするほど、シフト調整や煩瑣な記録・報告、移動時間にかかる経費などで、中間コストは多くかかる。そして、短時間で効率よく作業をこなせる人は、おそらく、そうは多くいない。それより、多少凡庸な人でも、それぞれの障害者にそこそこゆとりのある時間できちんと介助に入る方が、下手な効率を求めるよりもいい側面があるのだと思う。そちらの方が、よほど障害者の生活の安定や介助体制の安定、そして雇用の保障のことを考えればメリットがあるように思える。

二割、三割負担は現場のしめつけ

また、これは介護保険の問題であるが、二〇一三年時点で、中所得者以上は一割負担から二割負担に上げるという案が現在厚労省から示されている。介護保険の予算の伸びを抑えるために利用を抑制したいからだ。二〇一五年度からの施行が目指されている(8)。

先にも述べたが、ただでさえ介護保険はホームヘルプの利用上限が低水準で定められている。負担が増えるとなるとますます利用抑制も増えるだろう。そうなると、できる限り利用を控えようとして、依頼自体もへるし、ヘルパーが余裕をもって介助・介護に入る、ということがなくなる。そんな関係では人間関係は育ちにくいに決まっている。現場はますます切り詰められ、働きにくい環境となっていくだろう。

報酬単価は介助者の経験に応じて右肩上がりに！

報酬単価や賃金も、政治情勢に左右されずに、少しずつの右肩上がりで定まっていってほしい。単価が必要以上にあがりすぎてもいいとは思わない。けれども、それこそ長く働き続けている人にそれなりに報酬がいくくらいに、ちょっとは単価が右肩上がりでもいいのではないだろうか。それも、介助者たちが長くこの仕事でやっていくための大きな条件だ。何年やっても賃金は一緒で、年をくうにつれて、身体も衰え仕事時間も減らさざるをえず、給料も下がってしまう、というのでは、やはり多くの人は定着に難色を示すであろう。

ちなみに、次回の単価の改定は二〇一五年度の四月。単価改定は三年ごとに行われる。来年度の行政交渉次第で今後の単価の上り下がりも変わってくる。アベノミクスで物価等が上向きだとしたら、単価も上向きになってほしい[9]。

（8）実際に二〇一五年八月から一定以上の所得のある人について、二割負担がはじまった。さらに、二〇一八年八月からは、二割負担の人のうち、現役並みの所得のある人たちには三割の負担が課せられることになった。

事業所の介助コーディネーターの経験の蓄積

ところで、バイク屋さんが、「子どもと過ごす時間が増えた」という背景には、実は事業所の介助コーディネーターの努力がある。二四時間全般にわたって仕事があるため、適当に仕事をいれようと思ったら、早朝の仕事を依頼して、次に夜遅めの仕事を依頼したり、泊まり明けに、日中長いのを依頼したり、さまざまに厳しいシフトが組まれることだってありうる。

それなりに一定時間体を休めることもでき、子どもと遊ぶ時間もつくれるように配慮するのがコーディネーターの仕事だが、実際にはその調整をきちんとできている事業所はそう多くないだろう。多くの介助者は不規則不安定勤務に悩み、それが原因でやめていく人もいる。コーディネーターの経験や能力の蓄積も、介助者が長く続けるには不可欠である。

資格の壁を高くしない。障害者の生活を福祉職の壁で囲わない。

また、さきほど重度訪問介護は、資格が二日と半日でとれるといった。重度訪問介護は、新規参入の窓口を相当に広げている制度である。そもそも、重度訪問介護というのは、重度の障害者相手の介助の仕事のはずである。だから、普通に考えたら、しっかりと研修の必要があるように思われるが、ヘルパー二級（今は「介護職員初任者研修」と名前が変わった）の資格なんかよりもよほど簡単にとれる。ヘルパー二級は、特に重度の人を相手にした資格ではない。なぜ重度訪問介護はわりと簡単に資格をとれるようになっているのだろうか。

それは、資格や技術よりも、障害者自身としっかり向き合えるかどうかを重度訪問介護は重視するからだ。それがなければ重度障害者の介助はできない。どんなに身体介護の技術があっても、重度障害者の話をきっちりと聞けない人は、地域自立生活の現場には不向きだ。

介助者は、まず本人に向き合う姿勢をもち、そして現場で実際に介助に入る中で自分のスキルや経験を磨いていくわけだ。

今、介護業界は資格の壁を上げることに躍起になっている。けれども、その方向は介助者のなり手の門戸をしめるだけだ。バイク屋も、おそらく重度訪問介護だから転職できたのだ。そして、実際に研修に入りながら、徐々に慣れていき、利用者と信頼関係を築いていったのだ。そうした過程の方が、学校で座学を受けるよりもよほど重要である。もし専門性の向上の必要があるならば、徐々に仕事に入りつつ、いろんなことを実際に体験しつつ、勉強していくのがいいのだと思う。

さらにいえば、資格の壁を高くすることは障害者の生活を福祉職の壁で囲うことにつながっていく。資格の壁を高くして受講期間を増やして利得をうるのは、まず福祉の専門学校であり、福祉専門職の協会である。障害者の生活を福祉の専門性の壁で囲ってはいけない。

障害者運動で養われてきた仲間意識、関係の蓄積をどうつないでいくか

また、障害者介助の今後を考える上では、特に重度訪問介護のようにこれまで障害者運動によって

(9) 単価の改定は三年ごとに行われる。二〇一五年は結果的にゼロ改定(+－〇%)だった。二〇〇九年に五・一%のプラス改定があったが、近年は大きなプラス改定はなく、かろうじてマイナス改定になっていないという状況である。ただ、介護報酬単価が上がらない代わりに最近は「福祉・介護職員処遇改善事業」の細かな加算制度がその都度新設されており、直接介護労働に従事する人たちの給与は今のところ多少上向きの傾向がある。もちろん、政治情勢や財務省からの圧力によって、今後その傾向がどうなるかはまったく不透明である。

つくられてきた制度の場合、障害者運動で養われてきた当事者意識が衰退していく問題は極めて大きい。つまり、障害者自身がサービスユーザー化し、介助者が労働者化する中で、介助が単なるわりきりのサービスになってしまう問題である。

元バイク屋の勤め始めた事業所は、実は三〇年、四〇年の歴史のある老舗の障害当事者団体が基盤になった組織である。多くの障害者メンバーが運動をともにつくってきた仲間なのである。彼らは、介助者も自分たちの仲間に引き込む力がある。介助者たちともなんとなくうまくやっていく経験の蓄積がある障害者が多い。実はそうした側面が、バイク屋のような新規の介助者もそれなりに参加しやすい背景にあったのだ。新規参入の事業所などは、そうした経験の蓄積がないので、やはり多くのところはそうはうまくいっていない。利用者の心も、従業員の心も離れやすい。

今後は、そうした人間関係の経験やノウハウもだんだんすたれてくる。そうすると障害者は「サービス利用者」としてのみ介助者に接し、介助者も「お客さま」相手の定型業務だけをこなすようになるかもしれない。たとえば車いすの整備のようなバイク屋の得意技をいかすこともできなくなるかもしれない。書面に定められた介助内容だけを行い、現場の裁量が失われていけば、介助現場の魅力は急速に失われていくだろう。

介助や介護は、わりきった部分も重要だが、それだけでは通用しない部分も多い。特に二四時間そばに付き添う介助の場合、わりきりながらもそこそこ信頼し合える人間関係をいかに築くかは非常に重要だろう。そうした関係の蓄積をいかに今後も持続させていけるか、現場としてはとても大きな課題である。介助を長く続けていくというモチベーションの中には、そうしたそこそこの信頼関係の蓄積がとても重要だ。

まとめ

以上のように、介助職自体にも、まだまだ課題が山積している。今、多少ながら筆者自身の職場にもゆとりがあるので、バイク屋から介助職への転職については若干ポジティブなイメージで書けた。しかしそれも、バイク業界の深刻な不況という前提があってのことである。そうした業界の不況がそのままでいいとはとても思えない。建設・製造業から医療・介護業への転職だって、普通はそう簡単にはいくまい。

また、世間一般の景気がよくなると、医療・介護関係の人気がなくなり人材不足が起きるというのも昔から言われてきた。アベノミクスで全体的に景気が上向いていくとしたら、「第二の人材不足がはじまる」とさるベテランの大先輩は述べていた（二〇〇六年頃が第一の人材不足の時期として）。

さらに、生活保護基準額削減や、介護保険における二割負担、三割負担の導入や、「要支援」者の切り捨て、難病患者の自己負担大幅アップなど、社会保障費の伸びを抑制しようとする政策が次々と導入されている。その中で、障害者福祉も抑制のターゲットにされるとしたら、よほどこれからの現場は厳しくなるだろう。

ただし、社会保障費は全体としては拡大し続けている。国民負担率が高くなっているという見方もできるが、一方で伸び盛りの分野だという見方もできるのだ。障害福祉サービス関係予算額はその中でも伸びが著しい。平成二〇年度が五八四〇億円に対して、平成二四年度は八四〇六億円である。五年間で一・五倍近くに拡大している。[10] いたずらに予算が伸びているのではなく、これまで多くの障害者の福祉サービスの利用ニーズが満たされておらず、次第に障害者が福祉サービスを利用するようになってきているから、このように伸びているのである（実際は、多くの障害者たちのニーズを満たすにはまだ不十分なのだ）[11]。そしてまた、これだけ予算が伸びているということは、それだけこの分野で働く人が増えている、多くの人の食いぶちを新たにつくっている、ということでもある。他産業が伸び悩む中で雇用情勢の改善において重要な役割を担っているわけでもある。

二〇〇三年の支援費制度がはじまって以降、障害者の地域生活の現場が豊かになっているのは確かである。多様な障害者が地域自立生活をはじめている。そして他業種からの転職含めて多様な人が介助者として関わるようになっている。この仕事に根を張ろうとしている人も多数いる。介助は、「施設から地域へ」「インクルージョン」といった大きな理念を、実現しようとする仕事である。

地域で障害者の生活を支える仕事。これは十数年前までは仕事として想定されてこなかったものだ。それが今、バイク屋からなど、多くの人の転職先となりはじめている。本稿で示した通り、それによってこれまで不自由・制約を強いられてきた障害者の生活は潤いあるものになってきており、また同時にそのことが新たな雇用の創出となり景気を支え続けることにもつながってきている。そうだとしたら、これからもこの現場を発展的に育みながら持続させていくことは、障害者の権利保障の観点からと同時に、社会経済的観点からも大きな意義があるだろう。

参考文献

勝又幸子 2008「国際比較からみた日本の障害者政策の位置づけ――国際比較研究と費用統計比較からの考察」『季刊・社会保

障研究』第四四巻第二号
かりん燈 2008「緊急調査！障害者自立支援法に係る訪問介護労働者の生活・労働アンケート２００８年・報告」
竹信三恵子 2013『家事労働ハラスメント——生きづらさの根にあるもの』、岩波新書
松尾匡 2010『不況は人災です！——みんなで元気になる経済学・入門』、筑摩書房
若田部昌澄 2013「安倍内閣の経済政策とは何か——その全体像」『日本経済は復活するか』田中秀臣編、藤原書店
渡邉琢 2011『介助者たちは、どう生きていくのか——障害者の地域自立生活と介助という営み』、生活書院

（10） 平成二九年度障害福祉サービス関係予算額は一二六五六億円。実に一〇年間で二倍以上に拡大している。
（11） 障害福祉関係予算が近年大きく拡大しているとは言っても、国際的に比較すれば日本はもともときわめて低い水準であった。各国の制度の仕組みが違うので単純比較もしにくいのだが、障害関連支出の対ＧＤＰ比で言えば、二〇〇七年時点でＯＥＣＤ三〇か国の平均が三％程度あるのに、日本は一％に満たない。三〇か国中、メキシコ、韓国に次いで下から三番目の低さというありさまである（参照、勝又 2008）。

7 生存と労働をめぐる対立
――障害者ヘルパーの立場から

「労働者ってのはてめえらの賃金のために労働組合を作り、賃金闘争をやってるだけ。それじゃ労働の価値観ってのは変わっていかない。まさにその労働の価値観によって障害者はしいたげられてるんだ。そこに気がつかなきゃだめだと思うんだがね。皆さんの中でいいとされている労働の価値観がいかに障害者をしいたげているか、抑圧しているかということ。それにまず気がつくということが先決じゃないか。働くことがいいことであるとか、働かなきゃだめだとか、それから出てくることじゃないですか」（横塚 2007：201）。

「だっておれたち施設に入ってるときは施設のめしは四時半だったよ。施設の職員が五時で帰れるようにするためにね」。（ある車いすユーザーの言葉。学齢期に施設に入所）

問題の射程と自己紹介

本稿の考察は基本的に、一九七〇年ごろよりはじまったと言われている障害者の自立生活運動を中心軸にして進めていく[1]。障害者の自立生活運動は、多くの場面で労働者との対立を余儀なくされてきた。施設を出て地域で生きていこうとする障害者たちの思いは、さまざまな場面で労働者たちにはばまれてきた。施設内では施設職員に、公共交通機関を使おうと思えば運転士や駅員に、そして地域社会の中ではヘルパーたちに、その思いをはばまれてきた。社会運動においても、多くの場面で障害者は労働運動の活動家に利用され、そして置き去りにされた。彼ら労働者は、別にさほどの悪意をもって、障害者たちの思いをふみにじったわけではないだろう。しかしながら地域で自由に生きていきたいという障害者たちの要求は、労働者たちが自分たちの「労働」の枠を維持する限りではハードルが高すぎた。結果的に労働者は多くの場合、保身のために障害者たちの自由な「生存」の思いを拒むかたちとなった。

本稿で考察される「生存と労働をめぐる対立」というのは、障害者が地域で自立生活を営もうとする運動の中で出会わざるをえなかった、労働者たちとの対立のことを指す。障害者たちの自由な生存への思いは、労働者たちの適正な労働への思いの中でかき消される場面が多かった。

以下では、まず一九七〇年代、障害者たちが街に出始めたときに出会った労働者たちとの対立を紹介する。

次いで、障害者の自立生活運動の進展と、九〇年代の社会福祉基礎構造改革や労働者の身分保障解体の流れとの奇妙な符合について考祭する。九〇年代以降は逆に、障害者たちの自由な生存への思いが、労働者たちの労働条件の悪化を招いていく。もちろん解体すべきところは解体すればよかったわけである。労働者のみが障害者に比して既得権益を有していたのならば、その権益は崩れていかねばならない。しかしながら、働く人、ここでは特に福祉労働者のことを指すが、その人達の労働条件が悪くなりすれば、障害者の生活が不安定になっていくのもまた事実である。

最後に、両者の対立を不毛な対立に終わらせないために、以上の考察を踏まえて、そうした対立の中からいかなるつながりがありうるのか、ともに生きていく社会の構築がいかにありうるのか、それについて若干触れたい。

なお、ここで筆者の立場について自己紹介をしておく。筆者自身がどのような立場から、本稿のような問題提起をし、そして今後その課題とどう向き合っていこうとしているのか、読者には理解しておいてほしいからである。社会運動相互の対立をいたずらに明るみに出して、そこに混乱を招こうとするのが筆者の意図ではないからである。

筆者は、二〇〇〇年、大学院生のときより、自立生活センターにて障害者の介助をはじめる。自立生活センターとは、もともとは障害者が施設や親元ではなく地域で自立して生きていくための障害当事者による運動体かつ事業体であり、障害者自身がスタッフとなり運営し、障害者の自立生活のための介助や相談、送迎など各種サービスを提供するセンターである。そこで時給七〇〇円での有償介助のバイトをはじめる。そこではじめて、地域で自立生活をしている障害者たちに出会う。学業が行き

（1）本章はもともと『社会文化研究』という学術誌に掲載された文章のため、文体が他の章に比べて少々硬い。また、前著『介助者たちは、どう生きていくのか』と同時期の二〇一〇年夏ごろの執筆であり、本書の中では一番早い時期に書かれたものであるが、その分、ぼくにとって重要な問題意識の一つが明確にあらわれている文章なので、そこを読み取っていただけたら幸いである。

詰まり、二〇〇四年度の冬にそのセンター内のＮＰＯ法人の居宅介護派遣事業所に就職。それ以来、障害者の自立生活運動の運動専従兼介助者として勤務。固定給一八万円（現在もほぼ同額……）。二〇〇六年、障害者自立支援法のあおりを受け、障害者の地域生活に非常事態が発生。仲間の介助者たちが続々やめていく中、介助者自身の立場から、介助者の身分保障、生活保障を求める活動をするために、「かりん燈〜万人の所得保障を目指す介助者の会」を立ちあげる。障害者の自立生活運動の中で、介助者自身の立場を主張する難しさを日々感じながらも、障害者の地域生活の安定のためには、介助者の立場から自分たち自身のことも訴えないといけないと思い、行動する。同時期の反貧困運動にも共鳴する。現在は、反貧困ネットワーク京都にも所属。そこでも労働者と障害者の立場の違いに悩みながら、またその違いを指摘しながら、活動している。

障害者運動と労働運動——七〇年代の経験より

今でこそ障害者の地域自立生活は、少なくとも言葉の上では、障害者にとっての権利として認識されるようになってきている。現状はまだまだ理念と現実のギャップが大きくあり、自立生活をしている障害者、特に重度障害者の数はあまり多くないし、多くの障害者の生活は相当に厳しい状況にあり、その権利がお題目にすぎない場面は多々存在するが、それでもある一定程度障害者の地域自立生活は進みつつある。

自立生活を行う障害者が急速に増加したのは、二〇〇三年の支援費制度の成立をきっかけとする。また、障害者の地域生活を支える介助者の数も、二〇〇三年の支援費制度とともに急速に増加した。二〇〇三年以降、障害者ホームヘルプは、家計の主たる生計となるような仕事として定着していった。

つまり、二〇〇三年以降、地域で生活する障害者が増加し、またその障害者介助を仕事とし、それで生計を立てていく労働者が相当数増加した。しかし、こういう時代が来るまでには、障害者運動の長い歴史が過去にある。

障害者の自立生活運動は、とりあえず通説では一九七〇年代にはじまると言われる。その時代は、地域でのホームヘルプなどいっさいなく、障害者は家族の中で隠されて暮らすか、あるいは施設に終身隔離収容されて暮らすしかなかった。当時は高度経済成長期、労働力として期待されない重度の障害者たちはまさしく社会のお荷物であり、また軽度の障害者たちは何とかして少しでも働けるようにとリハビリに励んでいた。医療機関では、障害の除去に努めるために、重度障害者たちを手術し、実験台にしていた時代であった。何度も何度も手術され、切られ、結局何も改善せず、むしろ症状が悪化したという障害者は数多くいる。障害者が障害をもったままで生存の権利があると認められる時代はまだまだ先であった。「働かざる者人にあらず」という価値観が今以上に、強固であり、人の介護を受けて生きていくほかない障害者は、治療やリハビリにいつまでも励むか、あるいは施設や親元での劣等処遇の中で生かされて生きるほかなかった。

「だっておれたち施設に入ってるときは施設のめしは四時半だったよ。施設の職員が五時で帰れるようにするためにね」。

これは筆者が最近聞いた施設入所経験者の言葉。施設生活は集団生活であり、規則でがんじがらめにされており、また、基本的には入所者はそこで働く労働者たちの勤務体制に生活スタイルを合わせなければならない。だから、食事の時間が朝も昼も夜も厳密に決まっている。またときには、労働強化をおそれるあまり、特に病院の場合などは、排泄の制限などもある（排泄が頻繁な人はすぐにおむつ着用を強制される）。

そうした環境のもとに生きていた障害者たちであったから、施設内においても生活改善を求めることは容易ではなかった。食事の内容、時間にしても、排泄の回数にしても、何らかの要求や苦情を言えばすぐに、職員の数が足りないのに無理を言うな、ぜいたくだ、などという言葉が返ってきた。

簡単な例を挙げる。七〇年代初頭に「東洋一」という触れ込みで東京都府中市に府中療育センターができたが、そこでは女性入所者の入浴介助を、力のある男性介護員がやっていたそうだ。その異性介助に抵抗する一人の女性入所者がいた。以下は当時の日記からの引用である。

はいって三日目、入浴日だった。裸にされてつれていかれ、目の前に海水パンツ一つの男性が立っていた。びっくりして声もでない……。出てからというものご飯も食べられず、一日中泣いていた。それからは入浴を拒否し続けた。わがままだ、いれてくれるだけでもありがたいと思わなければいけない。ぜいたくだ、などとよくいわれた。労働力削減のために、男子をつかうのである（三井1978：4）。

この日記を記した彼女は、後に入浴の同性介助を求めて、一カ月から二カ月におよぶ入浴拒否を行っている。当時の新聞にこの問題が取り上げられたが、施設側の言い分は、こうである。

「女性としての気持ちは十分に理解できるが、現存の体制では、女子介護員だけによる入浴は無理」「身障者はフロに入れる時体をこわばらせ、服を脱がすのが大変。それに全員が体重の重い成人ばかりで、私たちの体がもたない。入浴が終わると手がしびれ、ほとんどの介護職員が腰痛に苦しんでいます」。(三井 1978:53)

これはこれ自体で、働く人の立場としては納得のいく言い分であろう。しかし入所者自身が求めていたのは、労働者自身がこの問題をともに積極的に考えていくことであった。こうした問題を積極的に自ら考えてくれる労働者がいない、とその入所者の手記では嘆かれている。

はたしてどれくらいの労働者がこうした入所者のあたりまえの要望に真摯に耳を傾け、そしてその実現のために奔走しようとしただろうか。たとえば、次も同じ府中療育センター内で起きた入所者のストライキ事件であるが、そこで労働者たち、そして労働組合の人たちがどのような態度をとったか、それを明確に物語る証言がある。

日本の重症心身障害者の医療研究のモデル施設として昭和四三年に発足した東京都立府中療育センター(府中市)で、四人の重度障害者が十一月二九日から十二月七日まで、職員の勤務異動に反対してハンストに突入した。れっきとした都職労傘下の組合がありながら、組合がストライキで反対するのではなく、身体障害者が生命の危険を賭してハンストをやったのである。

その特異性の内容をいっそうきわ立たせたのが労組執行部の態度だ。ハンストを無視して当局が人事異動をゴリ押しにしてきたのに対して、労組執行部は、職場全体投票にかけた。結果は当局の人事異動に「反対一〇五票、賛成七四票、白紙三」で反対が勝った。ところが執行部は「執行部責任で開票の結果を判断して七四票に重きを置き、まげて局の方針をのむ」という前代未聞の決定を下したのだ（新田 2008：39）。

これはさきほどの入浴拒否とは別の、入所者自身によるストライキ事件であるが、ここではことあろうに労組執行部が当局にすりよって職場の労働者たちの総意を曲げている。障害当事者のハンストは、当局と労組執行部によってもみ消されることになった。

また、こうした施設を出て地域で生きるためにも、障害者はさまざまな障壁にぶつからざるをえなかった。街中では、交通労働者との対立も余儀なくされていた。現在のようにノンステップバスもリフト付きバスもない時代である。障害者がバスを利用するとは、おおよそ交通局の人々も世間の人々も想定していなかった。そうした中、街へ出てきた障害者たちがバスに乗ろうとしたとき、必然的に労働者たちとの間で対立が起こらざるをえなかった。人によっては、川崎市で起きた脳性マヒの障害者たちによるバスの封鎖事件を覚えているだろう。あれは、障害者たちへの乗車拒否を続けた交通局に対する抗議の姿勢であった。

以下は、その当時脳性マヒ者たちによって書かれた「全日本運輸労働組合協議会への抗議文」からの引用である。

このような状況を作り出してきたのは、単に行政だけの責任であるとは我々は言わせません。なぜならこの問題の発端となったのは「車イス障害者をバスに乗せることは労働強化になる」という現場労働者の声であったからであります。我々は今までそして現在もずっと、あらゆるところで労働強化になるということで、労働者から、我々の意志を無視され、物として扱われ、抑えつけられてきました（横塚 2007：299）。

介護労働においても、交通運搬業務においても、障害者たちの利便を考えると、労働者から見たら余計に手間がかかるわけである。もちろん一方では人的余裕もなく、また障害者のニーズにあわせた特別の人員を用意していなかった、という事情もある。しかし多くの現場労働者は、障害者の生活改善のためにともに環境の向上を目指そうとしたわけではなく、むしろ「労働強化」の名のもとに、障害者の生活を制限する側にまわったわけである。

一方で、もちろん障害者の生活改善のためにともに闘おうとした労働者たちもいる。たとえば、上記の府中療育センター内での入所者のハンストは、理解ある施設労働者の配置換えに対して、入所者が異を唱えたものであった。自立や生活改善を目指して闘った障害者たち自身は、一方で自分たちの生活を制限する労働者たちに抗議するとともに、他方で自分たちとともに闘ってくれる労働者たちに連帯のメッセージも送り続けていた。労組執行部が当局にすりよったとする先に引用した個所に続けて、同じ文書では続けて次のように書かれている。

四人の重身障者のハンストは、このような国家・社会による差別と隔離の政策と、その中で被抑圧者としての自分を見失い、被抑圧者間の優者として、劣者である身体障害者に支配者として君臨する労働者への告発がこめられている。同時に四人のハンスト宣言に書かれている労働者への強い連帯の意識を見逃すことはできない。

宣言には「（配転の指名をされた）七人のうち二人は全く異動する意志をもっておらず、他の人達も多くは半強制的に希望を書かされている」「以前にも異動に対して個人的に抗議を行った時、〝あなた方が口を出すような問題ではない〟といわれた」「私たちにとって離れてもらいたくない人たちが異動にふくまれていることに対して怒りの表現としてハンストを実行する」と書かれている。

それはあたかも、個人的に親密な労働者と身障者が離れることに対する抵抗のように受け取られがちな表現だが、そうではない。「離れてもらいたくない」労働者とは、ほかならぬ国家―病院当局―医師―医療労働者―身体障害者と上下を貫くヒエラルキーに抵抗してきた労働者であり、その労働者の思想性が、日常生活の場で、一つ一つ最も重く抑圧されている人々との具体的連帯をかちとってきたことに対する素朴な表現なのだ。（新田 2008：39）

こうして施設内闘争においても、労働者はときに敵であり、ときに同志となった。この闘争において、障害者の敵となった労働者とは、権力側（当局）の意向を忖度し、障害者の思いを切り捨てた人たちであり、また同志となった労働者とは、障害者を最底辺とするヒエラルキーを自覚しつつ、権力によって抑圧される者同士として、障害者と連帯しようとした人たちであった。

青い芝の会の代表的活動家の一人、横塚晃一は、障害者運動にとって労働運動は「諸刃の剣」である、と表現した。一方では障害者差別をなくすため、障害者が地域で生きられるようにするために、障害者は労働者と協力して活動していかねばならない。けれど他方では、労働運動は障害者をおみこし的に利用するだけで、ある成果を勝ち取ったら障害者を置き去りにする、という傾向ももっていた。

一九七四年は日本で最初で最大規模の労働者春闘の年であったと言われている。障害者運動もその際に優生保護法改止阻止と障害者の生活保障の充実のために春闘に協力した。しかしその結果はいかなるものであったか。一方で優生保護法改正阻止は成功した。しかし他方障害者の生活保障の充実に関しては次の有様である。

国民春闘の名の下に弱者救済がうたわれた今年の春闘において、一般労働者の賃上げは平均月額三万円という史上最高の額を獲得することができた。これは年額になおすと、三六万円、更にボーナスを含めれば相当な額にのぼる。これにひきかえ救済されるはずだった弱者に与えられたものはインフレ手当の一時金二千円と、生活保護費のほんのわずかな増額であった。

これは初めの春闘共闘委員会の意気込みからいっても、あまりにも少なすぎる額であることはもちろんのことであるが、客観的にみていっても一般労働者と障害者をはじめとする生活困窮者の所得のひらきはますます拡大したわけで、これでは「弱者救済」どころか「弱者つきおとし」である。

新左翼といわれる人達もセクトごとにまた個人としても「障害者解放」を叫びながら障害者問題に関わってきた。しかし、その大半は結果として障害者の主体性をふみにじったり、障害者のおかれてきた歴史的状況などをよく把握しないままに、それぞれのセクトの「革命路線」に障害者を当てはめてしまった、あるいは当てはめようとしているきらいがある。（横塚 2007：148－9）

七〇年代は、障害者が地域に出て、障害者としての生き様を主張する中で、はじめてさまざまな労働者と関わりをもった時期であった。障害者が地域で生きていけるようにするためにはさまざまな労働者が理解し協力してくれなくてはならない。その思いが一方であったとしても、他方では労働者自身によって、障害者はその生活を制限され、また運動において置き去りにされていった。七〇年代以降、障害者たちはそうした経験をさまざまに繰り返しながら、自分たちの力をつけていった。

自立生活運動の進展と介助者の身分保障の変容

障害者の地域生活が急速に進展したのが二〇〇三年の支援費制度成立以降だと先に述べた。しかしそこに至る基礎は、ほぼ九〇年代に整いつつあった。七〇年代は運動における最初の葛藤の時期であり、八〇年代はその葛藤を引き継ぎつつ、さまざまな模索の中にあった時期であった（障害者運動関連の研究において、七〇年代に関するものは多いが、八〇年代に関するものはあまりない。八〇年代は、目だった事件等はあまりなく、障害者運動におけるさまざまな立場や考え方の人々がそれぞれに活動し、また模索していた時代であった）。

運動は九〇年以降、自立生活センターがそのイニシアティブをとっていくようになる。この時期に、各自治体レベルであるが、徐々に障害者の地域生活の基盤が整い、普及していく。それ以前は、重度障害者の地域生活の介助はほとんどボランティアや篤志家、活動家に頼り切りであり、ある限られた障害者しか自立生活ができなかったが、介護保障の制度としても九〇年代にある程度の基礎が固まっていく。二四時間の介護保障が制度的に認められるのは、九三年東京の多摩地区においてがはじめてである。九六年には立川市において、民間の当事者団体である自立生活センター立川が重度障害者のための二四時間在宅滞在型の介護を保障するホームヘルプ事業を全国ではじめて受託する（ほぼ同時期に、コムスンが二四時間巡回型のサービスを、厚生省の認可のもと、高齢分野で展開しはじめている）。

九〇年代はこうして障害者の地域生活の基盤整備が制度的に整えられていった時代であるが、この動きは、日本社会の九〇年代の大きな変動とも重なっている。一方では障害者の自立生活運動の主張のもとに障害者の地域生活基盤整備が進んでいったが、他方では国政レベルでの社会福祉基礎構造改革の流れもそこに合流していることは見逃されないと思われる。

高齢化社会の到来を受け、まず八九年に「高齢者保健福祉一〇カ年戦略（ゴールドプラン）」が策定された。それにより、ヘルパーを今後一〇年で三万人から一〇万へ大幅に増員するという目標が掲げられた。また、同じ八九年には老人家庭奉仕員派遣事業の運営要綱が改定され、民間委託の拡大、派遣要件の緩和、さらに現在に通じる身体介護、家事援助の単価格差が導入された（身体は家事の一・五倍として）。障害者運動の動きももちろんあるにしても、やはり深刻化する高齢者介護の現状に対応するために、ヘルパーの大増員計画をたて、そして派遣事業の民間委託の拡大、またさまざまな介護ニーズに対応するための派遣要件の緩和を行っていった。九〇年には家庭奉仕員はホームヘルパーと名称変更され、また利用時間の上限も撤廃された（従来は週一八時間まで）。九二年の厚労省通達では、各市町村にサービスの拡充を求め、画一的な（制限的な）サービス提供を厳しく戒めた。九四年にはさらに「新ゴールドプラン」が策定され、ヘルパー増員目標が九九年までに一七万人へと拡充された。

こうした規制緩和、民営化の流れの構造改革の中で、とりわけ「自立支援」や「利用者本位」という言葉も登場するようになることも見逃せない。従来型の措置制度では、サービスが硬直化しており、利用者のニーズに対応できなくなっている。また利用者自身が福祉にあずかることに対してスティグマを感じ、主体的に制度を利用できない。行政で提供する福祉にはそうした弊害が伴うので、民間にまかせよう、そちらの方がより利用者主体のいいサービスが提供されうる。コムスンの全国展開と自立生活センターの展開はほぼ同時期であり、どちらも行政には無理なサービスを民間で引き受けるという点では一致している。

今ここに「自立生活センターが提唱する福祉の構造改革」との副題をもつ『ニード中心の社会政策』という冊子がある。日本の自立生活運動を九〇年代以降引っ張ってきたヒューマンケア協会から九四年に発行されている。その冒頭のマニフェストをざっと見てみよう。（ヒューマンケア協会 1994：5－8）

MANIFESTO

1：市民が主役になる
2：お上は何もかもやってくれなくてよい
3：対象が主体になる
4：福祉を規制緩和する
5：福祉はみんなのものだ
6：行政を仕切り直して使い勝手を良くする
7：役所は人事から変える
8：モノ給付から金銭給付へ
9：何でもありの福祉職は楽しい！
10：ステージはコミュニティ、そして市民が主役！

ざっと見て明らかなように、ここには国政レベルでの基礎構造改革の流れとほとんど同じ考え方が見られる。もちろん障害者運動の主張がこうした表現や考えにおさまるわけではないことは肝に命じておいてほしいが、他方で障害者の二四時間介護保障の基盤整備がこういう発想のもとで進展していった側面があることも見逃されない。

そしてまたこうした流れは、公務員の身分保障の解体の流れとも一致している。九〇年代以前までに自立生活をしていた障害者の介助は、先に述べたようにその多くはボランティア、篤志家、活動家によって無償で担われてきたが、一方で家庭奉仕員制度によるヘルパー派遣もその中の一部を担っていた。しかしながら、まず家庭奉仕員制度には週一八時間までという上限があった。一日二四時間介助が必要な重度障害者には到底足りない派遣時間数であった。派遣時間も九時から一七時までの間と限られており、夜や泊まりの介助にはいっさい対応できなかった。だから当時の制度においてはそうした時間はボランティアでまかなうしかなかった。ボランティアと言えば聞こえはいいが、実際にはみな他に仕事をしなければ食っていけず、また相応の重労働ということもあり、まったくもって定着率は悪かった。重度障害者は日々のボランティア探しでくたくたにならざるを得なかった。そんな中で、介助をフルタイムの公務員にまかせるのではなく、もっと多くの人にパートタイムで入ってもらおう、ボランティアにもお金を払い仕事として責任をもってやってもらおう、という発想も出てきた。また先の『ニード中心の社会政策』から引用する。

［福祉職を、様々なワークスタイルを許容する開かれた職種とする］

労働時間の一層の短縮、ワークシェアリング等で大量失業社会の問題を解決しようとする試みがなされている。福祉関係の職種ではこの傾向を先取りし、フルタイム・ワーカーだけでなく兼業として福祉の仕事をする、等のワークスタイルを積極的に採用していく（ヒューマンケア協会 1994：8）。

その［有償介助の］提供者は、フルタイムで働く公務員であることを要しない。多様な就業形態があってよい。介助は朝晩の寝起きと食事時に集中する。そのため常勤介助者をむやみに増やすことは、効率の悪化を招くとともに得策ではない。パートタイマーでローテーションを組むことになる（同、36－7）。

障害者運動において介助、介護のあり方、あるいは介助者、介護者のあり方は諸主張がいりまじるので、決してこうしたあり方に限定されるわけではないということは注意していただきたい。しかし、このように介助を公務員にではなく、パートタイムのアルバイトにやっていってもらう、それによって障害者の二四時間介護保障も実現させていく、という流れは確かにあった。

具体例を見よう。公務員ヘルパー一人当たりの給料で、時給制アルバイトの登録ヘルパーなら何時間の介助派遣が可能となるだろうか。当時障害者の二四時間介護保障の実現にもっとも力を注いでいた全国公的介護保障要求者組合の通信にその試算がのっている（全国介護保障要求者組合通信95・8・25：No.47より）。

もし正職の公務員ヘルパーなら、年に四〇〇万の給与であり（内、市の負担は一四五万）、そこから昇給すると二〇年後には八〇〇万となる（内、市の負担分は五四五万）。その額で、派遣される介助時間は、当時の正職ヘルパーの平均的勤務実態からすれば一回二時間派遣で、一日二回（一日計四時間）、週五日（土日休み）である。

他方時給制の登録ヘルパーならば、時給単価基準額一三八〇円／時（市の負担は一／四の三四五円）として、市負担分のみに着目すると市負担分が五四五万の場合、毎日四三時間、市負担分が一四五万の場合でも一日一二時間の介助派遣が可能となる。

もし重度障害者の生活保障を考えた場合、どちらに利があるか、一目瞭然である。四〇〇万から八〇〇万を年収でもらう公務員ヘルパーは一日四時間程度しか介助に入れない。夜間も土日も来られない。他方で一三八〇円の時給制登録ヘルパーなら、三六五日二四時間いつでも対応可能で、しかも一日一二時間から四三時間（二四時間介護が必要な人でほぼ二人分）の派遣が、可能となる。

こうして、障害者の地域基盤整備という意味での二四時間の介護保障も、時給制介助者の派遣というかたちで徐々に進展していく。そしてその背後には、ヘルパー数を一〇年間で三万人から一〇万人へ、あるいはさらに一七万人へとの増加目標を掲げるゴールドプラン、新ゴールドプランの影響もあったことだろう。既存の労働者の身分保障が解体していく一方で、量（時間数と人数）の拡大が実現されていった。九〇年代後半には公的ヘルパーへの国からの補助方式が、人件費補助から事業費補助に切り替わり、身分保障の解体がますます進んでいった。二〇〇〇年の介護保険導入にあたり、行政は介護サービスからほとんど撤退、おおよそすべてを民間にまかせる仕組みができあがっていった。そしてその介護サービスを担うのは多くのパートタイム労働者たちであった。

同様に二〇〇三年の支援費制度の開始とともに、多くの介助者が民間の事業所で障害者介助の仕事に就くようになった。時はまさに就職氷河期であり、多くの若者が、とりあえずの仕事として、介助をやるようになった。

時給は、コンビニのバイトよりは高くて一〇〇〇円以上のところが多い。二四時間の生活を支える仕事であり、コンビニ同様に、二四時間昼も夜も仕事はある。生活じたいは不安定となるが、それでもある程度の時間数を働いたら、そこそこ食べていける仕事ではある。他にまっとうな仕事もない中、とりあえずの腰掛仕事をしながら、今や何年も介助を続けている若者もいる。ライフスタイルの多様化に応じて、一つの職場に対する帰属意識に抵抗感を感じる若者たちなどには、介助をバイトにして、そこそこの収入を得て、そこそこ暮らしていく、という人たちも多い。

九〇年代後半からの労働者の身分保障解体の流れ、そして雇用の流動化、正規職員の非正規化の流れはつとに指摘される。それはしばしば大資本の側の悪だくみとのみ指摘されがちであるが、一方では上記の自立生活運動のように、障害者みずからが自分たちの生活のニーズに応じて、自分たちが地域で生きるために、労働者の身分保障の解体を求める動きもあったわけである。

「労働」というハードな枠組みが障害者の生活を制限していたならば、そこは解体されていくべきであろう。しかし他方働いて食っていく人々の生活が極端に悪いものになるのならば、そこはそこで改善されていかねばならない。

障害者が地域で生きていくのを支えるということは、実際にはそんなにきれいごとばかりではない。働く人にはさまざまなストレスもたまるし、また二四時間介護の場合、さまざまな生活上のトラブルに二四時間対応しなければならない。私たちが二〇〇八年に行った調査では、障害者介助の派遣事業所で働く正規職員の半数は月二〇〇時間以上の労働時間であり、また一六・六％の人は月二四〇時間を超えていた（過労死水準）。メンタル面でのストレスとしては、たとえば以下のような証言がある。

「〔サービス提供〕責任者なのですが、日々現場を走り回っている状況でシフト作成・変更、利用者・介助者の相談などの業務は殆ど家に持ち帰ってやらざるを得ない状況でそういった業務に割く時間が充分にとれず連絡ミスなども時々生じてしまう事があります。常にやらなければならない事に追われている上、介助者の急な休みなどの連絡などが自宅にいても構わず入ってくるので常に携帯電話が手放せない状況です。誰もいなければ最後は自分が行くしかなく、プライベートな予定などあってないようなものです。それどころかやるべき業務まで先延ばしになってしまい、事業所の運営事態にまで影響が出かねません。なってもいない携帯電話がなっている気がしたり、『介助者が来ない』というトラブルがおきたという夢をしょっちゅう見るし、かなり精神的に追いつめられています」（三〇代女性・東京）（かりん燈 2008）。

筆者自身、サービス提供責任者としても働いているので、上記の女性の気持ちはよく分かる。携帯電話には昼夜問わずに仕事の電話がかかってくる。とりわけ介助者不足のときは、介助者たちもぎりぎりで働くのでトラブルも多くなり必然的に電話でのやりとりも多くなり、解消されないストレスがたまってくる。

また登録介助者として働く人達もときにやり場のない悩みを抱えることもあるが、現状の介護派遣はいわゆる派遣会社の紹介に近く、働く人が孤立化して、悩みを解消できずにそのままやめてしまうことも多い。

非正規の仕事の世界においては、働く人々のつながりが弱い場合が多い。もともと、家庭の主婦や学生など、別の場所に足場をもった人々の雇用を想定していたこともあるが、日雇い派遣など新しい就労形態が拡がったことも大きい。とくに日雇い派遣の働き方は徹底して具体的な人間関係から切り離されたものである。派遣会社は派遣先からの人材の注文が入ると、事前に申し込みがあった登録社員にメールを入れていく。仕事をもらった登録社員は、当日の朝に派遣会社に「出発コール」、仕事先に着いたら「到着コール」の電話を入れる。現場でどんな仕事や「同僚」が待っているか分からず、そこでは徹底して匿名の存在となって「グッドさん」などと派遣会社の名前で呼ばれたりする（宮本 2009：11－2）。

これは日雇い派遣労働者の働き方について述べたものだが、しばしば介護派遣についても同様のことが起きる。日雇い経験者で現在介助をやっている人も、「介助の仕事って日雇いみたいなもんだよ、生活も不安定だし、その都度の依頼だし」と述べているのを聞いたことがある。もちろん、日雇い仕事をやっていた人が、介助の仕事をやりはじめて、「はじめて人間らしいいい仕事を経験できた、今までの仕事ではわたしらはもの扱いしかされなかった」、という人の声も聞いたことがある。

障害者の地域生活に関わる仕事は、すでに何度か述べているが、二〇〇三年以降にようやく成立しはじめたばかりである。従来の労働のあり方、たとえば九時から一七時だけ働いてあとはマイホームでくつろぐというあり方では成立しえなかった仕事である。逆に、そうした従来の労働形態が障害者の生活を制限してきたものであることはすでに述べた。こうした新しい仕事のあり方の行く末はまだまだ発展段階にある。

対立のゆくえ、つながりの模索

二〇〇〇年のゼロ年代後半に、反貧困運動の大きなうねりが社会を席巻した。雇用の流動化が多数の人々の生活基盤を切り崩すまでにいたり、さらに生活保護もセーフティネットとしての役割を果たせずに、多くの人々が社会保障の網の目からこぼれ落ちはじめた。生活保護の老齢加算廃止、母子加算廃止と続き、次には障害者加算も廃止されるのか、との危惧が抱かれ、また保護費の基礎部分の切り下げも検討されはじめていた。さまざまな分野で生活基盤が解体されつつあり、そうした中で「反貧困」というかたちで大同団結して国家の大きな流れに抵抗するのは、やはり一つの国民的課題であったのだと思う。

筆者個人の観点から見ても、二〇〇六年の障害者自立支援法成立のころより、介助者の給与が下がっていき、それに伴い離職が多くなり、障害者の地域生活が危機的状況になりつつあった。そうした中で、反貧困運動のような大きな枠組みでの運動は不可欠だと考えていた。

しかしながら、私たちにはやはり忘れてはならない観点があるのだろう。マクロレベルでは利害が一致することでも、ミクロレベルでは利害が対立することはしばしばある。かつての七〇年代の国民春闘の歴史を見てみればよい。弱者救済の旗印のもとで闘われた春闘の結果、一般労働者の平均賃上げは三万円を獲得し、他方障害者に対しては一時手当の二〇〇〇円と生活保護費のわずかな増額にとどまったという。

現在の反貧困運動の盛り上がりに対しても、男性正規職員の生活が切り崩されたから話題になったにすぎない、女性たちは、障害者たちは、それ以前からずっと貧困だった、と冷ややかに見る目は多く、それはそれで十分に是認できる。

はたして、われわれは、立場の違う者同士、生活スタイルの違う者同士、いかにしてわかりあえていくのだろうか？　相互の生活スタイルを承認しつつ、ときには自分の生活をも切り崩しながら相手とともに同じ社会の中で生きていくことは、容易なことではまったくない。

労働者が障害者の生活を制限することはこれまでに数えきれないほどあったし、これからもしばしば起こるであろう。他方で、障害者の生活を支えるために、心病む者、過労で倒れる者も私のまわりにはいた。

従来の運動の経験からすれば、立場の違う者同士、対等でない者同士のつながりはきわめて困難である。例えば、府中療育センターから出てきて、日本で介護保障の運動を四〇年間続けてきた新田勲は次のように言う。

相手との対等な関係ということは、弱者と関わるとき、誰しもがみな思うことですが、こういう思いそのものが、白々しく、関わる人のうぬぼれなのです。例えば脳性マヒ者は、障害による緊張で顔の筋肉が強ばって、どう見ても普通の人とは見られないし、また、トイレも好きなときに行けません。対等というより、そこでは、両者の立場の違いを、はっきりと双方が自覚した上で、そこは、両者の思いやりのなかで、深く理解し合っていくしかないのです。……対等な関係というのは、双方の関係のなかで詰めあっていく努力をして、それぞれの立場の違いを自覚した上で、双方がお互いの生活をみあっていくという関係が無いかぎり、お互いに認め合った関係とは言えないのです（新田 2008：346）。

今もしそれぞれの生活が切り崩されており、それぞれなりのしんどさを抱えている時代状況なのだとしたら、そして、その中で相互のつながりを模索し、ともに生きていこうとするのだとしたら、「双方の関係のなかで詰めあっていく努力をして、それぞれの立場の違いを自覚した上で、双方がお互いの生活をみあっていくという関係が無いかぎり、お互いに認め合った開係」は成立しえないだろう。

当事者主体、当事者主権という主張が一方にあり、それによって自立生活運動等は進展してきた。その主張がある一定段階に達したとしたら、それぞれのニーズや立場の異なる当事者同士による相互の詰め合いの努力が今後不可欠となってくると思われる。それはおそらく「熟議デモクラシー」という言葉で指し示されている事態とも通底しているだろう。自立や自己決定は、当事者個人や当事者団体の主張に収斂されるものでもなく、次いで「熟議」を呼び起こしていくものだろう。

注釈込みの後記

この論考の中心軸となっている自立生活運動についての基本文献は、立岩他（1990→1995）の『生の技法』であり、運動の歴史および自立生活センターについては特にそのうちの7、8、9章を参照してほしい。運動の歴史におけるさまざまな立場や主張の交錯・葛藤についてもそこである程度描かれている。

障害者の介護保障運動史についての筆者の見解は『介助者たちは、どう生きていくのか』（生活書院）でおおまかに触れている。本稿で考察した障害者と労働者との葛藤・相克についても主にその中の第5章「障害者運動に対する労働運動の位置と介護保障における労働という課題」で言及している。筆者の見解についてより全体を詳細に把握したければ、そちらを参照してほしい。

最後に「熟議デモクラシー」について触れた。宮本（2009）などから借りてきた言葉であるが、しかしそれは宮本の言う公共サービスの利用をめぐる「利用者民主主義」（宮本 2009:202）の範囲にとどまるものでもない。過去の分離や隔離の政策、差別や虐待、そして当事者たちの心に残る深い傷などを通して、乗り越えがたい大きな溝がある者同士の間でつながりを模索するような、歴史的に根深い問題をも含んだ「熟議」について筆者は考えている。

参考・引用文献

ヒューマンケア協会 1994「ニード中心の社会政策」、ヒューマンケア協会

かりん燈 2008「緊急調査！障害者自立支援法に係る訪問介護労働者の生活・労働アンケート 2008報告集」

宮本太郎 2009『生活保障——排除しない社会へ』、岩波新書

中西正司・上野千鶴子 2003『当事者主権』、岩波新書

新田勲 2008『足文字は叫ぶ！』、全国公的介護保障要求者組合：自費出版（→縮刷版 2009 現代書館）

安積純子・岡原正幸・尾中文哉・立岩真也著 1990『生の技法』、藤原書店（→増補改訂 1995）

三井絹子 1978『私のいた施設の実態』発行者くにたち・かたつむりの会

横塚晃一 2007『母よ！殺すな』、生活書院（初版 1975、すずさわ書店）

Ⅲ　高齢者介護や障害者差別解消法をめぐって

8 障害者介護保障運動から見た『ケアの社会学』
――上野千鶴子さんの本について

『ケアの社会学』の評判と違和感

上野さんはフェミニストとして、もっとも有名な人だろう。著作を出すごとに論壇、文壇をにぎわしているし、テレビにもしばしば出演する。あまり学問とか研究に関心ない人でも、上野千鶴子という名前を聞いたことのある人は多いだろう。

その上野さんが、ここ一〇年余りの研究の成果として、『ケアの社会学』（太田出版、2011）という大著を出された。

大きめサイズで約五〇〇ページの大著だから、普通の人はひいちゃうんじゃないかと思うけど、ぼくの知ってる介護関係の人々の間でも、この本は話題になっているようだ。残念ながら（?）読んだという人はあまり聞かないけど、読んでみたい、という人はけっこういるようだ。

論壇における評価は、かなり高い。中島岳志さんなどによって新聞各紙の書評で取り上げられているし、本田由紀さんなんかは、「震災後の日本の指針提示」の一冊としてこの本を取り上げ、「フェミニズムと介護の問題に長く取り組んできた著者の集大成ともいうべき本書は、高齢化の進む日本にとって繰り返し参照される原点となるだろう」と述べている（『京都新聞』二〇一一年一二月二五日）。

また、ケアに関心のある研究者たちもこぞってこの本を読んでいるようだ。知り合いの院生たちが、『ケアの社会学』の読書会を丁寧に各章ごとに開いている、なんて話も聞く。東京大学の、ケアに関心のある研究者たちの集う研究会では、「新著『ケアの社会学』を手がかりに上野千鶴子とケアの社会科学をきわめる」という立派なタイトルのイベントも行われていた。「きわめる」は言いすぎだろう、と思った。

そして上野さん自身も、もはやアイドル的なひっぱりだこ状態。ある講演会では、フロントに上野さんへのお手紙ボックスがもうけられていたそうである。

ぼく自身といえば、上野さんのフェミニズム関係のものはほとんど読んでいなかったのだけど、『ａｔ』（太田出版）という雑誌に上野さんが連載していたころから「ケアの社会学」には関心をもっていた。数か月前に上野さんのケア研究がついにまとめられると聞き、これは重要な本になる、ケア関連の本の中では原典的な取り扱われ方をする本になるだろうと直感し、ぜひともまとめて読んでみたいと思っていた。

そして本を購入し、普段あんまり本は読まなくて大部な本は苦手なんだけど、わりと関心ある領域のことなので、なんとか最後まで読み通した。

読んでみた感想は、かんばしいものではなかった。読みながら「これではあかんのちゃうか」という思いがしばしば湧いた。

大著であり、ケアに関連する諸分野をほとんど網羅している。それなりに見事に整理している。これだけの仕事をやるのはやはり相当の才能と労力が必要だ。けれども、「ケアの社会学」と言うには、何か画竜点睛を欠いている。どこか大切な部分が見えてこない。

そして、この本がこのまま手放しに賞賛され、原典としての取り扱いを受けては困る、という思いにかられた。

どうしてそう思ったのか、違和感の所在はどこなのか、そこらへんのことについて、以下述べていく。

ぼくの立場や日々の活動

『ケアの社会学』は、「当事者主権の福祉社会へ」というサブタイトルがついている。この「当事者主権」という用語と思想は、上野さんが障害者自立生活運動から学んだものだ。二〇〇四年に『当事者主権』(岩波新書)という本を上野さんは、中西正司さんという障害者自立生活運動のリーダーと共著で出している。

ぼくは普段、この障害者自立生活運動の中で介助者、支援者として生息している。京都のJCILという自立生活センターで働き、また運動にもそれなりに活発に関わっている。とりわけ介護保障問題にはかなりの関心があり、行政交渉などにも積極的に顔を出している。障害者の介護保障を求めるかたわらで、介助者・支援者の生活保障も必要だと考えて、「かりん燈」という団体をつくって介助者の立場から自分たちの生活保障を行政に求める活動もしている。

介助をはじめてからは一〇年以上たち、自立生活センターに就職してからも七年くらいたっているから、それなりに現場経験も重ねてきた(本稿執筆の二〇一一年夏時点)。

上野さんの礼賛する「当事者主権」の実践現場のわりと先端にいるのではないかな、と思っている。そして自分の立場から上野さんの本を見るとき、これではものたりない、という思いを抱くのである。この本に書いてあることは、少なくとも障害者自立生活運動がすでに一通り経過してきたことのように思う。だから、自立生活運動の界隈にいる人たちに対しては、とりたてて新鮮なことはないから特に読む必要もないよ、などとも語っている。

さらに、これではまずい、と思うのは、上野さんが自立生活運動の表層のみをなぞり、深層にまで達していないと感じるからだ。一口に自立生活運動と言っても一枚岩ではない。上野さんにはたぶん、運動のある一面しか見えていないのではないか。

もちろん『ケアの社会学』は革新的だ

しかしそういうと、上野さんの本に「批判的」だと聞こえるかもしれない。けれど、ほとんどの部分は全面同意だし、よくここまで整理して丁寧に書いてくれたなぁ、とも思う。

だから単に「批判的」にこの文章を書いていると思ってもらっては、とても困る。

むしろやはり、これまでケア領域に目を向けてこなかった人たち、目をそらしてきた人たちにはちゃんと読んでほしい。

今でも日本社会の市井では、家族介護こそが最良のものだと思われている向きは強い。

旧来のケアの価値観は、ざっと以下のような感じだろう。

家族の誰かが要介護者になったら家族が面倒をみる、そんなことは当然のことだ。男はやっぱり外で働く必要があるから、女がやっぱりその世話をする方がよい。介護保険とかの制度を利用するのはみっともないことだし、もし利用するときがきたら、遠慮して感謝しながら利用しないといけない。ちょっと来てもらえるだけでもありがたいのだから、少々のことがあっても文句を言わない、要求はしない。「権利」なんて大それたこと、言えるわけがない。

ケアというのは立派な奉仕の行為。愛のたまもの。お金でやるものではない。たとえお金をもらったとしても、やりがいのある仕事なんだから、低賃金でも文句を言わない。文句を言うのは、きたならしい。

こうした既存の価値感、常識を次々と破壊していくためには、上野さんの本はやはり読まれた方がいい。

また、本書で採用される「当事者主権」という言葉にしても、ほとんどの人にとってなじみのないものであろう。「自立生活運動」もしかり。介護に携わっている人でも、特に高齢者介護分野の人々にとっては、「当事者主権」なんて、意味もよくわからない、その歴史的背景を知る機会もない言葉だと思う。

「当事者主権」と言うとき、上野さんは、あくまで「当事者」とはニーズの第一の帰属先である要介護者本人のことを指す、と言っている。

けど、世間でもほとんどの福祉現場でも、普通に本人の思いは通用しないのがあたりまえだ。介護保険では「利用者本位」なんて言葉もよく聞かれるけど、そんなのほとんど骨抜きだ。

本人の思いは、もっともらしい装いをまとって家族や介護職員の思いへと普通にすりかえられる。「こういう状態になったんでしたら、○○するのが、ご本人にとって一番いいんです」――「当事者主権」は耳触りがよいだけに、その言葉が都合よく曲解されることに対して、ぼくたちは重々に気を付けなければならない。

ぼくらは今でも、家族による介護殺人を目の前にしている。障害児も親に殺されるし、要介護の親も、息子や娘に殺される。ちょうど先日も、一日で三件、障害児殺しのニュースがとびこんできた。現在においても、要介護者は家族に押し付けられる。主として女性たちに押し付けられる。家族介護がいい、などという規範はたいがいにしておくべきだ。そうした社会規範は、暗黙のうちに無報酬の「強制労働」へとつながっている側面があることを認識すべきだ。

そしてまた、職員たちによる虐待もなぜ起きるのだろうか。なぜ現場はいつも手いっぱいなのだろうか。そして、そうした現場を見て見ぬふりをしているのは一体誰なのか。そうしたことについて、もっと多くの人が真剣に悩んでいくべきだ。

旧来のケアに関わる社会常識を説得力あるかたちでつき崩し、新たな福祉社会へのビジョンを提示しようとするかぎりにおいては、上野さんの本は、多くの人にとって示唆に富み、革新的であろう。

『ケアの社会学』の要点

ちょいと先走ったところもあるけど、とりあえず『ケアの社会学』の要点を簡単に紹介しよう。

ケア——本書では高齢者介護、障害者介助、育児等の上位概念としてこの語が用いられているが、全体としてそのうち主に高齢者介護に焦点があてられている——については、すでに上野さんにとってはここ一〇年余りにわたる関心の対象となっていた。二〇〇〇年代に入ってから、ケア領域に関する報告発表、発言が頻繁になされるようになる。

その途上で、先に述べたようにヒューマンケア協会代表の中西正司さんとの共著『当事者主権』が岩波新書から出されている。この本は、障害者自立生活運動とフェミニズムの運動の歴史がほぼ同様の歩みをたどっており、そして現在での共通の到達点が「当事者主権」というかたちでまとめることができるということ、そしてその当事者主権の内容と意義について書かれたものだ。

基本的には障害者当事者運動の歴史や主張・思想に沿って話が進められ、自立生活センターという運動体かつ事業体の成果や達成点について語られ、かつそれが「次世代型福祉の核心」とまで称されている。

上野さんの、障害者当事者運動への思い、肩入れはかなり強い。『ケアの社会学』の基本主張も、副題に「当事者主権の福祉社会へ」とある通り、障害者自立生活運動が達成してきたものが基礎となっている。

他方で、彼女にはフェミニストという彼女本来の立場からの問題意識もあり、その視点からも本書が書かれている。八〇年代に彼女は『家父長制と資本制』という代表作の一つを出しており、そこで彼女はマルクス主義フェミニズムという彼女の立場を鮮明に押し出し、家族問題、女の立場の問題、さらにそこに見られる育児、介護等の女性の不払い労働の問題が近代社会の社会構造（それがまさしく「資本制」と「家父長制」）に起因する問題であることを示したのだけれども、今回の『ケアの社会学』は、そのかつての作品の「直接の続編」である、と言われている。

『家父長制と資本制』の末尾では、「なぜ人間の生命を生み育て、その死をみとるという労働（再生産労働）が、その他すべての労働の下位におかれるのか、という根源的問題」について触れられ、そして「この問いが解かれるまでは、フェミニズムの課題は永遠に残るであろう」と言われる。

彼女はだから、『ケアの社会学』においても、ケアを「ケアワーク」、つまり「労働」として位置付ける。ともすれば「愛」とか「奉仕」「やりがい」とかの言葉でごまかされる、そうしたケアの「労働」という側面、そして場合によっては、社会的圧力により女性に押し付けられるケアの「強制労働」という側面も重視して論を進める。そうした観点から、（主として「嫁」、「娘」による）家族介護の自明視の問題点等をあばいていく。

だから『ケアの社会学』では、彼女は、「ケアされるもの」として当事者の視点と同時に、「ケアするもの」としての（特に女性の）当事者の視点、そのいずれをも重視する。ケアは基本的に「ケアの与え手と受け手のあいだの相互行為」と定義される。

そして、ケアという「相互行為」が「のぞましい」のは、ケアの与え手と受け手双方が満足する場合、詳しくいえば、「1．ケアの与え手にとってケアしたいと思う人（と内容、以下同じ）をケアすることが選べ、ケアしたくない人のケアを避けることができるという条件とともに、2．ケアの受け手が、ケアを受けたい人からのケアを受け、ケアされたくない人のケアを避けることができるような条件のもとで、ケアが相互行為として成り立った」場合、とされる（一三三頁）。

その際ベースにあるのは、ケアの人権アプローチという方法である。彼女は「ケアの人権」として、1．ケアする権利、2．ケアされる権利、3．ケアすることを強制されない権利、4．ケアされることを強制されない権利の四つを挙げる（六〇頁）。それらのケアに関わる権利が各当事者間で適切に享受される場合が、最適なケアだ、ということになる。

他方で、「当事者主権」という概念の適切な理解のもとで、ケアの与え手と受け手のあいだに根本的な非対称があることも指摘する。つまりケアの与え手がケアからの退出・撤退が可能なのに対し、ケアの受け手はケアから逃れる事ができない。その意味で両者は非対称な力関係のバランスのもとにある、つまりありていに言えばケアの受け手の方が根本的に弱い立場にある。だから、彼女は、「当事者」という言葉を、純粋にニーズの帰属先としての本人に対してのみ使うべきだ、と言う（七三頁）。そうした本人のニーズこそが一次的ニーズであり、それ以外の家族や介護者のニーズは、そこから派生する二次的ニーズにすぎない。そこははっきりわけて考えるべきだ、と考える。そして、第一次的なニーズの当事者こそ、制度や政策、サービスの最初で最後の判定者だ、と述べる。ここらへんは原則的な障害者当事者運動の主張の通りである。

彼女が『ケアの社会学』で根本にすえる規範は、上記の二つ、つまり「ケアの人権アプローチ」と「当事者主権」である。そして後者をより根源的な規範と考えている。ケアに対するこうした論点整理を行なった上で、彼女は高齢者介護分野の実践に、具体的に言及していく。

この実践編の中で上野さんが問おうとしているのは、「誰が介護を担うのがよいのか」という問いである。家族がいいのか、あるいは行政がいいのか（措置制度）、あるいは民間の営利企業がいいのか。彼女は、このどれでもなく、第四の領域として「協セクター」の優位を立証しようとする。

そこで取り上げられるのは、主として市民参加型の福祉サービス事業体としての生協福祉・福祉ワーカーズコレクティブである。彼女は、市民参加型のこうした福祉サービス事業体を「協セクター」として、高く評価する。

ケアに関しては、単なる市場も、単なる家族も、単なる国家も、どこにおいてもこれまで単体では限界につきあたっていた。

市場（民）の失敗（営利企業の論理の中では、ケアを必要とする人々は放置される）、家族（私）の失敗（市場の外部としてケアは家族領域にあてがわれてきたが、そこには女性の不払い労働があったし、また介護殺人に代表されるように家族介護には限界がある)、そして国家(公)の失敗(家族介護が限界に達した後、国の救済としての措置制度があったが、入所施設に代表されるように要介護者はきわめて劣等処遇のもとにおかれる、しかも費用も高くつきやすい)、それらを経て、彼女は協セクターに可能性を見る。

そして、先駆的な例として、ワーカーズコレクティブ等の市民事業体を取り上げ、そこで働く人々のフィールドワークを行なう。

全体としては、最初に述べたようなケアの理論的課題を前半で取り扱い、中盤以降、相当数のページを割いて、各地の先進的事例とされる市民事業体が取り上げられる。最後は、ケアの未来について語られて、おわる。ケア労働に関しては、ケアワークが階層の高い女性からより階層の低い女性たちに移転されていく「ケアチェーン」問題の難しさが述べられるが、次世代型福祉に関しては、当事者運動に夢が寄せられ、高齢者、障害者の連帯や、福祉サービスユニオンの構想が提案される。

以上が本書の結構である。ハードカバー上下二段組で五〇〇ページの大著である。理論面でも網羅的だし、またかなりのフィールドワークに基づき、先駆的実践例の紹介も豊富である。

ケアに関して、これだけ網羅的な書物はなかなかないわけだから、人それぞれで本書を読み進めていけば、ところどころに発見があるだろう。

しかし、まさに現在進行形の運動の真っただ中にいるぼくの立場からしたら、これだけでは物足りないのである。しかも上野さんの議論には大きな欠点があるようにも思う。

『ケアの社会学』の問題点

『ケアの社会学』の問題点について、いくつか思いあたったことを述べていこう。

まず一つ目、ごく簡単な点から。「当事者主権」を唱えるこの本では、第一次的なニーズの当事者こそ、制度や政策、サービスの最初で最後の判定者だ、と適切に述べられている。だからこそ、『ケアの社会学』においても、徹底して「ケアされる側」の声へと向かって踏み込んでいくべきなのである。けれども、上野さんはそれができなかった。

中盤以降で扱われるケアの実践紹介は、すべて提供者側、つまり「ケアする側」への調査である。「ケアされる側」の視点はほぼ完全に欠落する。もちろん高齢者には当事者運動がない、という彼女の嘆きはわかる（障害者の声は、7章で採用されている）。けれども、『ケアの社会学』という立派なタイトルをつける以上、要介護者本人の声に向かって上野さんはもっと進んでいくべきでなかったか。少なくとも、当事者団体に勤めるぼくとしては、これでは納得ができない。

ちなみに、上野さんが言うように、「当事者」とは、たしかに「当事者になる」ものである。けれども、ほっといて誰もが「当事者になる」わけではない。そこには陰に陽に、さまざまな支援や助けがあるのである。人が「当事者になる」ことに際しては、誰か他者にぐいっと踏み込まれ、導かれてはじめて動き出すということも往々にしてある。だからこそ、通常では聞き取られえないような本人の声に向かっての踏み込みが必要なのだ。そこへの踏み込みの足りない本書はやはり重要なポイントが欠落しているように思う。

また、そこに関係して、構成的にと言っていいか、論理的にと言っていいかわからないが、『ケアの社会学』の中でぼくがもっとも問題と感じるのは、意図してかどうかは知らないが、「当事者」概念のすりかえを上野さんが行っている部分である。

ケアの規範理論から言えば、「当事者」はニーズの帰属先としての本人に対してのみ言われる。しかし途中、ワーカーズコレクティブについて論じるあたりから、上野さんは、協セクターで活動する（主として女性の）経営者や組合員を「当事者」として立てている。

ＮＰＯ法人等の協セクターでは、「自分たちがほしいサービスを自分たちの手で」供給する、そうした「当事者」性がある（二九五頁）。さらにそうしたところで働く彼女たちは、みずから「家族介護の当事者」（二五六頁）であったりもする、などと語られる。

またワーカーズコレクティブの調査研究のやり方は、女性自身による「当事者研究」であるとも言われる（二八八頁）。上野さんは、こうした女性たちの「当事者性」を重視して、そこから高齢者介護の先進事例について語っている。

悲しいかな、ここで上野さんは「当事者主権」の原則を外してしまっている。そしてケアの与え手側を「当事者」と語る過ちをおかしてしまっている。

上野さんはそのことをわかっているだろうが、慣れていない読者たちはそこにコロっとだまされるだろう。

あとにも振り返って述べるが、ここには、女性解放の立場と障害者当事者運動の立場の両方に立とうとする彼女の中での、無理が表れているのだと思う。女性自身が社会を切り開いていくことに期待するフェミニストとしての立場がここでは勝ってしまっていて、当事者主権原則から外れてしまっているのかもしれない。

また、彼女が思い入れしているというワーカーズコレクティブにおけるケアの内容が、おそらく貧弱であろう点も、気になるところである。この本の中で何度か言われているが、障害者介護保障運動は在宅独居による二四時間介護を実現しながら運動を進めてきた。そこの中心にはつねに、重度障害の当事者がいた。しかし、どう見ても、ワーカーズコレクティブの実践では、介護程度の軽い高齢者の要望にしか応えられていない。

ワーカーズコレクティブで提供されるサービスは、相対的に豊かな層の女性たちのための、ゆとりや生きがいの延長としての有償ボランティアでしかない、と言われている。そして「『自分で働き方を選べる』ワーカーズコレクティブは、その結果として利用の集中する朝や夕方の時間帯や休日・夜間のワークの引き受け手がいないという人手不足に悩まされる結果となった」（二九五頁）そうである。

与え手の都合優先で考えていたら、受け手はつねに不利をこうむらざるをえない。自分の働きたいときにだけ働く、そんな気分で重度障害者の生活が支えられるわけがない。深夜の介助は誰が行うのか。つねに必要なときにそばにいてくれるのか。今日はごめん、その時間はムリ、夜はムリ、と言われては、重度障害者の自立生活は成り立たない。

与え手主導のサービス提供組織では、重度障害者はおいてきぼりにされる、そうしたことはすでに障害当事者運動が何十年も前から主張してきたことだ。ワーカーズコレクティブにおける、そしてまた介護保険における、介護保障の水準は、障害者福祉制度とは雲泥の差がある。いくら女性主体のワーカーズコレクティブ（高齢社会をよくする女性の会も含めて）に期待しようが、おそらく介護保障の水準が（少なくとも深さに関して）上がることはない。これは歴史が証明している。介護保障というのは、ケアされる当事者が中心となった運動によってはじめて深まっていくのである。

（なお、あまり知らない人のために。障害者福祉では、障害者運動が勝ち取った成果によってホームヘルプが一日二四時間利用できるが、介護保険ではホームヘルプの利用時間は上限で一日あたりせいぜい三、四時間。提供者側からの運動によっては、これが五、六時間になったとしても、二四時間になることはありえないだろう）。

また、「協セクター」に期待を寄せる上野さんであるが、その「協セクター」は救貧や弱者救済に責任をもつ必要がない、と述べている点は気になるところである。

ワーカーズ・コレクティブの有償サービスは、困っているが利用料金を負担する経済能力がない人たちには手が届かない。生協のような有償の介護事業体にとっては「公益性」といってもあくまで会員間の互助活動にとどまっており、救貧や弱者救済に責任が持てるわけでもないし、持つ必要があるともいえない。むしろこうした弱者救済こそ真の意味の公的福祉、すなわち官セクターの役割であり、協セクターとは役割分担すべきだろう（三〇〇頁）。

ここには若干の但し書きが必要であろう。上野さん自身は、ケアの市場化には反対で、ケア費用については国家化、ケア労働については協セクターへの分配が望ましいとする立場であり、つまり事業としては協セクターにまかせるが、費用面は公的責任において保障するのがよい、と考えている。それは現在の自立生活運動の主流の主張でもある。だから官と協の上記のような役割分担で何を指しているのか判然としない。まさか、生活保護水準の人たちには官セクターによる最低限の劣悪サービスでよい、と考えているわけでもないだろうが。

それはそれとして、基本発想として協セクターというのが、お上の力を頼らず、自分たちで互助的に支え合いながら事業をしていこうという側面があることは確かである。

しかし、障害者自立生活運動の歴史に目を転じれば、こうした互助的な市民事業体が、重度障害者の生活を支えることができなかったことはすでに歴史が証明している。

自立生活運動でも、初期のヒューマンケア協会に代表されるように、住民参加型の有償介助派遣事業の試みはあった。しかしその弱点は早急に認識された。多くの障害者は購買力がないし、重度障害者の介護保障はその発想からは不十分だからである。自費による有償サービスで生きていけるのは、介護が一日あたり数時間程度ですむ障害者たちまでであり、重度障害者はそこからはこぼれ落ちる。

自立生活運動においてその弱点を補ったのは、それ以前からあった公的介護保障要求運動との連携である。そして、公的介護保障要求運動は徹底して公的責任を追及した。行政に、重度障害者の二四時間介護を保障しろ、と迫ったのである。この運動こそ、現在成立している障害者の二四時間介護制度の基礎をつくったものであるが、そのことはあまりに認識されていない。重度障害者の二四時間介護制度は、行政の公的責任を強く問う中で成立したのである。

上野さんのように、協セクターの可能性に期待して、「弱者救済こそ真の意味での公的福祉の役割」で、協セクターと官セクターは役割分担したらよい、なんて甘いことを言っていたら、公的福祉はどんどん撤退するに決まっている。公的福祉が撤退した後でも、経済力のある人たちは、その購買力を武器に、介助・介護を利用できるかもしれない。しかし、それでいいのか（なお、障害者の介護保障運動の歴史については、拙著『介助者たちは、どう生きていくのか』（生活書院、2011）の第3、4章に詳しく書いているので参照にされたい）。

また、経済力というところで、どうも上野さんには、セレブ的発想がある。たとえば、ヘルパーの指名制度を介護保険に導入できないものか、真剣に考えているようである。「利用者から人気の高いヘルパーに指名が集中すれば、指名料をとって報酬を増額すればよい」そうである。別にセレブ的発想が悪いというわけではない。

けれども、これでは貧乏人の反感を買うのは必至だ。金持ちは金を払ってよいケアを受けられる。貧乏人は誰がきても文句言わずがまんしなさい、といっているようなものだ。そういう嗜好は、それはそれで当然と思うが、それならば『ケアの社会学』は『(セレブの)ケアの社会学』という但し書きが必要ではないだろうか。

そういえば、上野さんは『おひとりさまの老後』という本では、金のある高齢シングル女性のサクセスストーリーのみを取り上げた、と言っている(『現代思想』二〇一一年一二月臨時増刊号)。

そして最後に、上野さんは、なぜ「ケアワークは安いのか」という問題設定をするが、彼女にはどうも働く人たちへのまなざしがあまりないような気がする。彼女の視点は、まず基本は経営者に向かい、そしてサービス利用者として障害者にも向かう。けれども、もちろん働く人への言及はあるけれども、どうもその人たちへのまなざしがない。これはぼくが介助者であるゆえの感覚なのだろうか。

ワーカーズコレクティブの事例にしても、高経済階層の女性たちが「活動」の主力であり、「労働」して稼がねばならない低経済階層の女性たちはあまり登場しない。指名制の話にしたって、顔立ちがよくスキルの高い人たちは高い報酬をもらっていくであろうが、うだつの上がらない人たちはそこで格差をつけられる。

すべて一律がいいといっているわけではないが、ヘルパーの選別に対して多くのヘルパーの心理が動揺することは、彼女はご存じなのだろうか。彼女の視点は、基本的にケアワーカーを使用する側にあるように思う。経営者としてケアワーカーを使用する視点。利用者としてケアワーカーを使用する視点。

そして彼女には、自らがケアワーカーになるという視点があまりないのかもしれない。

わたしたちの社会の女性のケア労働は、もっと条件の悪い他の女性たち（外国人、移民、高齢、低学歴、非熟練等々）の負担において「解決」される（四五一頁）。

これは彼女自身の言葉であるが、彼女はこの課題に対しては十分な解決策を示していない。そして、ぼくが思うに、彼女の『ケアの社会学』からはこの課題は等閑視されざるをえない。上野さんの『ケアの社会学』は『ケアワーカー使用者の社会学』と言い替えられうる側面もあるように思う。

未完の『ケアの社会学』

前半で述べたように、この本は、大半の世の「常識人」にとっては革新的内容を含んでいる。彼女の家族破壊と女性解放の戦略は、やはり『家父長制と資本制』以来一貫している。

そして、育児と介助、介護をひっくるめたケアという人間の生命に関わる再生産様式に対する、彼女独特のまなざしも一貫している。生命の育みとその死の看取りへの深い関心が、戦闘的な彼女の思想の根っこにあるのだろう。それでも、本の構成、内容、論理上、ぼくが感じたところでは以上のような問題点があった。

「労働者性」の軽視と感じる部分に関しては、ここではこれ以上論究できない。むしろ彼女はその部分は論じずに突っ走っていけばいいように思う。それが時代を切り開いてきた先駆者の役割なのだろう。

もうひとつ、女性の立場と障害者の立場との間の溝について。問題点を論じる中で、障害当事者の視点に立つよりも、フェミニストとしての立場が勝ってしまっているのではないか、だから当事者主権の原則を外しているように見える、と述べた。残念ながら今回のこの本では、その二つの立場の間の溝については言及されていない。彼女もそこらへんを内省することは嫌がるかもしれない。

しかし、障害者運動の嚆矢が横塚晃一『母よ！殺すな』（生活書院）であったことは強調されていいように思う。七〇年代、福祉政策の欠如（＝家族への押し付け）の中で母親による障害児殺しが多発したとき、母への同情は世間から多数あり、減刑嘆願運動まで起きたが、殺された障害児への同情の声は一切見られなかったという。それに脳性まひ者たちが抗議したことが、障害者自立生活運動のはじまりとされる。

もちろん、なぜ「父よ、殺すな！」でないのか、あるいは「母に、殺させるな！」でないのか、といった問いを考えてみるのは有意義である。けれども、障害者たちは、女としての母との格闘から、自分の道を切り開いてきた。自立生活運動はつねに、健常者社会、健常者文明一般を批判すると同時に、目の前に立ちはだかった「母なるもの」と対決してきた。母はしばしば障害者にとって直接の抑圧者であった。「当事者主権」を本当に語るならば、そこらへんまで踏み込んで論じていってほしい。

上野さんの『ケアの社会学』の内容が深まるには、このあたりの格闘が書き込まれていかねばならない。それ抜きには、当事者主権の形式的追跡にとどまるであろうし、七〇年代と同じ過ち——ケアされる側の声は無視され、ケアする側への同情に終始する——が繰り返されないとも限らないのだ。「当事者主権」の論理も、「利用者本位」などと同様、現場では簡単にすり替えられるのだ。

じつは『家父長制と資本制』において、すでにそこらへんの格闘に対する示唆がある。その6章に

「子供の叛乱」と題する節がある。以下、そこから引用するが、「子供」を「障害者」、ないし「要介護者」、「ケアされる者」に置き換えてほしい。ここに見られる抑圧の問題と取り組んでいくことなしには、『ケアの社会学』は完成しないであろう。

子供の抑圧と叛乱は、フェミニズムとつながる重要な課題である。女性と子供は、家父長制の共通の被害者であるだけでなく、家父長制下で代理戦争を行なう、直接の加害‐被害当事者にも転化しうるからである。家父長制の抑圧の、もう一つの当事者である子供の問題と、それに対して女性が抑圧者になりうる可能性への考察を欠いては、フェミニズムの家父長制理解は一面的なものになるだろう。（一二三頁、岩波現代文庫版より）

『ケアの社会学』はまだまだ未完成である。この本の読者は決してここで甘んじていてはいけないのだ。この本に書かれている内容に対して、別の視点、すなわち本来の「当事者」の視点で書かれたものが追加されることが切に待望される。そしてそれは掘り起こされていかなければならない。

ケアの課題に対しては、もっと重層的な立場からのやりとり、対話が必要である。その際つねに、自分がどこの立場からものを語っているのか、問われざるをえないし、自問せざるをえないだろう。この「大著」をこえて、ケアにまつわる議論を進めてゆくために。日々葛藤の中にありつつ、障害者の地域生活を支える介助者、支援者として生きている者として精いっぱい書かせてもらった。

9 障害者介護保障運動と高齢者介護の現状

――高齢者介護保障運動の可能性を考える

はじめに

半年ほど前（二〇一五年春ごろ）、二〇代半ばの重度の身体及び知的障害のある青年が、京都市内で一人暮らしをはじめた。障害者手帳の等級で言えば、身体障害1級、知的障害A判定。世間的には重心（重度心身障害者）とよばれるかもしれない。彼とぼくとは、一〇年来のつきあいで、彼が高校生のころから、ぼくは週末のガイドヘルプ（移動支援）に付き添い、一緒に外出をしていた。

その彼が、とある事情から、数か月の移行期間を経た後、マンションで一人暮らしをする運びとなった。けっこう重たい障害があるので、なかなか一人暮らしを実現するのも難しいと思っていたが、本人と介助者たちが体験宿泊を重ね、一人暮らしのイメージをつかんでいくことで、わずかの期間でさほどむりなく実現できた。素朴に「おぉ、こんな重い障害のある彼でも、一人暮らしがわりとすんなりできる時代になったんだ」と感銘を受けた。

一般にはまだなかなか知られていないが、障害者の「介護保障運動」(1)は、どんどん広がりと深さを見せてきているように思う。その運動の当初は、わりと身体が丈夫で意思が強く魅力ある身体障害の人が介助者・介護者付きの自立生活をはじめていったという側面もあり、一般的に知的障害の人や意思表示が難しい人たちの自立生活は難しいのではないか、という批判が昔から多かった。それが最近では、少しずつそうした人たちもさまざまな支援を受けて自立生活をするようになってきている。また一方で、昔なら病院に入院しているしかなかったような医療的ニーズの高い人たちの在宅での自立生活も可能になってきている。認知面での障害に対しても、医療面でのニーズに対しても、障害者の介護保障運動はその範囲や深度を広めつつある。

そうした動きに比すとき、高齢者介護の領域はかなり厳しい状況にあるように思える。介護保険制度の給付抑制の傾向が強まり、サービスの制約や規制がどんどんときつくなっている。利用者の人権尊重や自己決定など、お題目以上のものではなく、依然としてほぼ家族や支援者の意向が幅を利かせているように思われる。在宅重視と言われながら、施設偏重の傾向は変わるところがない。その施設ですら待機者数が膨大で、入所すら困難であると言われている。そして、行き場のなくなった家族介護の果ての介護殺人、介護心中のニュースもあとをたたない。独居者については、「孤独死」の問題が喧伝されている。少なくとも、一般常識的には、超高齢化社会を迎えるにあたって、老後の介護問題は、あまりにも厳しい状況が待ち受けているようだ。

障害者介護と高齢者介護。一方は広がりと深さを示しつつあり、他方はさまざまな限界や制約の中で、厳しさを増しつつあるように思える。一方は「自立生活」の大切さがうたわれ、他方は「孤独死」の問題が深刻に取り上げられる。もちろん、どちらの領域も人手不足であり、かつ行政による給付抑制の圧力は避けがたく、日々の現場をまわすだけで手いっぱい、という状況は変わらないし、障害者介護保障運動も日々さまざまな課題に直面しなかなかハードな毎日を送っているのだけれど、少なくとも制度面や関わる人々の意識の面では、大きな開きがあるように思う。言うまでもなく、障害者も高齢者も、ある一定程度の障害（身体的、知的損傷）を伴えば、介助・介護を必要とする状況は変わらない。そして、その人たちの人間としての尊厳や権利も、平等であるに決まっている。それなのに、なぜ、これほど差が生じているのだろうと、単純に障害者自立生活運動の現場で働いているぼくなんかは、疑問に思う。これまで、高齢者介護については、基本的に制度面や意識面で遅れており、ぼくらの感覚からしたら弊害ばかりあるように思うので、個人的にはあまり見ないできた（障害者介護保障運動の開拓に力を注ぐのに一所懸命であった、と言ったほうがいいかもしれない）。

今回、なにがしかの縁があり、高齢者介護についても少々考察する機会が与えられたので、障害者介護保障運動の現場から見て高齢者介護はどうなのか、両者の間のギャップや溝はどのようなものなのか、また障害者の運動が高齢者介護に示唆するところはないのか、そして最後に、障害者が運動によって地域自立生活の可能性を切り開いてきたように、高齢者の介護保障運動の可能性はあるのかどうか、そうしたことについて以下、思うところを述べていきたい。

（1）　ここで「障害者介護保障運動」というのは、おおむね一九七〇年代からはじまる「自立生活運動」のうち、「介護保障」の面に焦点をあてた運動の系列を指す。その歴史的経緯は以下の議論をそれなりに理解するための前提となるため、拙著（渡邉 2011）の第3章、第4章「障害者介護保障運動史そのラフスケッチ」①、②に目を通していただけたら幸いである。そこでは、「七〇年代青い芝の会とその運動の盛衰」（第3章）、「公的介護保障要求運動・自立生活センター・そして現在へ」（第4章）という各章の副題が示す通り、障害者運動の歴史をつくってきた多様な運動の系列が重層的に論じられている。なお、運動をけん引してきた障害当事者自身によって書かれたものとして、新田 2009 と中西 2014 という対照的な二冊の本を挙げておく。運動のスタイルも考え方もだいぶ異なる両者であるが、現行の障害者介護保障を考えるには、運動のその両側面はいずれも外せない。

簡単な自己紹介

この論稿の「障害者介護保障運動と高齢者介護の現状」というタイトル前半を見て、お気づきの方もおられると思うが、障害者分野についてだけ「運動」という言葉を用いている。高齢者介護にもそれなりに運動はあると思うのだけれども、さすがに障害者たちが何十年にもわたり蓄積してきた運動にははるかに及ばないだろう。そして、ぼくが携わっている介助・介護の現場は、そうした「運動」の最前線に近いところにいる、そうした自負をもって日々活動している。そして、その運動もおそらく日々更新されている。自分自身の活動に即しても、更新されている面もあると思う。だから若干、自己紹介をしておいた方がいいだろう。

ぼくは今、京都市内の日本自立生活センター（JCIL : Japan Center for Independent Living）というところに勤めている。障害者の自立生活を推進する運動団体だ。障害当事者の観点から、バリアフリー、ユニバーサルデザインを進める街づくり、あるいは施設や家族のもとでなく地域で暮らす地域自立生活の介護体制の構築などを進めようとしている団体である。障害当事者団体に所属しているが、ぼく自身は、健常者（非‐障害者）である。なんで健常者が障害当事者団体にいるの、と言われると、返答に若干時間を要するので今は割愛するが、ともかく、ぼく自身は、障害当事者による街づくり、あるいは地域自立生活の構築に強く共鳴し、自分の日々の力を注いでいる。

ＪＣＩＬに関わるようになったのは、今から一五年ほど前。ぼくがまだ学生の時分だった。障害者への有償介助をやっているということを聞いて、生活費の多少なりとも足しになればと思い、そこで介助をはじめたのが関わりのはじまり。その当時は、自立生活センターのこともその運動の理念のことも何も知らなかったが、ともかく時給わずか七〇〇円くらいの（しかもそのうち一割の七〇円は事務手数料として引かれるので実質六三〇円くらい）いわば有償ボランティアに近い位置づけで、介助をはじめるようになった。当時はまだ制度も貧弱で、障害者の自立生活というのも、ほとんど広まっていなかった。日常生活の中の二、三時間、ちょっとした手助け程度で、介助に入るだけだった。まだまだ多くの重度の障害者が、親元か施設か病院にいる時代で、在宅独居の人は限られていた。

二〇〇三年に障害者分野で支援費制度というのがはじまったが、それが制度的に飛躍的に伸びるきっかけであった。もちろんそれ以前に、障害者運動の蓄積があった。すでに東京等の大都市では、重度の障害者が二四時間介護をつけて暮らす介護保障制度が整いつつあった。そうした蓄積を背景に、支援費制度はスタートし、全国的にも、二四時間介護が広まるきっかけとなった。京都市で、二四時間介護が成立したのは少し遅れて二〇〇八年のこと。自分自身が、その当時の行政交渉の真ん中にいたので、けっこう深い感慨がある。

ただ、そのゼロ年代は、確かに運動的に介護保障が飛躍的に伸びたのだけれども、基本的には身体障害者の介護保障が伸びていった、という面は否めない。知的障害者に関してもガイドヘルプ（移動支援）については飛躍的に伸び、家族以外の人の介護を受けるきっかけと社会参加のきっかけには大きく役立ったが、当時はまだ週末余暇支援や家族のレスパイトという意味合いが強かったように思う。

制度としては、「重度訪問介護」というサービス類型があり、それが長時間付き添い型で、場合によっては、二四時間見守りの介護も可能にしていたわけだが、その当時は、知的障害者・精神障害者は使えず、身体障害者にのみ限定された類型であった。

個人的には、自立生活センターに関わるようになってから、「知的障害者の自立生活」ということは、大きなテーマであった。障害者の自立生活という場合、やはり自分で自己決定し、自分で健康面も金銭面も日々のスケジュールも管理できる、それなのに施設に入れられるのはおかしい、というような感覚から運動が起こされている面もあると思うけれども、知的障害者の場合、そうした考え方がとれない。また、身体障害者の場合、本人が何が必要かを知っていて、それを伝えることができる、だから、介助者はきちんと本人の言うことを聞き、それ以上のことはあえてしない、そういう介助者としてのふるまいも教えられていた。けれども、そうしたふるまいは知的障害者の場合、通用しない。自分に何が必要か、明確に言語化できない人は数多い。だからそうしたことを明らかにするために介助者も時に積極的に介入していかないといけない。健康面、身だしなみ面、金銭面等の営みについても、身体障害だけの人は、自分の責任で介助者に指示を出し、それを行えるけれど、知的障害の人は、自分の責任のみでそれを行うのは、それこそそこに障害があってかなり難しい。こうした事情から、実際のところ、「知的障害者の自立生活」は身体障害者の取り組みからは取り残されている面が確かにあり、実際、施設入所者の割合は、身体障害者に比べてはるかに高かったし、今も高い。ただ、どのようにしたら、「知的障害者の自立生活」と言えるものが可能になるのか、それはなかなか見えてこず、ぼくの中で大きな課題であった(2)。

そうした疑問をもっていたので、身体障害者の介護保障の充実の運動に力を注ぐ一方で、ぼく自身は知的障害者の自己決定や自立生活の運動に強い関心をもち、知的障害者の当事者団体「ピープルファースト」にも接点をもつようになっていた。

身体障害の人達の介護保障については、少なくとも大都市では、ゼロ年代におおよその成果は出ていたように思う。かつては、二四時間介護の支給決定を受けるには自立生活運動の交渉力が不可避であったが、運動によって長時間介護がある程度一般化すると、さしてそうした交渉を経ずとも二四時間介護が支給されやすくなっていった。制度がそれなりに普遍化したということだろう（もちろん、まだまだ地域間格差はあるし、また近年では強い財政制約の縛りがあり、支給時間が抑制される傾向にある）。

ＡＬＳ等の難病の人達も（京都では）ゼロ年代後半から、介護保障運動の仲間入りをするようになっていた。医師、看護師等の医療面での援助を必要とする難病の患者の自立生活（家族に頼らない暮らし）もそのころから徐々に可能になっていっていた。

そして、課題であった知的障害者に関わる取り組みについても、一〇年代に入って以降、自立生活をはじめる人がぼくのまわりで多くなってきた。二四時間介護をつけて一人暮らしをはじめる重度の知的障害の方も、身近にあらわれるようになってきた。

制度的にも、二〇一四年四月から、身体障害者に限定されていた「重度訪問介護」が強度行動障害を有する知的、精神の人達も使えるように改正された(3)。

実態においても、制度面においても、従来あまり想定されなかった医療ニーズの高い人、重度の知的障害をもつ人たちの自立生活が、進展しているのが現状である。

冒頭に紹介した、重度の身体と知的障害のある青年が、わりとすんなりと自立生活をはじめたのも、

（2）　こうした課題を考えるにあたって、ぼく個人としては、すでに東京都東久留米市で行われていた知的障害者の自立生活の取り組みからは大きな刺激を受けた。実際行われているんだから、案ずるよりうむがやすしで、自分たちにもやれるだろうという希望をもらった。知的障害者の自立生活の実践マニュアルについては、ピープルファースト東久留米 2007（増補改訂版 2010）を参照のこと。

（3）　一〇年代に入ってからの知的障害者の自立生活の展開の動きや課題等については、寺本他 2015 を参照のこと。重度訪問介護の知的、精神障害者への拡大の経緯も描かれている。

そうした介護保障の運動の成果なのだと思う。最近は、認知面で障害のある若い方々が自立生活をはじめているのを、他の親たちが見て、あぁ、自分の子も支援があれば一人暮らしできるんだ、施設に送らず地域で暮らしていけるんだ、という感覚を身につけはじめているのかもしれない。うちの子も、一人暮らしに向けた練習をさせたい、という親も、あらわれはじめている。

ぼく自身は、こうした介護保障の運動的な動きの中で、今、日々を営んでいる。もちろん、医療的ニーズの高い人、認知面で障害のある人たちの支援は、以前とは違った意味での課題が山ほどある。一筋縄でいかない難題に頭を悩ますことが多い。ただ、そうした課題が顕在化するのも、地域自立生活を営んでいるからでないだろうか。逆に、施設や病院に入ることで、難題を感じないですむとしたらそれは錯覚だろう（「施設に預けたら、一安心」という感覚。安心なのは預けた人であって、要介護者本人ではない）。施設や病院では、その閉鎖的建物、医師や職員の権威、薬物コントロール、本人のあきらめ等によって、様々な問題が外に漏れにくくなっているにすぎないのではないか。だからこそ、地域自立生活の可能性を切り広げていくことがぼく自身の大きな役目だと考えている。

介護保険制度の問題点——ぼくらから高齢者介護はどう見えているか

さて、ぼく自身は以上のような立場に身をおいているわけだが、そこから現在の高齢者介護を支える介護保険制度がどう見えているか、それを少々述べていこうと思う。

なお、後で述べるように、高齢者介護においても、たとえ要介護度が重くなっても施設や病院ではなく在宅生活をなんとか継続させていこうとする革新的な実践もあるのだけれども、少なくとも、ぼく自身のまわりではなかなかそういう実践に出会うことがない。むしろ、介護保険制度と障害者福祉制度の大きな差異を認識することなく、「両方とも同じ介護なんだから基本的には同じ」というような誤った認識でもって、介護保険の慣行を障害者福祉にあてはめ、障害者の生活に不当な制約をはめようとする人々が行政関係者にもケアマネ等の専門家にもかなりおられる。少なくとも現行の大きな差異は認識しておくべきなので、いくらか図式的になるかもしれないが、介護保険制度に見られる問題点を指摘していく。

①利用できるサービスの差

まずわかりやすいところからいけば、介護保険は、障害者福祉に比べて、利用できるサービス量が圧倒的に少ない、という問題がある。

たとえば介護保険では、制度内で利用できるサービスの上限が決められている。要介護五で、三六万円くらいが上限。その枠内でしか保険サービスは使えない。ホームヘルプサービスに還元すれば、一日、三〜四時間分。一方、障害者介護にはそうした上限は定められていない[4]。基本は、障害者本人の意向や生活と障害の状況に沿って、支給量が定められるので、障害が重く常時介護を要する人の場合、一日二四時間、常時介護者に滞在してもらうことも可能だ。もちろん、二四時間介護の申請の場合、介護が常時必要だということの根拠となるそれなりのデータを行政に提出しなければいけないが、そこがクリアされれば、二四時間三六五日常時のヘルパーサービスを利用できる。この長時間滞在型

(4) 二〇〇三年の支援費制度開始に際して、障害者分野でも上限が設定されるおそれもあった。しかし、制度開始直前に、厚労省と障害者団体との間で、すさまじい攻防があり、障害者団体が上限設定を撤回させたという歴史的経緯もある（参照中西 2014：79－82、新田 2009：51－5）。

のサービス類型は、先にも触れたが、「重度訪問介護」と言われ、障害者介護保障運動によって勝ち取られてきたもので、介護保険にはないサービス類型である。ただ、障害者自身による介護保障の運動のない地域では、この重度訪問介護が利用されることはほとんどない（逆に言えば、声を上げなければ長時間介護は利用できない）。一時間当たりの単価が低いため、手を出す事業所がないからだ。しかし、この「重度訪問介護」こそ、現在最重度の障害者が地域で自立生活できる根拠となっている唯一のサービス類型だ。

また障害者福祉では、二四時間介護とまでいかなくても、身体介護や家事援助などの介護保険と共通の居宅介護の枠組みで、支給時間がぎちぎちに上限内で縛られることはあまりなく（上限を超えたらあとは自費で、というような無慈悲なことは言われない）、介護保険のように制度の枠内に要介護者の生活を抑え込む必要は少ない（ただし、これは、ある程度、財政規模の大きい自治体で、障害者運動がちゃんとある地域の場合かもしれない。財政規模も小さく、運動もないところでは、福祉関係者の介護保険的思考に基づき、介護保険並みの運用しかされないところもあるだろう）。

介護保険の場合、一回あたりの支援内容についても、手順書が分刻みでつくられ、しかも一回当たりの時間が一時間から四五分に切り詰められるなどの（現場憤慨の）改悪が行われているため、ヘルパーは単に決められた作業を機械的にこなすのに精いっぱい。作業工程を細分化しヘルパーの労働を厳しく管理していこうとする改悪がどんどん進んでいるので、高齢者のそれぞれの生活に寄り添いながら生活を支援するというあたりまえの人間的ゆとりはムダ扱いされ、なくなりかけている。

また障害福祉では、ガイドヘルプ（移動支援）が制度化されているが、介護保険には、外出支援のサービスがない。あたりまえだが、誰だってずっと家の中に閉じ込められていたら、気が滅入るだろう。元気も出なくなるだろう。だから時折の外出は人間の生活にとって基本条件のはずなのに、それを支える制度は、介護保険にはない。

せいぜい一日三、四時間しか介護を使えず（あるいはデイサービスを日中使うという手段もあるだろうが）、外出支援も行われないのであれば、ある程度要介護状態が進めば、少なくとも制度の枠内では、在宅生活は不可能になる。それ以外は、家族や、その他のインフォーマル資源に頼るしかないのだが、その調達はそんなに容易ではない。一方で、障害者福祉は、運動がきちんと行われている地域であれば、制度を利用しての地域自立生活が可能である。

②施設偏重

高齢者介護に関する言説を見聞きしていつも思うのだが、なぜ、要介護状態になったら施設にいくのが半ばあたりまえになっているのだろう？

施設入所には「在宅が理想だけど」という枕詞がいつもつくが、その後でなんの悪びれもなく「在宅の制度も不足しているため、家族の限界もこえたら、施設入所を考えないといけない」と続く。しかし、介護が必要になったからという理由で施設に入らざるをえないのは正当だろうか。住み慣れた家や地域で、住み続けたいというのは、各人に与えられたまっとうな権利でないだろうか。施設入所がたいして人権上の問題になっていないことはなぜだろうと思う。そうした印象を高齢者介護の現場の人と話しても、なかなかピンとこないようだ。どうもそれがあたりまえになっているから。

障害者福祉の領域では、施設入所を余儀なくされることは、少なくとも公式的には人権上の問題となっている（障害者権利条約一九条や各地の差別禁止条例を参照[5]）。また障害者基本法で定められた障害者基本計画では、施設入所者数の削減目標も定められている。入所施設は漸次、縮小していく方向なのだ（もちろん、障害者施設入所の待機者は依然としてあまり減っておらず、それを引き合いに出して、施設はまだまだ必要だという声もあるが、地域で生きていける可能性がどんどん示されれば、待機者も減っていくだろう）。

二〇一五年の介護保険改正をはじめとして、基本的に近年の厚労省の方針としては、「在宅重視」という方向が打ち出されているが、どうもそれは病院や施設ではお金がかかりすぎるための在宅への押しつけという意味合いも少なからずあるようで、施設入所そのものの人権上の問題という観点からではないように思われる。

一方で、安倍政権が新三本の矢の一つとして出した「介護離職ゼロ」目標では、特養の増設という旧態然とした計画が大々的に打ち出されるなど、そういう古い感覚はなお一般受けするようだ。これが在宅支援体制の充実と打ち出してくれるなら、ぼくも大いに賛同できるのだが。

③本人不在（家族重視、専門職重視）

そして、高齢者介護でもっとも大きな問題の一つは、本人不在がまかり通っている点だろう。先の「介護離職ゼロ」にしても、特養を建てて、要介護高齢者をお払い箱にして、それで現役世代が離職しないですむようにする、というのはあまりに当事者不在のお粗末な計画だろう。ぼくの感覚からすれば、本来は、介護を必要とする高齢者にどのようなニーズがあり、そのニーズを満たすにはどのような制度や人材が必要か、といった観点から考えていかないといけない問題だ。上野千鶴子氏も繰り返し強調しているように、介護を必要とする高齢者自身こそが第一義的にニーズの「当事者」である。(6)

介護する者は第二次的な、派生的な意味での当事者でしかない。それなのに、第一次的なニーズの帰属先としての高齢者本人の声はうちけされ、家族等の派生的ニーズや、さらには行政の都合が重視された政策がまかり通っているのが現状だ（なお、「家族やまわりに迷惑をかけるから、介護が必要になったら施設や病院にいきたい」という高齢者本人の声も確かにあると思うが、このあきらめの言葉を本人のニーズととっていいだろうか。この自己犠牲的な言葉を自己選択と呼んでいいだろうか。その声の前におそらくあるであろう「本来は自分の家で暮らし続けたいけど」という押し殺される言葉こそ、本来の本人のニーズではないだろうか）。

政策的にもこのような本人不在はかなり徹底しているし（もっとも、そこは高齢当事者の当事者性の欠如という問題も大きい）、また巷の介護関係の本でも、高齢当事者の視線でなく、介護する側の目線で語られているものが多い。

親が介護が必要になりました、どうしたらいいでしょうQ＆Aみたいな本も多いし、また、仕事をやめて親の介護を何年も続けました、というような話も多い。施設やデイというのは、家族が高齢者

（5）二〇一四年に日本も批准した障害者権利条約の第一九条「自立した生活及び地域社会への包容」では、「障害者が、他の者との平等を基礎として、居住地を選択し、及びどこで誰と生活するかを選択する機会を有すること並びに特定の生活施設で生活する義務を負わないこと」と定められている。この場合、「特定の生活施設」とはいわゆる入所施設や精神科病棟を指している。また、現在、各自治体ごとに障害者差別をなくすための条例が設置されつつあるが、そこでは、たとえば「障害を理由として、福祉サービスの利用に関する適切な相談及び支援が行われることなく、本人の意に反して、入所施設における生活を強いること」（障害のある人もない人も共に暮らしやすい千葉県づくり条例）とあるように、本人の意に反する施設入所は障害者に対する権利利益の侵害と捉えられている。

（6）上野 2011 の第三章「当事者とは誰か――ニーズと当事者主権」にそのあたりのことが詳論されている。

を「預ける」場所であり、高齢者自身の自己決定に基づくサービス利用などほとんど語られない。高齢者は、介護が必要になったら、生きる主体ではなく、介護される対象でしかないのだろうか。

このあたり、障害福祉との落差がかなり大きいのだが、こうした差異も現場で衝突する原因となりやすい。障害者の自立生活に関わる介助に入っていた方で、介護保険の仕事をするようになった方の話を以前聞く機会があったので、ちょっと紹介しよう（渡邉 2011：141－3より抜粋）。

「本人とじっくり向き合って、いっしょにこれからの人生つくっていけたらいいのになと思うけど、そんな時間もない」。

「だれが決めるかというと、医者や家族やケアマネなんですよ。ケアマネ中心で、関わっている人が全員集まって担当者会議を開くんですけど、本人不在。ある程度しっかりしていれば本人も参加することもあるけど、けっこう『聞いてもわからないだろう』、というのがあって」。

「だいたいどこまで地域でやっていくか、自分の家で暮らし続けるか、その辺の発想がない。この人のこの状態だったら家はもう無理でしょう、とケアマネや医者に判断されたら、もう絶望的。施設にいくしかない」。

「『本人に聞きましょう』と私が言うと、けっこうぶつかるんですよ。それは『自立支援』（障害福祉サービスのことを指す）の考え方でしょ、と。ことごとく返される。『本人に』というところが『自立支援』なのかなぁ。この前、ケアプランをつくる機会があって、私の中では白紙にしておいて利用者と二人で決めればいいと思っていたら、そうじゃなくて、こちらでこの時間は掃除なら掃除と決めてからいくものよ、と言われてしまった。『そんななんでもなしでいったら、なんでもありになってしまうやん。本人さんが好きなこと言ってしまうやん』と」。

最初の言葉にあるように、きちんと「本人中心」という点をおさえるならば、まずは本人とじっくり向き合い、丁寧に話を聞くところからすべてははじまる。本人が情報に不足していればそれも伝えるべきだし、またたとえ理解がある程度難しくても、なんらか本人にわかる工夫をするものだ。けれども、サービスの制約が厳しく、できることも限られている介護保険のあり方に慣れてくると、本人の話を丁寧に聞くということが仕事上ではムダなことになってしまう。逆に、本人の話を聞いてばかりいる人は、「仕事のできない人」、「仕事をしてない人」という評価を受けやすい。ぼくらからしたら、きちんと本人と向き合い、どんなに時間がかかっても、まず本人の意向を把握するところから介助ははじまる、と考えているので、しばしば介護保険系のあり方に慣れた福祉関係者とそうした点でぶつかりやすい。

④障害者が六五歳になったとき直面する問題：介護保険との適用関係

これまで述べてきたように、障害者福祉と介護保険とは、サービス量や内容、そして考え方がかなり異なっている。障害者からしたら、介護保険はごく限られた制度の枠内に自分たちの生を閉じ込めてしまうような制度として捉えられる。

そして実際、障害者が六五歳になると、しばしば介護保険関係者とぶつかることになる。厚労省の定めた「介護保険優先原則」というのがあって、障害者も六五歳になると、ともかく介護保険を利用しないといけなくなる。これまで障害者福祉で満足してヘルパーを利用していたとしても、まずはとにかく介護保険サービスを利用しないといけない、ということにいちおうなっている。

　ここに、障害福祉のことをわかってないケアマネなんかが来たら、サイアクだ。いきなり、「なんでこんなにサービス量が多いんですか」「サービス使いすぎじゃないんですか」「介護保険でできることは、ここまでだから、昼間は（高齢者向けの）デイを使って、あと朝と夜に一時間ずつ……」みたいな話をしはじめる。

　けれど実際には介護保険優先原則といっても、介護保険を使い切って、まだ足りなければ障害福祉サービスを利用できる。そういう通知が厚労省から出ており(7)、障害者は従前通りの支給量を保障され、生活を切り詰める必要はない。しかし介護保険関係者はたいがい、そんなことを知らない。だから、障害者の側から、いちいち「専門家」と言われる人に向かって説明しないといけない。相手もプライドがあるので、これがまたやっかい。

　ともかく、そうした通知レベルまでわかっている人が近くにいればまだいいけれど、ケースワーカーやケアマネの勉強不足によって、六五歳になり、限られた介護保険の枠内に抑え込められ、生きる可能性を縮小させられた障害者は何人もいるだろう(8)。

　また、ちょっと別の視点でいけば、四〇歳以上である種の難病にかかると、介護保険をまず利用することになる。ＡＬＳなどは最重度の障害者に該当するけれども、その特定疾患に該当しているので、まず介護保険を使わないといけない。そこで、障害者福祉のことをわかってないケアマネ（その他医療関係者）に出会ってもやはりサイアクだ。

　長時間見守りで最大一日二四時間もオッケーという「重度訪問介護」なんていうサービス類型のことを知らない人もざらにいるもんだから、介護保険の枠内だけでサービスメニューを考え、後はご家族でなんとかしてください、となり、家族もそんな介護負担にはついていけないから、ついには、患者本人が生き続ける選択を拒否せざるをえない、ということも起こってしまう。

こういった状況をぼくらは目の当たりにしているので、たいていの障害者団体は、障害者福祉が介護保険と統合されることに断固反対している。厚生労働省としては、介護保険設立当初から、いつかは障害分野も統合したいという願望を抱いているが、十数年に渡って障害者団体の抵抗にあっている。(9) それというのも、介護保険との統合は、障害者がこれまで運動によって築き上げてきた生存の基盤を崩壊させかねないからだ。基本的な印象としては、介護保険というのは健常者の目線からできている制度で、家族介護前提、また施設や病院偏重であり、どうしたって重度の要介護状態の人が地域で自立して生きていくのを支えるという発想がない。福祉全般の中に占める割合も障害者領域よりも圧倒的に大きいので、もし障害者福祉が介護保険に統合されたら、上記のような介護保険の論理に呑み込まれ、障害者の生はどんどん切り詰められていかざるをえないだろう。

(7) 厚生労働省「障害者自立支援法に基づく自立支援給付と介護保険制度との適用関係等について」平成一九年三月二八日通知(その後、随時改正)を参照のこと。そこでは一律に介護保険を優先させるべきでないこと、介護保険の上限設定などにより、支給量が不足する場合は障害福祉サービスを使えると定められている。もし知らない業界関係者がいたら、目を通してほしい。

(8) なお、六五歳以上障害者の介護保険優先原則の課題を解消するための一つとして、二〇一八年度から「共生型サービス」というのがはじまった。これによって、六五歳になる前から障害福祉サービス事業所を利用していた障害者は、その事業所が共生型サービスを行う手続きさえ踏めば、介護保険相当分のサービスにおいても、引き続き従来の障害福祉サービス事業所を利用でき、同じヘルパーに来てもらうことが可能となった。利用者から見れば、六五歳を境目とする激変が緩和されることになり好ましいことであろうが、運動的に考えれば、障害福祉サービスと介護保険サービスの間の敷居が低くなり、より介護保険統合へと近づいた、とも考えられ、介護保険の動きに呑み込まれていってしまわないかどうかは、かなり気を付けておかねばならないだろう。

(9) 中西 2014 第I部第四章には、介護保険統合をめぐって、障害当事者として統合反対の立場から厚生労働省と運動の第一線でやりとりしてきた中西氏自身による見解や報告が記載されている。他に、新田 2009：75－85 なども参照のこと。

高齢者介護保障運動の可能性――障害者介護保障運動の経験から

以上、おおよそ、障害者介護保障運動（ないし自立生活運動）の視点から、介護保険の問題点、あるいは介護保険と障害者福祉の大きな差異を指摘した。

ただ、よくよく考えれば、今の介護保険に見られる問題点、たとえばサービスの絶対的不足、施設偏重、家族介護前提、本人不在というのは、何十年も前から障害者たちが直面していた問題と同じと言えば同じであろう。いや、障害者のおかれた状況は今の高齢者のおかれている状況よりよほどひどかったであろう。少なくとも高齢者は、そこそこまわりの人に承認されてきた人生を生きてきた後、人生の終わりの方で今の問題に直面するのに対して、障害者は生まれたときから、社会のメインストリームから外され、その問題に直面してきたわけだから。家族介護前提、介護殺人、介護心中、施設増設、地域サービスの不在というのは三〇、四〇年前に障害者たちがその人生の初めから直面していた問題であった(10)。それを突き破っていったのが、障害者の自立生活運動（あるいは障害者解放運動、介護保障運動）だったわけだ。現在、介護保険に比して障害者福祉制度が充実しているのには、障害当事者による長年の運動の歴史があったからである。

とすると、現在の高齢者介護の状況を打破するポイントは、「高齢者介護保障運動の可能性」いかんにあるのではないか。介護保険制度そのものは、地域でいつまでも生き続けたいという高齢当事者の思いからつくられたものではない。障害者福祉制度だって、もともとは当事者不在でつくられていたものだが、運動によって少しずつ、当事者たちの声が制度に反映されるようになってきたわけだ。

厳しい高齢者介護の現状をいくらかでも改善していくものとして、高齢者介護保障運動の可能性は、どれくらいあるのだろうか？

個人的には、恥ずかしながら、これまで、高齢者介護については、障害者福祉と接点のあるところでしか見ておらず、そこでは常に、（特に介護保険は）生を抑圧するものとして批判する対象でしかなかった。しかし、単に、障害者運動の立場から介護保険を敬遠し、批判していても、全体的状況が改善するわけでもない。高齢者介護の現場はそれ自体で大きな規模をもち、さらにより拡大し、今や障害者福祉をものみこもうとしているわけだから。単なる批判以上に踏み込んでいき、現状を突破する新たな可能性を考えていかないといけないとも思う。さらに介護保険と言うのは、現行では少なくとも四〇歳以上の国民全員が当事者とも言えるわけだから、ほとんどの国民が、みずから当事者意識にもとづいて考えていかないといけない課題だ。[11]

幸いながら、この原稿依頼を受けて、高齢者介護に関わる幾人かの人に会い、また幾冊かの本に目

(10) 最近復刻された横田 2015 を参照のこと。そこでは一九七〇年代、地域からの支援が一切ない中で思いつめた親による障害者殺しがどのように起きていたか、そして世間は殺される障害者たちをどう見ていたかについて、生々しく描かれている。しかしそうした現実凝視こそが、障害当事者運動の出発点であった。

(11) なお、障害者自立生活運動をけん引する中西正司は、高齢者たちにも呼びかけ、障害及び高齢の福祉サービスユーザー（＝当事者）を主体とした「福祉サービスユーザーユニオン」の組織化を提唱している（中西 2008）。その会員数は少なくとも二〇〇万、できれば二〇〇〇万人が目標で、サービスユーザー自身が権利意識と当事者性をもち、圧力団体を形成することで、障害、高齢にかかわらず「年齢やニーズにかかわらず本人のニーズに応じて自己負担なく利用できる社会サービス法」を制定したいと言っている。今の政治的、社会的現状を考えると、それはあまりに壮大な目標であるようにも思える。要介護高齢者自身のニーズはまだまだ押し殺され、表出されていない。また福祉サービスについての忌避感も高齢者の間では強い。要介護の高齢者が地域の自分の家で生き続けてもいいというメッセージはこの社会にはあまりにも弱い。障害者と高齢者の間の差別意識というか、溝も深い。その懸隔を埋めるために、大きな目標を見定めつつも、今はまずなにより、自分たちの足元において、個々の現場で（障害者介護保障の展開と同時に）高齢者介護保障の可能性の萌芽を育てていくことが、厳しいけれども、大事なのだと思う。

を通す機会を得た。それを通して正直、これまでのぼくの高齢者介護イメージ――それは世間一般の「老後は真っ暗」というイメージとさして変わらないだろう――を打ち破るだけのインスピレーションを得たように思う。

少々調べるだけでも、本人の意向が尊重される現場は確かにあるし、施設や病院でなく、在宅で生き続けようとする人たちを支えようとする現場も確かにある。そして、（介護を忌避するものとして考えるのでなく）いつかは老い衰え将来的に介護を必要とするのが必然である身として、それに備えてまわりの資源を動員しつつ自分なりの生をまっとうしようとする人々もいる。

障害者たちが暗い状況の中で自分たちの生の可能性を切り開いてきたように、今の高齢者たちも自分たちの（そして将来世代の）未来を切り開く可能性があるのではないか、そしてそういう活動をもっと展開することが今、単なる制度批判以上に必要なのではないか、そんな気がしている。

そしてまた、今後必然的に、これまで自立生活運動を活発に展開してきた障害者たちが六五歳を超えて介護保険と接点をもつことで、介護保険の既成概念も揺らいでいかざるをえないであろう。あるいはまた、障害者たちの生きている現実から多くを学ぶことで、老齢で何らかの身体的、知的、精神的障害を負うことになった多くの高齢者たちも主体的に生きる可能性を切り開いていくことだって考えられる。

以下、簡単に、そのあたりの高齢者介護保障運動の可能性について、何点かにわけて、論じていこう。

①高齢者の当事者運動　認知症当事者の会

「わたしたち抜きにわたしたちのことを決めないで」。

二〇一二年、こうした思いから、日本初の認知症当事者の会「認知症ワーキンググループ」が発足したという。(12)

認知症に関心のある方々の間では有名なのかもしれないが、恥ずかしながらぼくは最近までその存在を知らなかった。そして、その会が当事者の会であること、また標語が「わたしたち抜きにわたしたちのことを決めないで」ということに、少々衝撃を覚えた。

「わたしたち抜きにわたしたちのことを決めないで」というのは国際的な障害当事者運動の標語。国連で障害者権利条約が制定される際も、この標語がもちいられ、そこでは文字通り、身体、知的、精神、すべての障害の当事者が参加し、発言し、制定に関わっていた。最近では、二〇〇九年ごろからはじまる日本の大きな障害者制度改革の動きの中でもこの標語が障害者団体全体の合言葉の一つであった。そして、今やついに、高齢者の方々もこういうメッセージを発するようになったのか、と感じた。

なぜ今にして、認知症当事者の会なのだろうか。それだけ、認知症になったら人生終わり、本人は

(12) その発足については「NHK認知症キャンペーン　認知症の人　自身の思い」(二〇一五年七月一七日動画公開。https://www.nhk.or.jp/d-garage-mov/movie/90036-22.html) で紹介されている。
もともと、認知症ワーキンググループはスコットランドではじまったらしい。その際の標語も「私たち抜きに私たちのことを決めないでNothing about us, Without us」であった。参考：「NHK【ETV特集】「私たち抜きに私たちのことを決めないで～初期認知症と生きる～」二〇一四年九月二〇日放送。

もうなにもわからない、本人に聞いても仕方ないので医師や専門家の言うことを聞くしかない、というような当事者無視の偏見が社会に根強く流布しているからであろう。最近まで、認知症の人が実名、顔出しでメディアに出ることすら忌避されたそうだ。そんな中で、自分たちは無力な存在や庇護の対象ではなく、一人の生きている主体だ、と認知症当事者の人が自ら発信をはじめた。

彼らのメッセージは力強い(13)。

「認知症本人が望む生活は、私たち本人自身が声をあげていかないと、誰もわかってくれません、世の中は何も変わりません。／これから認知症になる人のためにも、一足先に認知症をわずらった私たちが、どのような支援を受けたいのか、本人がのぞむ生活支援とは、どんなものなのか、声を伝えていくことが不可欠です」。

「認知症の人が心豊かに生きがいを持って暮らすために地域はどう変わるべきか。施設や病院などに閉じ込めるのではなく、社会に出て行き、買い物をしたり、外食をしたり、喫茶店でコーヒーを飲みながらおしゃべりをして、認知症になる前と変わらない暮らしができる地域に」。

まさしく、こうしたメッセージにあらわれているような、当事者の声に基づく政策や支援のあり方への転換、そして認知症になっても施設や病院に閉じ込められるのでなく、豊かに暮らし続けられる地域社会をつくっていくこと、そうしたことが今、求められているのであろう。

なお、この日本認知症ワーキンググループについては、今のところ、どちらかというと認知症初期の支援の充実を訴え、重度になってからの介護保障の充実という点まではさほど言及していないようにも思う。

さしあたり、制度うんぬんよりも、地域で共に生きるパートナーを複数求めている、という印象だ（このあたりは、初期の障害者解放運動と似ているような気がする）。

ただ、必要とする支援内容で言えば、実際にはぼくたちが知的障害者のガイドヘルプで行っていることと大差はないようにも思える。佐藤氏は次のように、普通に暮らすために必要で適切な支援について語っている。(14)

「私の使命は、認知症になったら何もわからなくなるという誤解を解き、認知症でも適切な支援があれば、普通にくらせることを示すことだと、思います。

色々な支援

・認知症になると、道が分からなくなるが、案内人がいて、認知症当事者を目的地まで案内していただければ、認知症当事者も自由に外出することが出来き［引用ママ］ありがたい。

(13) 以下、認知症当事者の佐藤雅彦氏、中村成信氏の言葉。大熊由紀子ゆき・えにしホームページ国際医療福祉大学大学院公開講義乃木坂スクール講義ＰＤＦより抜粋 http://www.yuki-enishi.com/yuki/yuki-121121-1.pdf）なお、認知症当事者の思いや生活の工夫、メッセージを伝えるものとして、佐藤 2014 を参照のこと。佐藤氏は認知症と診断されてから九年間地域で一人暮らしを続けている。

(14) 認知症の本人交流ページ　だいじょうネットブログ二〇一五年一〇月一三日投稿より抜粋 http://www.dai-jobu.net/blog/masa/2015/10/13/p_1101/

・買い物のとき、商品がどこにあるかがわからない。認知症当事者が買い物リストを持っていき、商品の棚まで案内してくれる買い物を手助けしてくれる人がいれば、自由に買い物することが出来る。支払いも手伝ってくれて、小銭を使って支払いの援助をしていただき、小銭が財布にたまらないようになればありがたい。
・交通機関で降りる駅を間違える。降りる駅が記入されているカードを持ち歩き、隣の人に、降りる駅が来たら指示してもらえばありがたい。
・コンサートとか、劇場でトイレの場所がわからなく迷う、同じ趣味の人を見つけて、一緒に楽しんでもらえばありがたい。
・レストランで注文したメニューを忘れてしまう。同席した人に注文したメニュ［引用ママ］を管理してもらえばありがたい」。

これらは知的障害者のガイドヘルパーたちが日常的に行っている支援内容とほとんど変わらない。認知症の専門家と言われる人が同行し、かなりの金額もとられる外出支援のサービスが求められているわけでもないだろう。わからないことがあっても、あるいは同じことを繰り返し続けても、穏やかに接してサポートし続けてくれる人がいたら、それだけでとてもありがたいだろう。そして、そのように同行してくれる人に多少なりとも謝礼が払えるような制度、そうしたものができたら、それだけでもどんなにか望ましいだろう、と思う。

②在宅生活の「覚悟」

今回、この原稿を準備する期間として一か月ほどしかなく、また高齢者介護については先に述べたような批判的見解しかもっていなかったのだが、高齢者介護についても可能性の萌芽があり、それを展開していかないといけないのではないか、と思うようになったのは、ある二つの出会いをきっかけとしている。

一つ目。昨年(二〇一五年)の年末に、東京都三鷹市で主として制度外の有償のヘルパー派遣事業(介護保険のヘルパー事業もやっている)を行っている柳本文貴さんのもとを訪れた。柳本さんはもと大阪で障害者自立生活運動にも触れていた方で、地域で自立生活を営む障害者たちの自由な生き方に共感を覚えてきた方だ。制度に縛られず、それぞれの個人の望む自由なサービスを提供できたら、という思いから有償ヘルパー派遣事業をはじめている(よくよく考えたら、八〇年代より、ヒューマンケア協会(八王子)や日本自立生活センター(京都)などの自立生活センターでは有償の介助者派遣を行っていた。制度の枠に縛られず、障害者自らがお金を支払うことで、主体的に介助サービスを得て生活する、という考えからだった)。

その柳本さんにいろいろインタビューしたのだが、なんとなく迷路をさまよう感じで、とりとめなく話をしてしまっていた。その中で一つ、印象に残っている言葉がある。ぼくにとって、当初抱いていた疑問である、「重度の要介護高齢者は今、地域で生き続けられるのか、少なくとも介護保険的にはムリだと思うけれど、どうなのだろう?」ということを伺ったとき、「結局は、覚悟の問題なんですよ。それがあったら、できる。食事と排泄さえケアできたら、あとは痛みをとれればなんとかなる」という答えだった。

「覚悟」。なんとなく忘れていた言葉だったかもしれない。しかし、まさしく制度も何もないとき、障害者が親元や施設から地域に飛び出していったのは、「覚悟」以外何ものでもなかったのだろう。制度が悪いからといってそれで不可能だと思ってはいけないんだな、可能性はあるんだな、漠然とだが、そんな印象が重たく心に残った。

また、翌日、さるケースカンファレンスに同席させてもらった（以下、趣旨を変えない程度に内容を若干加工する）。一〇〇歳を超えて長年独居生活を続けている明治生まれのおばあさんのこれからについて。すでに理解力、判断力、決定力がかなり衰えていて、転倒も頻繁になってきた。トイレはかろうじて自力だが、汚すこともある。お風呂もずっと入れていない。気高いおばあさんで、少しでも子ども扱い（おばあちゃん扱い？）するようなヘルパーは支援に入れない。介護されることは明確に拒絶し、清拭等は一人のヘルパーNさんにしか頼めない。朝と夜の二回ヘルパーが入るだけなのだけど、そのヘルパーNさんがボランティアで間の時間を埋めることでなんとか生活がまわっている。おばあさん自身は、自分のこれまでの生き方に誇りをもっており、今は、来客を歓待することに自分の生きがいがある。だから、お客さんが来たら、ご飯食べていってな、等々おもてなしをする。そうした出費が毎月相当にかさむのだが、このまま貯金を崩していったら、あと二年半くらいしかもたないらしい。そして、唯一の親戚として、姪がいるのだが、その姪が、おばあさんの出費に反対。今はその姪がお金を握ってしまったのでおばあさんは自分で使えない。そして姪は、ボランティアで入るヘルパーNさんのせいでおばあさんは出費を重ねている、と考えている（「ひょっとしたらNさんが物品目当てでおばあさんに関わってるのかもしれない」と）。おばあさん自身は、いちいち口出しする姪を嫌っていて、もう切っても構わないと思っている。

こんな場合、通常の福祉専門職ならどうするだろう。ヘルパーNさんがボランティアで入ることについても、なんかあやしいし、他のヘルパーが困るからやめるべき、と言うかもしれない（あるヘルパーが業務外のことをすると、利用者は他のヘルパーにも過度の期待を抱くので、業務外のことはやるべきでない、というのが業界の「常識」）。さすがに、よそ様のために多額の出費を続けるのはよくないので姪の言う通り出費を控えるべきかもしれない。おばあさんはすでに判断力を失いかけているので、ご親族としての姪の意見を頼るのが安心、と思うかもしれない。さらには、もう一人ではあぶなっかしいので施設はどうか、姪もその方が安心だろう、と考えるかもしれない。専門家的にはきわめて無難な見解だ（障害者福祉の現場だって、こういう感覚で働いている人が多い）。

ところが、その場のケアマネージャーは、何回も繰り返し訪問し、おばあさんに寄り添いながら話を聞き続けた結果、こう考えている。このおばあさんの生きがいをとるわけにはいかない、そしておばあさんがヘルパーNさんを信頼して、それで自分の家で尊厳もって生きているのだから、そこはこのヘルパーNさんに支援の中心をになっていただき続ける。金銭面は、姪に握られているが、おばあさんの希望通りそこは切って、社協の権利擁護にお願いする。毎月の出費だけれども、残り二年半、衰えが進んでおり、いつ亡くなるかわからないので、（本人の望まないことを強制的に行うよりも）いわば今後については賭けをしてもいいのではないか。

こういうやりとりを聞いていて、正直、びっくりした。ぼくが物事の半面しか見えていなかっただけなのかもしれないが、高齢者介護の現場でも「本人中心」で考え続けている、親族の意見に頼るのではなく「本人」に寄り添いながら支援の方向を考えている、そして在宅で生き続けることを支えようとしている、等々、「あぁ、こうした現場もあるのだな」と感じた。たまたま同席した場であったけれど、自分の中では新鮮であった。このおばあさんも地域で自分らしく生き抜いていくのかもしれない、そう思った。

柳本さんは、こういうのはかなりレアケースだとことわってはいた。でも、本人のことを思い、寄り添おうとし続ける人達もいるんだな、というのはぼくにとっては発見であった。

③「在宅ひとり死」のロールモデルに向かって　自分の人生の当事者としての上野千鶴子さん

そして二つ目は、上野千鶴子さんの「生きている姿」との出会い。実は、柳本さんに取材にうかがった晩、せっかくだからということで、柳本さんが上野千鶴子さんを紹介してくれた（同じ地域に住んでおり、かつ『ケアのカリスマたち』（上野 2015a）に柳本さんが登場しているように、接する機会が多いらしい）。正確には、三鷹市で地域医療に貢献しているある医院での忘年会があり、そこに上野さんも参加しているということで、柳本さんがぼくをそこへ連れていってくれたわけだ（飛び入り参加で恐縮至極。感謝です）。

上野さんは、もちろんフェミニストとして日本の第一人者で、最近は高齢者ケアの領域で精力的に仕事をしておられるが、実は、彼女の代表作『ケアの社会学』について、ぼくは以前、障害者介護保障運動の視点から見たかなり批判的なコメントを出したことがある（渡邉 2012、本書の第8章）。上野さんは「当事者主権」こそもっとも大事と言うけれども、この本では高齢の要介護の当事者性にまで踏み込めていない。経営者等は多数出てくるけれども、高齢者介護の本としては、当事者不在ではないか。障害者介護保障運動に見られた、重度障害者自身によるラディカルな地域自立生活のための介護保障運動からしたらなまぬるく、ある一定資産があり、そこまで介護を必要としない高齢者たちの互助的なケアのあり方が推奨されている程度なのではないか。おおよそそういった批判であった。

本を読んでいる限りではそうした批判は妥当とも思うのだが、先日上野さんが地域で生きている姿、暮らしている姿に触れたとき、なにかしら、彼女の見ているところ、問題意識が見えてきたような気がした。彼女がやろうとしているのは、そうした批判では見えないいまた別の、大事な側面なのだと思った。

自分の住む町の、在宅医療や在宅介護の志をもつ関係者が集まる忘年会の場に参加し、自然体にふるまっている彼女。彼女は、まもなく老い衰える身として、またまもなく介護も必要になる身として、その状態でも自分らしく生き続け、そして自分らしい最期を迎えるために、さまざまな医療や介護の関係者とのつながりをつくって生きてきているのではないか、そういう気がした。

彼女は自分の人生の当事者として、研究し、そして暮らしている。

「わたしはただのインタビュアーやルポライターではありません。『おひとりさまのわたしはどうやって死ねるか？』という問いを抱えて、現場の実践者たちのもとに、この問いをぶつけに行きました。……わたしはわたしの人生を生きる当事者です」（上野 2015a：6）。

そんなことは、当然でしょと多くの人にしかられそうだが、なにか文章では見えてなかったものが見えた気がした。

そして大事なのは、彼女がおそらく「在宅ひとり死」を完遂するだろうことだ。彼女は「在宅ひとり死」のロールモデルになろうとしているのかもしれない（もちろんそれ以前に要介護の「在宅ひとり生活」も実践するだろう）。それを支えることのできるスタッフがまわりにいて、彼女も主体的にその関係をつくろうとしている。

こう言うと、先のぼくの批判の通り、では、お金をもっていない人はどうするんだ、自分で関係をつくれない人はどうするんだ、めぐまれた地域に住んでるだけだろ、という批判は出る。

しかし、お金をもっているだけで、自分らしく最期を迎えることは可能だろうか。今の高齢者介護の常識の中では、お金をもっているだけでは、自分らしく生き抜くことは難しいのではないか。家族も、医者も、福祉職も、多くの人が、地域で自分らしく生き続けることを阻害することが多い。

自分から関係をつくれない人は確かに不利である。けれども、主体的に関係を築き上げ、在宅でひとりでやっていけるというモデルを示すという試みは、必ず次に続く人をうむはずだ。障害当事者運動だって、同じような批判、つまり軽度の障害者はいいよね、優秀な障害者はいいよね、身体はいいよね、重度はどうなんだ、ダメな障害者はどうなんだ、知的はどうなんだ、という批判を常に受けてきた。けれども、本来の当事者運動は、取り残される人たちを忘れはしない。先人たちからバトンを受け取り、先人たちが切り開いた地平をさらに切り開いていくのが次の世代の課題だ。

めぐまれた地域というのは確かにそうだ。だけど、めぐまれていない地域でも、まずは誰かがやり始めなければならない。誰か当事者やその関係者が切り開いて、はじめて、あぁ、自分達にもできるんだ、というのがその地域に広まる。当事者運動ないし介護保障の運動というのは、常に個々の当事者が自分たちの生き方を開拓するところからはじまる。

彼女の最近の本『上野千鶴子が聞く　小笠原先生、ひとりで家で死ねますか？』、『おひとりさまの最期』などは、まさしく彼女の当事者性が全開の本で、まさに「自分がひとりで家で死ねるのだろうか」という問題を追求しつつ書いている（その意味で、大著『ケアの社会学』よりおもしろいしためになる）。彼女のリサーチでは、その答えはイエスである。彼女はそのイエスの道を自らも切り開きつつ進もうとしている。

なお、『ひとりで家で死ねますか？』では、岐阜の田舎（失礼！）で、九〇過ぎた重度の認知症の人が四年にわたって在宅で支援を受け、そして自宅で亡くなっていった例なども紹介されている。お金がそこそこあって制度の足りない分を自費で家政婦を雇いやってきた人もいれば、生活保護受給者で支援を受け孤立せず自分の家で亡くなっていった方もおられる。在宅医療を進めてきた小笠原先生によれば、適切な医療、訪看、介護があれば、そして、家族があああだこうだ何も言わなければ、現在の制度内でも（つまり金持ちでなくても）、在宅ひとり死は可能だ、ということだ（ただし、その場合、ケア不足を補うための尿道留置カテーテル、夜間セデーションなどの医療介入は必要とのこと）。ぜひ手に取って読んでみてほしい。

④介護保険の現場に揺らぎを与えるであろう高齢自立障害者たち

先に、障害者の介護保障と介護保険の比較のところで少し述べたが、これから障害者福祉と介護保険は、障害者が六五歳を超えたとき接点をもつようになる。その時、両者の間に圧倒的なサービスの格差があるので衝突が起きやすいと述べた。

今、おそらく全国的に、あと数年で介護保険を迎えるという世代の重度障害者が多数おられる。彼らの多くは、本人中心を前提とした長時間のサービスを利用し、重度の障害をもっていても地域で生き抜いてきた人々だ。

皮肉かどうかはわからないが、介護サービスの質と量に関して、六五歳を超えると、高齢者と障害者の立場は逆転する。一方はせいぜい一日三～四時間しか制度を使えないのに、他方は二四時間制度を利用できるし、外出支援も使える。介護保険関係者がいやおうなく六五歳を超えた高齢自立障害者と出会い、自分たちの既成概念を揺さぶられるのは大事なことだと思う。高齢の自立障害者たちには、高齢になってもまだまだ、日本の介護保障制度をよくしていくのだという、重大な役割があるのであろう。

彼らの存在が高齢者介護の常識を打ち破っていく可能性は確かにある。けれども、逆に障害者当事者が運動を怠っていれば、いつの間にか介護保険の大波に呑み込まれるという可能性だって高い。障害者だけこんなにサービスを使っておかしい！という意識が広まれば、あっという間に、障害者のサービスも削られていくかもしれない。

だからこそ、今、逆に、高齢者介護の現在の常識が本来のものではないんだ、ということをどんどん広めていかないといけないのだと思う。

⑤重度の認知症も怖くない？——障害者介護保障運動の示唆するもの

最後に、要介護度の高い高齢者が、障害者福祉のサービスを使って生きる可能性があることも示唆しておこう。

現在、六五歳をすぎた高齢者でも、ＡＬＳなどの難病にかかった際は、障害者手帳をとって、障害者福祉のサービスを利用することができる。場合によっては二四時間の介護サービスを利用することもある（今、多くの地域で二四時間介護サービスが広がっているが、最近その先陣を切っているのはＡＬＳ当事者による運動だったりする）。その場合彼らは、病苦との格闘があるにしても、二四時間のケアを受け、地域医療や看護ともつながり、地域生活を営むことになるため、正直、病院に行く必要がない。

病院に行ったら、まったく本人に慣れていない看護師しかいないわけだから、ケアの量も質も在宅よりもはるかに下がる。在宅で、最期まで、十分なケア体制の中で、生き抜くことができる（その京都での実践報告として西田 2015）。

このことをよくよく考えると、いわゆる寝たきりで常時の介護が必要な高齢者であったり、激しい行動障害のある認知症の方の場合も、実は障害福祉サービスを使い、それなりの介護を利用しつつ地域で生き抜いていく可能性はある。ケースワーカーもケアマネも前例のないことはやりたがらないが、やろうと思えばできることだ。実際、加齢によってほぼ足腰が立たなくなった八六歳の高齢者の方で、どうしても介護保険サービスを使いきって上限をこえてしまうものだから、手帳をとって障害福祉の居宅介護を追加で使ったという人の話も聞いたことがある。また、身体障害を負ったけれども意欲のある高齢者の中には障害のガイドヘルプ制度を利用して自分の行きたいところへ行っている方もおられる。介護保険の常識から考えればこうしたいわば裏技はとってはいけない技なのかもしれない。ただ、もし生き抜く意思があるならば、その可能性を考えるのも必要だろう（そしてこの場合、お金をもっていない人でも公費で介護保険外の介助を利用できることになる）。

また認知症の場合、何級程度の精神障害者手帳（知的障害者の療育手帳は若い時から障害を負っている人にだけ交付される）が出るかはわからないが、ある程度軽度の方の場合にも、障害福祉の枠で外出支援（ガイドヘルプ）を使える可能性がある（先に認知症当事者の方が私たちに「必要な支援」と述べていたものを思い出してほしいが、あの支援を公費のガイドヘルプでまかなえる可能性がある）。そして、相当に重い行動障害を伴う場合は、重度訪問介護による長時間見守り介護利用の可能性だって残されている。

さて、ぼくらの障害者自立生活支援の現場からよくよく考えると、認知症の人の問題行動と言われるものも、実はぼくらが知的障害者とつきあう中で向き合っている問題とさして変わりないようにも思う。日付、ちゃんと言えない人は多い。さっき薬飲んだか、ちゃんと言えない人も多い。もちろん計算できない人も多い。同じことを何度も何度も質問し、聞く人をうんざりさせる人も多い。環境の変化についていけなかったり、自分の理解できる以上のことが起きたり、何か気にさわることがあって、パニックになってまわりの人に暴言や暴力が出てしまう人だっている。介護や支援を拒否することだって当然ある。介入せず、ほっといたら風呂も入らず、服も汚れ、ひげもボーボーになるに決まっている。おむつつけてほっておいたら弄便という現象も起きるだろう（よく考えたら、乳幼児においてこれらすべてはあたりまえのことでないだろうか。誰だって、こういう時期を経過して生きてきたわけだ。保育／ケア／介助／介護／支援、それらの言葉のニュアンスはもちろん違うが、そうしたもののいずれかをその都度必要としつつ生きているということは「人間」という存在を構成する重要な要素の一つでないのだろうか）。

数年前から重度訪問介護という長時間介護のサービス類型が身体障害者だけでなく、知的、精神の障害者にも使えるようになってきた。そのことの意味するところは、ちょっと長い目で見れば、高齢者介護保障運動の可能性にも示唆するものがあるように思われる。

上野千鶴子は、終末期ケアと認知症ケアの二つが介護の中でももっともハードルが高いと言われていることを紹介しつつ、そのうち在宅の終末期ケアについては相当の経験と実績が積み重ねられていて、そのハードルはなんとか越せそうだが、最後に残るケアの「秘境」として「認知症高齢者の終末期ケア、それも独居の場合」（上野 2015b：187）を挙げている。しかし、実はぼくらのまわりの経験からしたら、そうした独居の認知症高齢者のケアも（特にケア不足解消のための医療介入とかもいらずに）普通に可能なのではないか、と思う。とりわけ、その当事者のこれまでの生き方や思いをよくわかっている人が何人かでも支援に入っていたら、より一層心強いだろう。

この原稿の冒頭に述べたが、今、身体障害者たちの自立生活に続いて、重度の知的障害をもつ人の自立生活もわずかながら、広まりつつある。知的障害があっても、地域で自分らしく自立して生きていけるのである。ものがあまりわからなくても、あるいはものがわかりにくくなっても、自分は自分である。その自分をまわりがどう支えてくれるかだ。自分というのは、どんな状態であろうと、いろんなことを感じられるし、いろんなことを味わえる、人生を自分なりの仕方で享受できる。けれど、まわりの支え方によっては自分は自分ですらなくなるだろう。

重度の知的障害があり自立生活している方々が六五歳を超えてなお地域で充分な介護を受けつつ暮らしていくとしたら、そこにはどんなインパクトが待っているのだろう。別に、認知面で障害が出たって、人生は終わりではない。介護や支援が必要になったって終わりではない。誰しも、どんな状態でも自分らしく生きることはできる。彼ら彼女らが今、そしてこれから、支援を受けつつ地域で自立して生き、そして生きていくということは、そうしたことを教えてくれるのではないだろうか。

参考文献
上野千鶴子 2011『ケアの社会学——当事者主権の福祉社会へ』、太田出版

上野千鶴子2013『上野千鶴子が聞く　小笠原先生、ひとりで家で死ねますか？』、朝日新聞出版（→朝日文庫 2018）
上野千鶴子 2015a『ケアのカリスマたち――看取りを支えるプロフェッショナル』、亜紀書房
上野千鶴子 2015b『おひとりさまの最期』、朝日新聞出版
上野千鶴子＋中西正司編 2008『ニーズ中心の福祉社会へ――当事者主権の次世代福祉戦略』、医学書院
佐藤雅彦 2014『認知症になった私が伝えたいこと』、大月書店
寺本晃久、岡部耕典、末永弘、岩橋誠治 2015『ズレてる支援！――知的障害／自閉の人たちの自立生活と重度訪問介護の対象拡大』、生活書院
ピープルファースト東久留米 2007『知的障害者が入所施設ではなく地域で暮らすための本――当事者と支援者のためのマニュアル』、生活書院（→増補改訂版 2010）
中西正司 2008「当事者主権の福祉戦略――ユーザーユニオンの結成へ」『ニーズ中心の福祉社会へ――当事者主権の次世代福祉戦略』上野千鶴子＋中西正司編、医学書院
中西正司 2014『自立生活運動史――社会変革の戦略と戦術』、現代書館
新田勲 2008『足文字は叫ぶ！』、全国公的介護保障要求者組合：自費出版（→縮刷版 2009 現代書館）
西田美紀 2015「進行性難病独居ＡＬＳ患者の癌の看取り」『生存学』vol.8　立命館大学生存学研究センター編、生活書院
横田弘 1979『障害者殺しの思想』、ＪＣＡ出版（→増補新装版 2015、現代書館）
渡邉琢 2011『介助者たちは、どう生きていくのか――障害者の地域自立生活と介助という営み』、生活書院
渡邉琢 2012「障害者介護保障運動から見た『ケアの社会学』――上野千鶴子さんの本について」（SYNODOS、二〇一二年九月二四日付、https://synodos.jp/welfare/2081）

10 差別解消法と、共生への道のり
――京都の現場での取り組みより

ある手紙より

一〇年ほど前からの知り合いで、日頃なにかと相談にのっている知的障害者のSさんから、ある手紙を見せてもらった。その手紙は、Sさんが普段利用しているタクシー会社やタクシーの運転手さんたちあてに書いたものだった。その手紙には、こう書いてあった。

「○×タクシーの皆さん、運転手さんへ
今、僕のことを呼び捨てにしないでください。前から僕のことを知っている人は、呼び捨てでもいいです。でも、嫌いな運転手さんは僕のことを呼び捨てをしないでください。トンカチで殴らないでください。リンチをすると脅かしたり、いきなり『S！』と言ったりします。どうにかして下さい。今の運転手の人は、呼び捨てとかしないで下さい。殺すとか死ねとか言います……」

（文章の引用は、本人の了解を得つつも、プライバシー保護のため、一部をのぞいて改変してある。ただ語調は同じくらいにしてある)。

この手紙を見て、読者の多くはどう思うだろう。そんなにひどいタクシー会社が存在しているのか、と思うだろうか。それはあたりまえだ。トンカチで殴るとか、「殺す」とか「死ね」とか言うなど、尋常ではない。こうしたことが本当だとしたら、ただ事ではないだろう。

もしこうした手紙が、差別をなくしていくために自治体条例等で設置された相談員の目に触れたとしたら、もちろんその相談員は動かざるをえない。いやむしろ、その相談員が新任の方であれば、いっそう情熱的に関わるだろう。これは許しておけない差別だ、と。

しかし、その相談員は、おそらく当該タクシー会社への聞き取り調査等をはじめると、とまどい、つまずかざるをえない。その先どうしていいか、答えがなかなか見つからず悩まざるをえないだろう。

このレポートは、差別解消法が成立し、また各地で差別解消に係る自治体条例ができつつあるなかで、それでもなお、いかにしばしば差別の解消が困難な課題で時間のかかるものか、共生への道筋がいかに根気のいるものかについて、私が現場で経験したいくつかの事例より紹介しつつ、それでもなお、地道に共生への道のりを多くの人とともに探っていきたい、との思いから書いていこうとするものである。

差別解消法の成立

二〇一三年六月一九日、参議院本会議にて、障害者差別解消法(以下、差別解消法)が採択された。差別解消法が正式に成立した歴史的な一日となった。

二〇〇九年に民主党政権が誕生し、多くの障害当事者の参画のもとで「障がい者制度改革推進会議」が開かれ、そのもとに「差別禁止部会」も設置され、ようやくこの日本でも、差別禁止法が制定されるための具体的な議論が行われることになった。その議論は二年近くかけて「差別禁止部会意見」としてまとめられたのだが、二〇一二年秋に民主党政権から自民党政権に変わったことにより、そもそも障害者差別禁止法の成立すらいったん白紙にもどるのではないか、という懸念が広がっていた。けれども、年明けの二〇一三年二月頃より、ちらほらと自民党政権下においても名称は留保付きだが差別禁止法案が提出される見込みだとうわささされ始めた。四月に入る頃、うわさは具体的な形を帯びてきた。中央の運動団体からの情報により、自民、公明、民主党各党内部の障害者ワーキングチームで差別禁止に係る法案の内容が議論され、関係団体へのヒアリングが行われ、実質的にその法案が形づくられようとしていることが、もれ伝わってきた。

もちろん、地方の運動団体に所属する人々には、なかなか中央の動きはわからない。けれども四月以降、「差別解消法」との名称が定まり、自公民の三党合意による「論点整理」や、「法案」が明るみになることで、いよいよ法案が国会に提出されることが確実となり、多くの人の胸中はわくわくしはじめたと思う。

背後にはいろいろと政党間のやりとりや運動の力学が働いたと思うが、そうこうしているうちに、あれよあれよという間に障害者差別解消法案が閣議決定され、衆議院は全会一致で通過する運びとなり、残りは参議院での採択となった。

ここでまたひと悶着あった。六月に都議選があるとかその他のわけのわからない理由で、今国会での成立が危ぶまれたのだ。それに対して、東京でも大阪でも、障害者差別解消法成立を求める大規模な集会が行われ、成立を進めようとする各議員たちへの後押しや世論形成が行われていった。

京都からも、ぼくが所属する日本自立生活センター（以下、ＪＣＩＬ）のメンバーから、参議院内閣委員会理事であったキーパーソンの一人である福山哲郎議員（京都選出）に熱くアプローチするなどして、参議院での可決を後押しした(1)。

そうして、成立が危ぶまれたにもかかわらず、二〇一三年六月一九日、参議院本会議にて全会一致で可決、障害者差別解消法が成立する運びとなった。

差別解消法と各自治体の条例との関係

こうして成立した差別解消法は、たとえば合理的配慮の提供が民間事業者については努力義務となっている点など、二〇一二年九月にとりまとめられた「差別禁止部会意見」から見ると、もの足りないものになった感は否めない。また法律そのものは差別の具体的な内容までは踏み込んでおらず、今後施行（二〇一六年）までの三年間で基本方針やガイドラインを作成していくことになっており、まだまだ予断を許さない。

それでも、いったんは成立が危ぶまれた差別禁止に係る法律が、まがりなりにも今回このように成立したことはきわめて重要な歴史的な成果であったと思う（ぼくの所属するＪＣＩＬの歴史をふりかえっても、九〇年代初頭の「ＡＤＡ（アメリカの障害者差別禁止法）の衝撃」を受け、故・長橋榮一初代代表が何度もアメリカから当時一流の活動家を呼び、日本でも差別禁止法をつくろうと奔走していた資料が残っており、それから二〇年余にしての成果であり、感慨深い）。

ところで法律制定にあたって一つ大きな争点となったのが、すでにできている（あるいはこれからつくられるであろう）地方自治体の条例との関係であった。二〇〇六年に成立した千葉県の「障害のある人もない人も共に暮らしやすい千葉県づくり条例」にはじまり、岩手県、北海道、熊本県、さいたま市、八王子市などで同様の条例が制定されており、また沖縄県、愛知県、長野県、ぼくの関わる京都府などの各地で条例づくりの運動が進行していた。

条例は法律の下位におかれるものであるため、通常は法律の枠を超えることができない。法律の内容に縛られてしまわざるをえない。とすると、もし法律が低いレベルで制定されたとすると、既存の条例は下方修正せざるをえないのだろうか。これから地域ごとの実情に合わせてつくられる条例も、ある程度低い水準に合わせせざるをえないのだろうか。

だが、こうした不安を払しょくするかのように、今回の差別解消法の附帯決議で、「本法が、地方公共団体による、いわゆる上乗せ・横出し条例を含む障害を理由とする差別に関する条例の制定等を妨げ又は拘束するものではないことを周知すること」という重要な規定が明記された。

この附帯決議により、今後各地方自治体において、それぞれの地域の実情に合わせつつ、より先駆的な条例を制定していくことが望まれるであろう。たとえば、差別解消法では十分に触れられなかった、障害女性への複合差別や障害を理由としたハラスメントなども、各地の条例で踏み込んで取り扱われる可能性もある。

そしておそらく、地方自治体の条例において一番重要なのは、差別解消・紛争解決に係る独自の相

（1）このアプローチも一つのきっかけとなり、同法の参議院付帯決議の1として、以下のように障害女性の複合差別のことが明記された。「同条約〔障害者権利条約〕の趣旨に沿うよう、障害女性や障害児に対する複合的な差別の現状を認識し、障害女性や障害児の人権の擁護を図ること」。

談窓口、相談員の新設であろう。差別解消法においては、新たな相談窓口は設けられず、既存の相談機関（福祉関係、消費者関係、法テラス、労働局など）で対応することとなったが、それでは、障害者の差別事案に関して紛争解決に向けて十分に相談員が動いてくれるとは限らない。それは差別事案に係る専門的な相談員がいてはじめて可能となるだろう。各地で条例をつくるなかで、こうした相談員、相談窓口を新設していくことが急務である。

京都での条例づくり

ぼくの関わっている地元の京都府でも、二〇一三年八月現在（本稿執筆時）、条例づくりの真っ最中である。タイムスケジュール的には、すでに一〇回以上京都府主催による審議会である条例づくりの検討会議が開催され、まもなく最終とりまとめに入る段階である。この冬の府議会には条例案が提出され、審議される見込みとなっている。すでにぼく自身は、条例づくりの実行委員会の事務局の裏方的立場にいるため、なかなか公式的発言はしにくいけれども、京都の条例づくりの運動は、参加者や事務局メンバーなどがかなり踏み込んだ議論をし合っているように思う。

たとえば、障害に係るハラスメントや障害女性の複合差別や性被害に対する権利擁護について、それこそ幾度も議論を重ねてきた。京都府の提出した「中間まとめ」では「ハラスメント」も「障害女性」もそれぞれ項目を立てて記されることになった。今後、たとえば権利条約六条や参議院附帯決議の1で規定されているような障害女性への複合差別や人権侵害が条例でも明記されるかどうかは、私たちにとってきわめて重大な課題となっている。

残念ながら、ここのところの京都府の論調は、差別解消法の水準に引きずり降ろされるようなものとなっている。「中間まとめ」までは、障害女性やハラスメントの議論がしっかり行われていたが、差別解消法制定後は、少なくとも京都府側はかなりトーンダウンした。

また、合理的配慮の提供義務についても、法律にならって民間事業著については努力義務でいいではないか、という論調が強くなってきている（既存の他自治体の条例ではそんなことはなかった）。しかしもしここで、京都府条例においても低水準なものができたとしたら、今後制定されるであろう各地方自治体の条例も、上乗せ・横出し条例であるどころか、低水準横並びのものとなっていかざるをえない。

地方自治体における条例づくりは、今後詰められていく差別解消法の具体的中身や、また施行三年

（2）　京都府の差別禁止に係る条例は、最終的に、二〇一四年三月に「京都府障害のある人もない人も共に安心していきいきと暮らしやすい社会づくり条例」として府議会において可決された。内容は、当初運動側が求めたものからはかなり後退したものであった。障害者差別については「不利益取扱いの禁止」のみが詳しく規定されるだけで、「合理的配慮の提供義務」についてはおおざっぱな一般的規定しかされず、しかも、合理的配慮は国の規定通り民間事業者については努力義務しか定められなかった。

一方、障害女性への差別やハラスメントについては、基本理念の中に「全て障害者は、障害のある女性が障害及び性別による複合的な原因により特に困難な状況に置かれる場合等、その性別、年齢等による複合的な原因により特に困難な状況に置かれる場合においては、その状況に応じた適切な配慮がなされること」と入れられたり、また特定相談の相談内容の中に、「当該障害者の障害を理由とする言動であって当該障害者に不快の念を起こさせるものに関すること」が組み込まれるなど、一定の前進はあった。

しかし、条例が施行されている今（二〇一八年）それらの項目が実際の運用において生かされているかといえば、不十分なように思われる。この条例の運用において中心的役割を果たす広域相談員が行政によってのみ選任されるため、障害者及び障害者運動体側の思いとの間にズレが生じやすいことも大きいと思う。

なお、兵庫県明石市で二〇一六年に成立した「明石市障害者に対する配慮を促進し誰もが安心して暮らせる共生のまちづくり条例」では、合理的配慮の提供に際して発生する経済的負担を明石市が助成する支援施策が盛り込まれた。いわゆる上乗せ・横出し条例の一例だが、こうした先駆的取り組みを行う自治体があらわれていることも注目されるべきであろう。

後の見直し等に当然大きな影響を及ぼすわけだから、いかに各地で、いい内容の条例をつくっていけるか、それぞれの地域の人々の熱意、粘り、根気がきわめて重要となってくるであろう(2)。

差別はいかになくなりうるか――これまでの取り組みより（一）

さて、差別解消法や条例づくりの話はこの辺にして、冒頭の事案にもどろう。いかに条文やガイドラインが優れていても、現実に差別の解消が具体的に進んでいかなければ意味がない。各地方自治体の条例において、差別事案に対応する専門の相談員の設置が大切であることはすでに述べた。実際に差別事案に関する相談があったときに、本人や相手方と話をしつつ、間に立って、調整をしつつ紛争解決にあたる者のことだ。自立生活センターという運動体の事務局員であり、かつピープルファースト京都の支援者として、非障害者ながらぼく自身がしばしばそういう役回りにあたることがあるので、その相談員にどういうものが課せられるか、まず冒頭の事例を通して考えてみたい。

Sさんの訴えは、あるタクシー会社の運転手たちから、呼び捨てにされたり、リンチするぞ、殺すぞ、死ね、と言われたり、あるいはトンカチで威嚇されたりしている、というものであった。この話を聞いてから、確かに書きぶりがただごとではないので、ではタクシー会社に問い合わせてみようか、とSさんに言ったとき、彼は、「やめてくれ」と言った。ふーむ、なんかあるんだろうな、と思った。ただ、Sさんはそれでも、「なんとかしてくれ」ということを何度もつぶやいていた。

Sさんの興奮が日を追うごとに強くなってきて、なんとかするためにはともかく相手とコンタクトをとらないといけないため、こっそりタクシー会社に問い合わせてみた。そうすると、タクシー会社でもSさんの対応に苦慮している、Sさんによってさまざまに業務上の支障が出ている、という回答を受けた。

たとえば、駅のターミナルで待ち伏せされ、客を降ろすのをそばでじっと見つめられる。客も怪訝な顔をしながらタクシーを降りる。その後Sさんが運転手にしつこく話しかけるため、次の客をすぐに乗せられない。今は相手できない、とドアを閉め、タクシーを発車させようとするとタクシーの前に立ちふさがる。あるときは、女性運転手の運転するタクシーのフロントガラスにへばりついた。また、タクシーに乗車中も、いらいらしはじめると、運転手の座席を後ろから叩いたり蹴ったりしてくる。ときには「〇×タクシーぶっつぶすぞ！」と大声で怒鳴る、などというものであった。

こうした話を読者はどのように思うだろうか。ときどき怖い知的障害者もいるよね、さすがに厄介だから、できたら遠ざけたい、と思うだろうか。あるいは、これはおそらく、タクシー会社の運転手たちの対応に問題があるだろう、トラブルはその対応のあり方に起因しているだろう、と思うだろうか。

世間の人々は、たいてい前者の態度をとるような気がする。あからさまに拒絶しないでも、できたらやんわりとかわして遠ざけよう、と。一方、「障害の社会モデル」に基づく人権派の人々は、後者の考えに立つと思われる。

ぼく自身は、正直に言うなら、どちらの気持ちもわかる。Sさんと一緒につきあうなかで、ぼく自身もSさんから不意にこづかれたり、怒鳴られたり、恫喝されたりしたことがあった。あるスイッチが入ると、その行動は誰も止められなくなる。とりわけ、タクシー等公共交通の運転手さんは、世間の人と違って、特定の客を選別したり、遠ざけたりすることは難しい。立場的に引き受けざるをえないこともあるからこそ、さらにストレスが増え、Sさんにひどくあたる、ということも考えられる。

他方で、運転手さんたちが、Sさんの障害の傾向に無理解で、あからさまに拒絶的な態度をとることで、かえってSさんの行動が悪いほうへエスカレートしていっているということも十分に考えられる。実際Sさんは、人から裏切られること、拒絶されることがトラウマになっている部分があり、そうされると人間不信、猜疑心が強くなり、逆にいっそうその相手を追及し、挑発的に嫌がらせをしてしまう、という傾向がある。Sさんの悪循環の行動パターンにはまると、お互いに喧嘩腰の挑発や恫喝のやり合いから抜けられなくなってしまう。

Sさんとはそこそこ長いつきあいなので、ぼくはおおよそそうした傾向をつかみ、ある程度それに応じたつきあい方をしているように思う。そうしているうちに、お互いにそこそこのところで信頼関係を築いているような気がする。

しかし、興奮したときのSさんの行動の断片を見る限り、そうしたつきあい方に至るのは相当難しいだろう。たとえば、駅ターミナルにやってくるタクシーを待ち伏せしたり、乗車中に運転手の座席の背部をこんこんと殴ったり蹴ったりするというその行動の断片を聞いたとき、もし何も知らない相談員だったらどう動くだろうか。どう動けるだろうか。

もちろん、相談員一人で解決できる問題でもない。家族や、作業所、あるいは他の知り合いで、Sさんが信頼できる人に話を聞きに行かないといけない。そして、相談員自身ある程度トラブル覚悟の上でSさんとつきあい、それなりの信頼感を得ていかないといけない。そうした信頼感をもとにして、たとえばタクシー会社との間に入り、Sさんが自分では伝えきれないような自身の障害の傾向について理解を求めたり、あるいは時には無礼すぎる運転手には指導を求めたりしていかないといけない。ただ実際には、こうした作業は、一朝一夕に築きあがるようなものではない。それこそ一〇年がかりの長い期間が必要である。

実のところ、Sさんは多くの○×タクシーの運転手さんたちとも、従来はそこそこうまくいっていたらしい。しかし、○×タクシー会社の運営上の都合もあって、ほとんどの運転手が入れ替わったようだ。そしてそれ以降、彼がおかしくなってきた、という話もきく。以前なら小さいころからつきあいのある運転手も大勢いて、多少何かあってもSさんとはお互いに小さいときからの顔見知りということで、気さくに話すことができたのだけれども、今はそれができず、むしろ行動の断片しか目につかずに、拒絶的な態度に出てしまう人が多い、ということが推測される。

しかしもちろん、顔なじみや信頼できる人がまわりに多くいたとしても、うまくいくとは限らない。実際に、昔から今に至るまで、タクシー会社に限らず社会の様々な場面で、いろんな人にちょっかいをかけてしまい、さまざまなこぜりあいを起こしていることはあまりなくならないように思う。彼にとっての課題は、解決していない。

しかし、解決なんて表面的な言葉よりも、むしろ、地域社会との折り合いをその都度その都度つけながら、その課題の部分にずっとつきあっていくことが、相談員や支援者の（そしてもちろん彼自身や、彼に関わる多くの人々の）大切な役目であろう。言うまでもなくその課題は、彼、相談員、支援者、社会の人々すべてにとっての課題である。

差別はいかになくなりうるか——これまでの取り組みより（二）

条例や相談員には限界もある。たとえば大きなバリアフリー関係の課題などは、一介の相談員が解決できるようなものではないだろう。

二年前（二〇一一年）、滋賀県の帝産バスにおいて、ある車いす使用者の降車時の転倒事故をきっかけとして、車いす使用者全般に対する露骨な乗車拒否がはじまった。（転倒事故そのものはおそらく車いす使用者に対する接遇不十分が原因で起きた）。これまで特に乗車拒否を行っていなかった帝産バスはその転倒事故をきっかけとして、道路に「バス停車帯」のない停留所等においては、「安全性が確保できない」という抽象的理由から、車いす使用者の乗り降りは全面禁止、そこを利用したい車いす使用者の乗車は全面拒否、という方針を出したのだ。当時帝産バスの停留所は全部で二七二（ノンステップバスの止まる停留所は一五七）、そのうち二九のバス停でしか、車いす使用者はバスを利用できないことになった。全体の九割のバス停で車いす使用者がバスに乗れないという、現在ではなかなか考え難い状況である。

はたしてこうした案件について、相談員の人はどう動くだろうか。あるいは第三者機関等のメンバーにこうした件について積極的に関われるだけの知見のある者がどのくらいいるだろうか。

まずＪＣＩＬに相談がきたのだが、相手の態度は強硬であり、ＪＣＩＬだけの手には負えず、東京、大阪、滋賀等よりバリアフリー関係の障害当事者の専門家に結集してもらい、ことの対応にあたることになった。近隣の障害当事者団体に呼びかけ、帝産バスの本社にも集団で行き、バリアフリー新法等に基づき、理路整然と、今回の件は不当な乗車拒否にあたる旨を伝えた。それでも先方の態度は頑なであった。次いで大阪の国土交通省近畿運輸局に何度か足を運び、ここでも理路整然と、今回の乗車拒否の不当性を訴えた。

結果は、ついに近畿運輸局が動き、帝産バスに対して、乗車拒否問題に関してはおそらく全国初という警告・改善命令を行った。帝産バスはその後、不十分ながらも、改善に踏み切ることになった。

現在では、少なくとも半数以上のバス停で乗車が可能であり、また車いす使用者に対する接遇研修もある程度行われつつある。

この運動の成果は、バリアフリーに関する当事者目線からの専門的な知見と、それから障害当事者たちの強固な横のつながりと圧力形成によって、ようやく勝ち取られたものだ。

正直、当事者目線に立ったバリアフリーについての専門的知見をもっている者は、全国でも数名しかいないのではないだろうか。そうした人たちの力を得なければ、なかなか交通各社を動かすことはできない。

相談員等にそういう視点がなければ、結局は障害者にがまんを押しつけることになってしまうのではなかろうか。つい先日も、DPI（障害者インターナショナル）日本会議のバリアフリー部門で活動してきた今福義明氏から、次のような報告があった。

成田空港から成田エクスプレスに乗ろうとした外国人のハンドル型車いす使用者が、このタイプの車いすは乗せられない、とJR東日本より露骨で頑なな乗車拒否にあった。その件で今福氏が千葉県条例の担当室に相談に行ったところ、「初めから、泣き寝入り、千葉県同条例の枠組み理解の押しつけ確認を期待」していたような対応であり、「通常の交通バリア課題は、一〇〇%、同条例相談システムでは何一つ解決しないであろうことまでが、推測予見できるようになってきた」。

交通バリアフリー問題の多くは、単なる「理解」等で片の付く問題ではない。公共交通機関のバリアがいかに強固なものであるかは、運動してきた者にしかわからないかもしれない。改善のためには時には集団的な示威行動や法令による圧力が必要だ。条例や相談員にはそうした権限はないだろう。しかし、せめてそうした方面へとつなげられるかどうか、そこが大きな分かれ道である。

地道な歩みと力強い歩み

もちろん法律や条例の制定によって、小さなトラブルや不自由は少しずつ解消していくかもしれない。障害者のことを想定しておかないといけないな、とか、あるいはまずはちゃんと障害者の意向を聞いてから何かしよう、という気持ちが広がるかもしれない。

差別禁止のための法律や条例であるが、もちろん差別するのが怖いからできるだけ障害者には近づかないでおこう、というための法律ではない。まったく逆で、これまで排除してきた反省の上に立って、少しずつでも障害者と共に地域で暮らすことになじんでいこうとするための法令である。当然その際には障害のある人とない人とのたゆまない相互理解が不可欠であろう。

しかしながら、その相互理解が、マイノリティである障害者の側に根差したものではなく、単なる健常者側からの理解の押しつけであれば、今後とも、一方的に障害者側ががまんを強いられる社会の構造は変わらない。

ときには差別解消や権利擁護のために健常者社会に対しての圧力形成や権力行使の英断も必要である。今後差別解消に係る法律や条例の関係者がそうした視点をもちうるかどうかはきわめて重要である。

地道で気の長い取り組みとともに、不正を正す際の当事者や関係者による力強い運動が今後とも不可欠である。

11　「権利」と「迷惑」の狭間から
——知的障害者ガイドヘルプにおけるとまどいより

知的障害のある人と街に出かけるとき、何に大変さを感じるだろうか。車いすを使用する方と一緒の場合、車いすを押したり、段差を乗り越えたり、エレベーターを探したり、入れるレストランを探したり、といった、ハード面での課題が前面に出てくる。けれども、車いす等を使わない知的障害の方の場合、そうしたハード面はさして困難にはならないだろう。

むしろ、気になるのは、公共交通機関やレストラン、映画館の中で、大きな声を出してまわりの人からなにか言われたらどうしようとか、突然、小さい子どもの手を力強く引っ張ってしまったらどうしよう、突然、車やお店の看板を蹴っ飛ばして物損を起こしたらどうしよう、などといった対人関係に関わることだ。

もちろん、知的障害（あるいは自閉症）の方といっても一律に語ることはできない。特に、人とやりとりすることなく静かに街に出ている人もいれば、人が大好きであれこれ運転手や店員、あるいは道行く子どもや妊婦さんに話しかけまくる人もいる。

さらに、レストランの中で大きな声を出すといっても、たとえば、子どもたちも騒ぎまくっているファミレスとかだったら、そんなに問題はないだろう。子どもの手を突然ひっぱるといっても、握手の感じで丁寧にやさしくそれができたら、さして問題にはならないだろう。トラブルになるかどうかは、ＴＰＯに応じて変わってくるところも多々ある。

ただ、どの行為も、度が過ぎて、相手の心身に何らかのダメージを与えるとしたら、それは相手にとって許容されがたい「迷惑」な行為となってしまう。

「迷惑」という言葉はとても慎重に使わないといけない言葉だ。たとえば、満員電車の中に車いす使用者が乗車しようとする。まわりの乗客にとってはそれは「迷惑」とうつるかもしれない。けれども、差別のない社会を目指すルールがつくられつつある今の社会では、それを公然と「迷惑」と言うのは許されない。車いすを理由に乗車拒否されてはならず、他の者と平等に、あたりまえに乗車する「権利」がそこには認められる。

それに対して、乗車中に大声を出し続けることは、どこまで許容されるだろうか。障害の特性でなかなか静かにできないとしたら、基本的には許容されなければならないだろう。けれども、障害の特性だから、どんな声でも許容されねばならない、とどこまで言えるだろうか。たとえば、運転中の運転手に対して、大声で声をかけ続けていて、それが次第に怒声に変わり、運転手が動揺して運転しにくくなったらどうだろうか。

街の中で出会った赤ちゃんや子どもに対して、頭をなでなでするのは許されるかもしれない。けれども、髪の毛を引っ張ったら、どうだろうか？　相手次第で、許容されることも許容されないこともあるはずだ。なんらか他者を傷つけてしまったら、警察沙汰になっても致し方ない。

ぼくがガイドヘルプ（移動支援）で知的障害の方と街に出るようになって、一五年近く経つ。前記のような、「権利」か「迷惑」かの狭間に立ち、思い悩むことはしばしばある。

映画館で、大声を出し続けているから出ていってほしいとスタッフから言われたけれども、他の乗客も笑って声出しているだろうと突っぱねつつ、それでもなおかつ、本人にやっぱり静かにしようね、という仕草を丁寧に出し続けたこともある。

バスの運転手に対して怒声を出し、イライラがつのって近くにいる子どもたちにも怒鳴るようになり、警察沙汰になったこともある。

知的障害者が直面する困難は、身体障害者の困難よりも目に見えにくく、解決の糸口がつかみにくいものが多い。他者とのコミュニケーションがうまくとれなかったり、他者の身体や所有物との適度な距離感がつかめなかったりして、他者に不当な介入をしてしまい、そしてトラブルになることがある。

もちろん、そうした対人関係の困難があるからこそ、他者との橋渡しをうまくとりもつヘルパーや支援者の役割はとても大切だ。本人の行動や社会との接点を制限することなく、どのようにこの社会の中で知的障害のある方が暮らし続けていくことができるか、その模索をたゆまず読けることが、ヘルパーや支援者の大事な役割だろう。そうした努力を怠ったら、人に「迷惑」をかける障害者は施設という限定された環境でしか暮らせない、ということになってしまう。

知的障害の人たちがどれだけゆとりをもって街に出かけていけるか、街で暮らしていけるか、それは社会の成熟度を示すものだとも思う。そのためには社会の人々の理解も必要だし、支援者たちの関わりの努力も必要だ。本人が、この社会でさまざまな経験を積むこともとても大事だ。

知的障害者のガイドヘルプが公的に制度化されてから、まだ一五年にも満たない。本人が街に出る機会はこれまでなかなか与えられてこなかったし、街の人々も知的障害者と出会う機会はほとんどなかった。今、「迷惑」とみなされる行為も、出会いを不当に奪われてきたことに起因するものも多いはずだ。

かつて、身体障害の人たちがバスに乗るだけでも「迷惑」と言われた時代があった。知的障害の人に関わる「迷惑」も、人々の経験と努力、出会いの蓄積を通して、だんだんと「迷惑」とみなされないものになっていくことを願う。

Ⅳ　奪われたつながりを取り戻すために

12　とまどいと苦難
——相模原の事件のあとに感じること

——まっちゃんへ

まっちゃん

「どうしたらいいねん！」

電話に出たとたん、電話口からドスのきいた怒鳴り声が聞こえる。

あ、まっちゃん、またなにかあってイライラ・パニックしてるんだな、と思いながら、「なにがあったんやろ？　どうしたん？」と落ち着いた調子で切り返す。

「わからん！　入院はイヤだぞ！」

回答は要領を得ず、怒鳴り声は続く。こちらがのんびりと聞いていると、次第にまっちゃんの声のトーンも下がってくる。

彼の発する単語単語から、だいたい何が起きたかは推察できる。そのうち、「ママに代わるわ」と言って、本人がお母さんを呼んで、ぼくへの説明をお願いする。

「どうやらこういうことが起きたようです」とお母さんから説明を聞き、背景事情をある程度は理解する。

基本的には対人関係のトラブル。街に出て、人とのやりとりがうまくいかないと、突然、声のトーンや表情、全身の様子が豹変し、暴力的になってくる。そうなると、幼い子どもや、中高生、若い女性にも暴言を吐くことがあるので、そうした場に居合わせると、ほんとにいたたまれない気持ちになる。

「やめろ！」「あかん！」みたいな制止の声をかけると、「いやぁや!!!」とますますエスカレートするので、そういうときは、寄り添いながら、基本的には待つしかない。

親も、そうした状態の彼をもちろん止めることはできない。

「どうしたらいいんでしょう？　いつまでもこんなことばかり繰り返してはいられない」。

親の悲嘆にくれた声が電話口から聞こえる。

ぼく自身も、どうしたらいいのかわからないので、結局、彼の話に耳を傾けることで、彼が落ち着いていく手助けをするしかない。その時間はそうやって静まっていくのだけれども、こうしたことが頻繁に起きると、やはりしんどいし、「またか」とがっかりする。

耳をつんざくような怒声を長時間にわたって叫び続ける人と同じ場所に居続けることのしんどさ。その渦中にいるときは、自分もわりと冷静に対応できるのだけども、あとになってふりかえると身体にずっしりと重たいダメージが溜まっていることに気が付く。あぁ、もう起きてほしくないな、と思いながら、日がちょっと過ぎるとまた、同じような状況が再来する。

まっちゃんとは一〇年以上のつきあいだ。一九七四年生まれでぼくとはほぼ同世代。今は京都府内の小都市にある実家で両親と暮らしている。普段、特になにもないときは、おちゃめで愛嬌があってとても気さくで、好奇心も強くていろんなことに興味がある。これまで一緒にほんとたくさんのところに小旅行や旅行に行っている。けれども、人間関係においてあるツボにはまると、上述のように彼の一切が豹変してしまう。そうなってしまってはもうほとんど手がつけられない。誰も手がつけられなくなり、警察がやってきて、精神病院に強制的に入院させられたこともこれまで二度ある。

まっちゃんの支援の仕方、まっちゃんとの関わり方は、いろいろ考え、ためしている。

以前は、そういうイライラ、パニックの状況はもうスルーするしかなかったが、最近は、まさにそうした状況こそを、互いに意識化し、言葉にしてオープンにしようとしている。

まっちゃんの苦労や課題を彼自身だけが抱えることにならないように、いろんな人に彼の話を聞いてもらうようにしている。いろんな人が彼の話を聞く状況をつくることで、まっちゃん自身が自分のおかれている状況を客観的にとらえることができるようにしている。隠すのではなく、表に出すことで、彼の心がそのイヤなことに囚われてしまわないようにしている。彼も、なぜ自分がそうなるのか、他の人に知ってもらいたいと望んでいるようだ。自分の生き方や思いを他の人から承認されたい、という気持ちがあるように感じる。このまま地域社会から排除され忘却されるのを、彼は極端に怖がっている。少しでも彼自身が、この社会の中で孤立せず、人から承認され囲まれ生きているという実感を得られるようにと、多くの人をまきこみながら対話を続けている。だから、まっちゃん自身しばしば、精神病院への入院を含めて自分の生きづらさの経験や今がんばろうとしていることを集会等でみんなの前で発表している。

それでも、日々、トラブルは続く。親はもうほんとに、この状況はやめたい、もうなんとかしないといけないとしばしば訴え、身体的、精神的に相当にしんどいことを吐露する。ときどき、彼の部屋から、「殺すぞ、こらぁ！」みたいな怒声がずっと続くとのこと。過去のイヤな記憶がフラッシュバックして、そういう状況になっているようだ。

人間関係のあり方を閉ざす方向から開く方向へと変えていく中で、確かにまっちゃんのイライラ、パニックは少なくともぼくたちの関わりの範囲内では減ってきているように思う。けれども、ぼくたちの目に入らないところに、様々なトラブルの種があり、それによって激しい恫喝的態度が引き起こされることがまだしばしばある。

ぼく自身も、他の人たちも、多少いい感じで進んでいるように見えても、またぶり返してしまうこの状況に、正直うんざりしているところもある。

そして、本人が、この状況を改善したいとどこまで思っているかどうか、実は疑問の部分もある。まるで戦場からの帰還兵のように、そのイライラを誘発する極限状態の記憶にしばられ続け、あえてそこから離れたくない、あえてそこに飛び込みたい、というような雰囲気も感じられる。

けれども、そこに囚われていては、この社会の中で、うまく生きていくことができない。

大の大人が無抵抗な子どもにも威嚇的暴言を吐くような行為を地域社会の人々はどこまで許容できるだろうか。それは他者の心に傷を残す行為だ。もちろん彼のほうこそ、これまでに、このコミュニティの人々の悪意ある、あるいは無頓着な行為によって、深く傷つけられているわけであり、その受けた過去の無数の深い傷こそがイライラ、パニックの要因であるのだろう。

通常はその傷はなんらかの形で受け止められ、ある程度は消化される。けれども彼の場合、その受けた傷の痛みは、さらに増幅されて無制御に他者に向かう刃となっているように思われる。はたから見たら、暴れている彼のほうに問題があるとしか見えない。

そして様々な支援の手立て、あるいは他者の声かけ、関わりが、決して届かないような心の闇を彼は抱えている。

まっちゃん自身が、自分がどうしたらいいのか「わからない」というように、まわりの親も支援者も、正直どうしていいのか「わからない」。他者との関わりの中でいつ起爆するかわからない爆弾を抱えながら生きているかのようだ。

どんなにか生きづらいことだろうと思う。

とまどい

相模原の障害者施設での殺傷事件に関するこの文章の冒頭に、なぜぼくの知り合いのまっちゃんの「生きづらさ」から書いたかというと、まさに彼が、精神病院への入院や施設入所を強いられるおそれと日々格闘している人だからだ。この文章を書いている今も、街のどこかでトラブルを起こしているのではないか、そして「他害のおそれあり」とのことで精神病院へ入院させられる恐怖に直面しているのではないか、と内心ひやひやしている。ちょうど数日前に、近所の人とトラブルを起こして、大声、奇声を上げ、その興奮がまだ冷めやらぬ状況だ。

相模原の事件については、ぼくは事件の直後から、入所施設という閉鎖空間での障害者の集団処遇をこの社会が是認していることが事件の大きな背景要因の一つとしてある、ということを指摘してきた。そもそも、なぜ事件で亡くなられた方々が入所施設に入っており、地域社会で暮らし続けることができなかったのか、そのことを問わなければならない。そして事件を受けての私たちの課題は、障害者が地域社会から隔離、排除される状況を改善していくこと、地域自立生活の確立を進めていくことだ、ということを述べてきた。[1]

それは間違っていない方向だと思うが、その一方で、こうした主張に反発する人々の声もいくらかぼくの耳には聞こえてきていた。たとえ理念として、自立生活や地域移行が正しいとしても、さまざまな事情の中で、それがかなわない現実もあり、声高に訴えられても傷つくだけだ、というような声である。

ぼく自身は、そうした声に反発を覚えたりもしたが、よくよく考えると、本当に困難な現状というのは確かにある。そして、明日はどうなるかわからない、今の時点だってどうなるかわからない「まっちゃん」の状況は、まさにそうしたうまくいかない現実をあらわしている。

まっちゃんも苦難の中にいるし、家族も苦難の中にいる。そして、まだ自分の受ける傷は浅いにしても、ある意味必死に関わり続けているぼくも、それなりの苦難を感じている。なにかの拍子に、施設入所、あるいは精神病院への入院が現実のものとなるかもしれない。

街で出会う人間関係のめぐりあわせなどにもよりけりなので、正直、どう転ぶかはわからない。そのことを思うと、なにかぼく自身の拠って立つ足場の底に大きな穴が空きかねないような感覚にもとらわれる。

自分自身が、自立生活や地域移行を強く主張しつつ、ひょっとしたらそれがかなわないかもしれない現実があることを思うと、ある種の苦しみやとまどいを感じざるをえない。おそらくぼくのそうした悩みやとまどいの背後には、無数の当事者や家族たちのそれがあるのだろう。

またおそらく、今回の事件で犠牲になった方や、今施設に入所している方たちのうち、少なからぬ数の人が、まっちゃんと類似の困難を抱え、そうして施設入所にいたってしまったのだと思う。たとえ「施設解体」という理念を唱えるにしても、実際にどれほどの団体が、施設入所している重度の知的障害者の地域移行を支援し、新たに地域で受け入れる取り組みができているだろうか。声高な主張をする自分たちの足元を検証し直すと、実は自分たちの足場ももろいものであったことに気付き、とまどいを覚えることがあるかもしれない。そうした主張と現実の間のギャップからくる、とまどいや動揺の感覚から目を背けることなく、その不安定さに耐え続けること、そのことは事件後、まもなく一年たとうとする今、大事なことのようにも思う。

事件のあと、地域移行を推進する側と施設を守りたい入所者家族の側の対立が、ある意味くっきりしてきたように思う。そしてその対立についても、ぼく自身は「とまどい」を覚えてきた。事件の二週間後、SYNODOSというネット媒体のメディアに、「亡くなられた方々は、なぜ地域社会で生きることができなかったのか——相模原障害者殺傷事件における社会の責任と課題」という文章を発表した（本書1章）。ネット上で読めてアクセスしやすいということもあり、かなりの反響があった。

「社会の責任と課題」という観点からこの事件のある種の本質を明らかにした、というような肯定

（1）　拙稿「亡くなられた方々は、なぜ地域社会で生きることができなかったのか？」（SYNODOS 二〇一六年八月九日付け、本書第1章）および「障害者地域自立生活支援の現場から思うこと」（『現代思想』二〇一六年一〇月号、特集「相模原障害者殺傷事件」、本書第2章）。

的な意見があった一方で、「施設に入れた家族が悪いとしか読めない」というコメントを目にしたこともある。「社会の責任と課題」ということをテーマにしているので、決してそういう趣旨のことを述べたわけでもないし、そうとられないように丁寧に書いたつもりだけれども、この文章によって「家族」は自分が責められていると受け止めたということだ。他の家族の方からも、家族の状況やそれぞれの地域の状況も知らないで、安易な施設批判や地域移行など言わないでほしい、みたいな批判的意見があったとも伝え聞く。

また、事件後の津久井やまゆり園の今後のあり方をめぐっても、地域移行を唱える側と家族の側との対立が鮮明になった。

事件後ほどなくして、神奈川県知事は、家族の意向をもとにして、早々に「事件に屈しないために」津久井やまゆり園をもとの場所に、もとの規模のまま再建するというメッセージを流した。しかし、この動きに対しても、大規模入所施設そのものの問題がこの事件の背景にあるのに、施設をそのまま再建するのはおかしいのではないか、本人たちの思いを丁寧に聞かぬまま施設再建ありきで話をすすめるのはおかしいのではないか、むしろ、本人たちの意向を丁寧に聞き取りながら、地域での暮らしを実現させていくべきではないのか、という声が多数上がり、知事が提起した施設再建の話が異例にもいったん保留となり、「大規模施設での再建を前提としない」という方針が、施設の今後のあり方をめぐる検討会の中でうちたてられた。

しかし、この方針に対して再度、家族の側から、「なぜ園の再生に地域移行の話が出てくるのか。不幸な事件を利用している人がいるとしか思えない」「元の園に戻してほしい」「利用者も家族も以前の生活に戻りたいだけ。事件を機に小規模化を考えないでほしい」と強く訴える声が上がっているとのことだ（『神奈川新聞』二〇一七年五月二三日、及び五月二九日）。

ここには、ぼくを含めて施設ではなく地域での暮らしをと主張する立場の人たちと、入所者の家族との間の、深くて相互の歩み寄りがきわめて困難な溝があるようだ（もちろん地域生活を推進する立場の人の間でも、一人暮らしによる自立生活を推進すべきだという立場とグループホームを中心とした地域移行を展開しようとする立場とでそれなりの対立があるし、また家族の間にも、施設は本人にとって終の棲家という人もいれば、施設でなく地域で暮らせるならそうしてやりたいと考える人もいる。けれども、政治的な話もからむような局面では、そうした地域対施設というような対立が鮮明にならざるをえない）。

そうした溝は、もちろん事件の起きる前からずっとあった。

ぼく自身の経験から言うと、ある施設入所者の地域移行を支援する中で、家族から、一〇年近く激しい非難の言葉を浴び続けたことがある。本人は施設をぜったいに出たいと言っているのに、家族はそれに耳を貸さず、本人にとっては施設こそが「終の棲家」なのだと言って断固として譲らず、結局はこの家族を強引に法的手段によって切ることでしか、地域移行は果たせなかった。支援していたぼくたちの人間性を否定されるような経験を何度か味わった。何度も、低姿勢で歩み寄りの努力をしてきたが、ぼくたちに対する攻撃の姿は変わらなかった。

おそらくは、相手の家族からすれば、自分たちこそ責められている側であって、なぜ自分たちはこんなにも苦しい思いをさせられ続けるのだろう、という気持ちでずっといたのだと思う。その気持ちが、ぼくたちに対する攻撃的な言動になっていたのだろう。

溝は結局、埋まらなかった。

「施設しかない」という家族の思い、気持ち。その背景には家族として障害のある人を養い支え続ける中で、諸方面から受けてきた様々な傷や痛みの蓄積があるのだろう。その傷や痛みの蓄積の果てにたどりついた施設入所。その施設から地域へ再度「逆戻り」するようなことは決して受け付けられないということかもしれない。地域移行を進める側は、地域移行は地域社会へと「前進」していくことと考えるのに、これまで地域で支え続けてきた家族からしたら、それは「逆戻り」することなのかもしれない。過去の傷、痛みが心身の深いレベルで疼き、心身に激しい抵抗感を感じるのかもしれない。

家族の思いや気持ちも大切に、という意見の一方で、その意見にのまれて、たとえ施設を出たい意向を示していても、施設の中で時間切れで衰弱死のように死を迎える人もいる。家族の反対にもかかわらず施設から出て、地域で手厚い支援を受けながら暮らすことで、めきめきと元気になり意識もはっきりしてくる人もいる。そうした人たちのことを考えると、家族との対立も時にはやむなしと思う。それでも、対立によって、双方に蓄積されている痛みや傷はますます見えないものとなっていく。安易な相互理解やわかちあいを峻拒するこのような障害者と家族をとりまく状況、その苦難の状況を生み出したそれぞれの背負って来た歴史の重みを前にして、ぼくはとまどわざるをえない。

苦難

ＳＹＮＯＤＯＳのあとに書いた『現代思想』二〇一六年一〇月号所収の文章（本書第２章）では、重度の重複障害のある青年が、両親の協力のもとで、二四時間介護を入れつつ地域の団地でふつうに一人暮らしをしている様子を紹介した。それによって現実に重度の重複障害の方でも施設でなく地域で自立生活を営むことが可能だということを示したつもりだ。彼の場合、ぼくとは本人が高校生の時からの一〇年来のつきあいがあり、そのときからの本人および両親との信頼関係のようなものが、重度の知的障害のある彼の自立生活の実現をスムーズなものにしたのだと思う。

そうしたケースもある一方で、それぞれの家族の事情、地域の事情、社会資源の事情によって、自立生活や地域移行ということが安易に言えないような状況がいたるところにあることも重々承知している。冒頭に紹介した「まっちゃん」は、ちょっと遠方の街からぼくらの事務所を紹介されて、やってきた。地元の障害福祉サービスの事業所がどこも受け入れられなくなった結果である。ぼくらの事務所の中でもいろんな暴力的トラブルを引き起こしてきたが、彼を拒絶したら、ぼくらの団体が「自立生活センター」であることをやめなければならなくなる、というような必死の思いで、つきあい続けてきた側面もある。

そして、今後、うまくいくかどうかについて、正直誰にもわからないような部分もある。

そのときの人間関係や社会環境、運のめぐりあわせによって、自立生活や地域移行がうまくいくこともあれば、まるでうまくいかないこともある。結果的に施設に入らざるをえない状況になったとして、さまざまな苦悩や苦労の末にたどりついた結果としたら、誰がその責めを負わないといけないのだろうか。

一方で重度の障害がありながら自立生活を成し遂げている人々がいて、テレビ等にも登場する時代になってきたが、それがまったくかなわない現実も厳然と存在する。そこに関わる人々それぞれが苦難の中にあるように思う。まずは、その事実からスタートしないといけないのかもしれない。

もちろん、こう言うことで、施設入所を是認しているわけではない。障害のある人が施設でなく地域で暮らしていけるように、さまざまな立場にいる人たちが本気で考え、力を尽くしていかないといけないと思う。現実には安易、安直な施設入所というのがいたるところで起きている。関わり続ける努力を多くの人がなおざりにし、当事者たちにのみ多くの責任が押し付けられていくことで、当事者たちは深く痛み、傷つき、取り返しがきわめて難しいような状況へと追い込まれていく。

人生の過程で深く心の奥底まで刻み込まれた傷が和らぎ癒えることはきわめて困難だし、できたとしても長い時間がかかる。障害当事者にも刻み込まれた傷はあるし、家族にもある。支援者や介助者もなんらかのかたちで深い傷を負うことがある。[2]それぞれに、固有の傷を負っている。

おそらく、今回の相模原の事件はそうしたそれぞれの奥底に潜在する固有の傷をよみがえらせた。それによって地域か施設か、当事者か家族か、というような対立があらわになっているところもあるのだろう。

だが、たとえ対立があるにせよ、ぼくはやはり、終の棲家となるような入所施設はなくし、障害のある人が、障害のない人と共に、平等に暮らしていける社会をつくっていくために、目の前の人たちの支援を全力で行っていきたい。それは事件が起きるずっと前からの、ぼく自身の生きる目標のようなものだ。

そして、その一方で、今の時点で対立が不可避の状況にあるとしても、それぞれが抱える苦難の歴史には思いを寄せたい。それぞれが、他者には理解されえない心の闇のようなものを抱えている。その闇を闇として受け止め続けていたい。

文章を書くたびに何度も繰り返すが、成人の知的障害者の五人に一人は、施設に入所している。その数は一一万人ほど。精神病院で終日閉鎖病棟に閉じ込められている人も一八万人ほどいるとのこと。家族や支援者の中に深い傷や闇があるといっても、閉じ込められた状況の彼ら彼女らには、より一層深い傷と闇があることだろう。

一人一人の人生の重みを感じながら支援し続けていくにはどうしたらいいのだろう。ある意味で、ぼくは自分自身の目の前のことでその都度精一杯だ。一人の支援にも頭を悩ませるのに、施設や精神病院のない社会というのをどのように築いていけるだろうか。その膨大な課題を前にして、現実の行程を考えようとすると、深くとまどいを感じざるをえない。

けれども、一人一人につきあいつつ、施設や精神病院にいくのを食い止めていくこと、あるいはそこから地域へ移行するのを支援すること、そうしたことを多くの人が丁寧にやっていくことでしか、ものごとは進んでいかないだろう。

今、まっちゃんとは、いつか「まっちゃん物語」を書こうね、という話をしている。彼は、以前は一人暮らしは絶対ムリと言っていたけれども、今はひょっとしたらできるかもしれない、と思い始めている。将来の一人暮らしに向けて、自立体験室というところで体験宿泊の練習を毎月行っている。近所でのトラブルも、一つ一つ支援者が間に入りながら、本人も日々がんばりながら、いい方向に向かっている部分もそれなりにある。自分なりのがんばりと苦労を、その時々ごとに人前で報告し、その都度みんなからの応援の拍手をもらったりもしている。もちろんぶりかえしもある。彼の人生のこれからは、まだまだ紆余曲折があるだろう。けれどもそれらをひっくるめて、その存在を忘却の彼方においやるのではなく、社会の中で歩み続ける足跡をきっちり描いていけるように関わりを続けてい

（2） 介助者が直接現場において感じている「痛み」を論じたものとして、以下も参照のこと。拙稿「介助者の痛み試論——直接介助の現場から考える」（『現代思想』二〇一七年五月号、特集「障害者」、本書第3章）

きたいと思う。

この文章は、いつか書かれる「まっちゃん物語」への序章にもなるだろう。彼の苦難につきあい続けること、それは正直、ぼくにとっても苦難の道のりのようにも思う。けれども、その苦難を共にすることと、そういう「共苦」とでもいうような立場からしか開かれていかないことがあるのだと思う。その先に開かれる未来を、今、共に待ち望みたいと思う。

13

支援・介助の現場で殺意や暴力と向き合うとき

——社会の秘められた暴力と心的外傷（トラウマ）について

——つながりを奪われた人たちのために

「言えない。殺されるから、言えない。言ったら、殺される」（まっちゃん）

「外傷症候群は極限的な情況における人間の正常な反応なのである」（ハーマン）

「当事者・支援者関係には一種の破壊的な力がくり返し侵入してくるらしい。この力は伝統的には当事者の生得的な攻撃性のせいであるとされてきたが、今では加害者の暴力であることが認識されている。」（同）

「外傷には伝染性がある。……支援者は程度こそ違え、当事者と同一の恐怖、怒り、絶望を体験する」

「独りで回復できる生存者がいないように、独りで外傷と取り組める治療者もいない。」（同）

「その自己感覚は粉々に打ち砕かれている。この感覚は元来他者のとのつながりによって築かれたものであるから、他者とのつながりのおいてしか再建できない。」（同）

はじめに

「なんやぁ。なんやねん？　ついてくんなよ。ついてくんな！　バァ～カ！」

パニックを起こし、散々ぼくをふりまわし、「なんとかしてくれや！」「一緒についてきてよ！」などあらゆる懇願をし、ぼくとしてもそれに精一杯つきあった後に、彼の口からぼくに向かって発せられた言葉だった。この「バァ～カ！」には、ぼくに対する最大限の侮辱、見下しの響きが伴っていた。

その瞬間、ぼく自身の内部の尊厳にかかわる部分が激しく揺さぶられ、そう言い放った彼の眼《まなこ》にぼくの視線はすーと吸い寄せられていった。その眼を見つめながら、こいつを今ぶんなぐったら、どんなにか自分が楽になることか、そんな感情が自分の中に湧いてきて、思わず、「今、ぶんなぐりたくなった」とつぶやいていた。

これは、障害のある人との、ある支援現場での出来事だ。正確に言えば、彼の付き添いの介助が終わった後、彼がとり乱し、ぼくと別れることができなくなり、まわりの目を気にすることなくあたりに怒鳴り散らし、「帰る！」と「帰りたくないぞ！」の両極を繰り返し、かけつけてきた警察官等ともぼくにやりとりをさせた後に、ある瞬間、彼の口から出た、ぼくに対する罵声であった。

そのとき、ぼくはある暴力的な感情にとらわれ、ここで彼に対して暴力をふるうことができたら、ある種のエクスタシーを味わうことができるだろう、そんなことを感じていた。

おそらく、ぼくは、「ぶんなぐりたくなった」という言葉を発することで、自分の気を静めることができたのだと思う。その言葉を発することができなかったとしたら、ぼく自身もとり乱し、暴れていたのかもしれない。

このときから、あのとき自分を襲った感情はなんだったのだろうと、いろいろ考え、そこにあてはまる言葉を探ろうとした。それは、ぼく自身のこれまでの経験や学習からは、把握しがたい感覚であった。

ぼくがこのような感情を抱いたこと、あるいは彼がぼくにこのような感情を抱かせたこと、また、なぜぼくにこのような感情を抱かせるほど彼はとり乱したのかということ、それらのことを理解しないといけないと感じた。

ひょっとしたら、障害者支援の現場における暴力や他害、あるいは虐待といったことがらについて考える一つの大きな手がかりなのかもしれないとも感じた。

これまで、障害者の地域自立生活を進めるという課題、(1) あるいは障害者支援における介助者の痛みを考えるという課題(2)などについて考えてきたわけだが、そのいずれにとっても、この暴力への誘因という圧倒的な感覚はどこかでしっかりと見つめないといけない大きな問題だろう。

通常の介助現場で、そこまでの感覚に囚われることは、まずめったにない。でも、人と人との関わりの中でそうした思いにまで行きつくことは、ないことはない。意識するにせよ、しないにせよ、人と人との関わりには、どこかでなにほどかはそうした感情にまきこまれる危険性もはらんでいるのだと思う。

言葉にならない暴力的な力や感情を理解できないものかと、人と話したり、本屋やネットでいろん

(1)「亡くなられた方々は、なぜ地域社会で生きることができなかったのか?」、「障害者地域自立生活支援の現場から思うこと」渡邉(2016a、2016b、本書第1章、第2章)
(2)「介助者の痛み試論」渡邉(2017a、本書第3章)

な文献をあたってみた結果、ぼくは一冊の本に出会うことになった。ジュディス・L・ハーマンの『心的外傷と回復』という本だ。

この本の読書体験は、衝撃だった。その一言一言、一ページ一ページが、ぼくが支援・介助の現場で感じつつなかなか解きえなかったことに迫ってきた。

以前「とまどいと苦難」(3)という文章で、支援・介助現場におけるぼく自身のとまどいやしんどさを書き記したのだが、そこで書いたことのすべてが、この本の中にすでに描かれている、とも感じた。

障害者の自立生活運動というのは、障害者の地域自立生活を推し進めるもので、ある意味、明るくて前向きのものだ。今では行政すらも、障害者の自立や社会参加、施設でなく地域での暮らしを謳うようになってきている。ただ、そうした表向きの理念や運動がある程度世間で認められるようになった裏側で、実際に「障害」に伴う苦難やしんどさ——障害当事者、介護者双方にとっての——を語る言葉が乏しくなってきているのも確かではなかろうか。

障害をもつ人が生きづらく、とり乱すことなどいくらでもあるし、その障害をもつ人に関わる介助者や家族が言いようのないしんどさにとらわれることも、まだまだいくらでもある。

そこらへんについて踏み込んで考えていかないことには、いくら障害者の地域自立生活の推進といっても、運動の理念どまりであり、あるいは、行政のきれいごとのかけ声や絵にかいた餅にとどまるだろう。

理念と現実のギャップの部分、障害者福祉において見て見ぬふりをしたい部分、あるいは人間のおぞましく汚らしい部分、そうした事柄を隠すのではなく共通了解しうる言葉にして、その上で「共に生きる」ということを考えていくこと、そうした作業は決しておろそかにしてはいけないことのはずだ。

ここでは、ぼくの出会った『心的外傷と回復』という本を手がかりとして、人間のそうしたおぞましい側面、本当にしんどいと思う側面をも含み込みつつ、介助や支援、そして「共に生きる」ということを考えていきたいと思う。

「殺意」を感じる現場

強度行動障害のある人たちの地域での日常生活の様子や介護者との関わりを描いた映画「道草」（宍戸大裕監督）が二〇一八年夏ごろより随時公開されている。二〇一七年一二月、早稲田大学でのパーソナルアシスタンス研究会(4)で、映画の制作途上の試写会があり、そこに参加させてもらう機会があった(5)。

監督の宍戸さん自身によるスピーチもあったのだが、そこで宍戸さんは、本当に困難な人のことを撮りたいと思ったと述べていた。以前、障害者入所施設で住み込みで映像を撮らせてもらっていたのだが、そこで、職員や他の入所者たちに繰り返し暴力をふるい、その施設の中にもいられなくなった知的障害のある方がおられ、その方はその後どうなったのかということがずっと気がかりで、そうい

(3) 渡邉（2017b）、本書12章。

(4) 岡部耕典氏（早稲田大学教授、障害学、福祉社会学専攻）主宰の研究会。岡部氏の息子亮佑さんは自閉症・強度行動障害がありつつも、二四時間介護者が付き添う「支援付きの自立生活」をしており、映画「道草」の主演の一人である。

(5) このときは制作途中ということもあり、「はみだしていく（仮）」というタイトルの短縮版が上映された。この原稿は基本的にそのとき見た作品をもとに執筆されたが、以下に記すシーンは本編にも含まれている。

う人たちのことを含めて障害者の地域生活ということを考えていきたいということだった。(6)

映画「道草」には強度行動障害のある方が三名登場するのだが、その中の一人、ゆういちろうさんは、過去に何度か外出時に他者に暴力をふるい、それにより外出が制限され、家の中で閉じこもって過ごしているということだ。家の二階の自分の部屋の中で、彼が大声で叫び激しい物音を立てながら荒れ狂っているときの様子を映したシーンがある。家族や介護者が二階にあがり部屋の前から声をかけると、彼は「大丈夫」「大丈夫」といくらか落ち着いた声を出す。けれども、ちょっとたつとまた強烈な叫び声と物音が部屋の中から聞こえてくる。

別のシーンでは、イライラしている彼に対して介護者が近づくと、「ばかやろー! 包丁で刺すぞ、こらぁ!」という脅しの言葉を介護者に浴びせている。

ようやく訪れた外出の場面では、介護者が下手に彼を刺激しないように少し距離をとりながら同行している様子が映される。いつパニックが起こり、他人に手を出してしまわないか、本人も介護者もものすごく緊張しているのが伝わる。突然、駅のホームで電車待ちをしているとき、衝動的に若い女性の頭を手で触りにいってしまったようだ。相手をびっくりさせ、これでまた外出禁止になるのではとひどくおびえ、とり乱しそうになっている彼の姿も映されている。

非常に緊張感が高く、ところどころ誰が見てもぞっとするであろう場面もある。けれども、この映像を見たとき、ぼくの中では、「あっ、ここにも同じような人がいた!」ということを思い、言葉は悪いが少し安堵感に似たものを感じた。

「とまどいと苦難」(前章)の中で、ふとしたことで突然人柄が豹変し、暴力的になり、女性や子どもであろうとかまわず近くにいる人に威嚇的に叫び続けることのある「まっちゃん」のことを紹介した。

　彼も、そのイライラした状態になると、介助者や支援者に「殺すぞ！」とマジで脅しをきかせるし、場合によっては手や足が出ることもある。自分より弱い障害者や女性、子どもにイライラをぶつけることもある。それによって外出が制限されたり、作業所等に行けなくなることがこれまで何度もあった。そして、親と同居している実家の二階の自分の部屋で、調子の悪いときは夜な夜な「殺すぞー！」と絶叫が聞こえてくることもあるそうだ。

　外出介護で同行しているときに、突然他人に向かって威嚇行動をとりはじめることもしばしばある。その症状が本当にきつく出るときは、家に帰ることも、その場を動くこともできなくなり、ただひたすらその場でわめきちらす。介助者にはひたすら「なんとかしてくれや！」と懇願を繰り返す。そして、その親身になってなんとかしようとしている介助者に対して、突然態度が変わり、「ついてくんな！　バーカ！」などの言葉を吐き捨てる。そうして、関わるあらゆる人たちをふりまわし続ける。冒頭で紹介した、暴力的な感情を感じたエピソードは、そう、まっちゃんとの関わりでの出来事だった。

　ぼく自身も、このように人をふりまわし続け、人間同士の信頼関係をぶち壊しにするような言動を平気で行う彼のことがある意味怖く、彼から逃げたい、と思ったことは何度もある。その支援は、試行錯誤の連続であった。あの、「バーカ」の言葉のときのぼくのメモ帳には、次のような言葉が残されている。

（6）　そのあたりの制作に関わる経緯や監督自身の作品に対する思いについては、宍戸（2018）参照のこと。

「何かのきっかけでパニックが起こり、支援者含め周りの人々に、「家に帰るのイヤやー！」、「帰れー！」「殺すぞー」「帰るなー！」「お前が帰ったら暴れてやるぞ！」「なに見とんのや！」「みんな殺してやるー！」「警察呼べやー！」等々の言葉を怒鳴り続けることのある人と、どう関わったらいいのだろう。

もちろん、本人に「やめろ！」、「そんなこと言ったらどうなるかわかるだろ」、「警察呼ばれるぞ」みたいな安直な意見を言ってもムダ。

実際に警察が来ても、警察も簡単には捕まえたくないから、捕まえないので、警察に対しても同じようなことを叫び続ける。

そうなるきっかけをとにかくなんとかしないといけないのだけど、物理的にムリな場合もある。言ってみたら、関わる人はとばっちりの暴言を浴び続けつつ、関わらないといけない。

関わりから退いたら、遅かれ早かれ、刑務所か精神病院か入所施設。

実際にこういう言葉を浴び続けた経験のある方の意見を聞きたい……」

介助現場、支援現場でこんな思いを感じている人は少なくないと思う。障害者の主体性や尊厳、虐待禁止は確かに言われるようになってきている。でも、その一方で介助者が障害者によってその尊厳を踏みにじられたり、あるいは障害者からの言動の暴力によって心身に傷を負う場合は、その事態をどう考えたらいいのだろう。正直、そこに適切な言葉はそんなにないのが現状だろう。

そうした事態が起きたとき、一番短絡的なのは、サービス提供の停止だろう。あるいは外出禁止等の措置であろう。だがたとえそうしたとしても、誰かがその当事者たちのことを看ないといけない。

たとえば作業所への通所やヘルパー派遣の停止が伝えられたとき、家族が家の中で、その人のことを看続けないといけなくなる。それがかなわなければ、多くは施設入所であろう。施設であっても他の入所者にも暴力をふるう人はさすがにおいておけないということで、入所をやんわり断ったり、退所させたりすることもある。そうすると、精神病院の閉鎖病棟しかないだろう。なにか大きな事件を起こしたとしても、刑務所では支援が無理ということで、精神病院に閉じ込められることになるだろう。

その行く先々で、結局は家族や施設職員、病院スタッフなど、誰かがその人のことを看ないといけない。そして、容易に想像できるだろうが、選択肢が狭まり、社会との関わりが薄くなるほど、その本人は社会性や人間性を奪われ、そして激しい非人間的な衝動行動を起こしやすくなる。その人は、この社会で生きていけない問題ある人とされ、そうしてその存在が次第に隠蔽されていかざるをえない。

関わるまわりの人々みんなに迷惑をかけ、支援者や介護者の人としての尊厳をも揺さぶりをかけてくる人々。そうした人々は、多かれ少なかれ、この社会には一定数いるのだと思う。けれども、おそらく多くの人は知っていると思うが、その人たちだって、決して頭の先から爪の先まで、醜く汚れて危険な人だということは決してない。誰だって、ほっこりした優しさや愛嬌など、魅力的なところは必ず備えている。けれどもその人に他者がどう関わるかというその関わりのありようによっては、そのよさはあっという間に薄れ、汚れや醜さばかりが目立つようになることもある。

ぼくがここで報告したいのは、そうした汚れや醜さがあるからといって、そこにふたをして見ないようにしたり、それらを抱えた人を排斥したりすることではなく、むしろそれらをも「人間の条件」の一つとみなし、そこから「共に生きる」ということを考えていく思考、アプローチである。

そこではおそらく、純粋な加害者も純粋な被害者もいない。社会に閉塞感が漂う中で、自分を不遇にしている奴は誰だといった犯人（加害者）捜しの風潮が強い時代になっている感じもするが、むしろここでは、誰が加害者かという犯人捜しよりも、どの人もある程度被害者であり加害者である中で、共に生きていくとはどういうことか、という実践を前に進めるための論考を書いていきたい。

嫌われる人たち（?）

映画「道草」に登場する「ゆういちろう」さんと、「とまどいと苦難」で紹介した「まっちゃん」に似たものを感じたと書いたわけだが、その人たちにはおおよそ次に記すような共通点があるのかもしれない。

それを「嫌われる人たち」とくくってはよくないとも思うが、今ここではその人たちを排除するのではなく、包摂する手がかりを探るために、さしあたり「?」マーク付きで、このようにくくってみる。

もちろん以下のような特徴は一人の個人が全部担っている必要はないが、場合によってはほとんどあてはまる人もいるだろう。その一部に該当し、まわりのみんなから敬遠されやすい人というのもいるだろう。

「嫌われる人たち（?）」
・突然キレやすい。
・キレたとき、平気で、「帰れ！」「出てけ！」「もうやめる」「つぶれてしまえ」などと叫び、まわりの人たちを威嚇する。
・妙に殺気立ち興奮して、「バカ」「死ね」「殺すぞ」などの暴言を吐くことがある。
・同じデイやグループホーム、施設内の障害者たちにも暴言、暴力が向かうことがある。
・自分で自分の居場所をどんどん少なくしてしまう。
・妙に従順になったかと思うと、妙に偉ぶったり、他者を見下す態度をとる。
・自分より弱そうな人たち（障害のより重い人や女性や子どもなど）にも悪さをすることがある。
・それをやらなければいいのに、とまわりが思うことを何度も繰り返し、まわりの人をうんざりさせる。
・自分でトラブルを招き、支援に入りにくくさせるのに、なにかあったら「なんとかしてくれ！」「すぐに来てくれ！」などと懇願し、ひどく依存的になる。
・ひどく暴れて、人に迷惑をかけたはずなのに、翌日にはけろっとして、軽々しく「ごめんなさい」という。
・しばしば、制御不能なやばい人格、なにかに憑りつかれたような人格があらわれる。
・介助者や支援者（あるいは一番身近な人）に、こんな人を支援する価値なんてあるのか、と思わせるような行動をとる。
・通常の福祉サービス事業所では最終的に受け入れを拒否される。

このように書いた特徴があるとしたら、かなりややこしそうな人だな、できることなら関わりたくない人だな、と通常は思われることだろう。けれども、程度の差こそあれなにほどかは、こうした人は、これまでにも自分たちの近くにおられたでのではないだろうか。自分の居場所がなかなか見つからず、いくらか人に迷惑をかけた後、どこかに行ってしまう人。人間関係を続けるのが苦手で厄介な人とは、当然障害者支援の現場に限らず、どこでも出会うことだろう。そして、まさしく、そうした自分は嫌がられているだろうというまわりの目線があるからこそ、ますますその人たちは悪循環のループにはまり、人から嫌がられる方向に自ら進んでしまうのかもしれない。

まっちゃんたちの話は、ある意味かなり極端な話だが、それでもぼくとしては障害者に特殊な話ではなく、人間のある種の原型、根源的な力をそこに見るような気もする。だから、そうした尋常ならざる力の発現に、いくらかびりながらも、ある点で魅了されたりもする。人間は、ここまでこんなふうになるのか、と通常の健常者社会の中では普段見れないものを垣間見る気持ちになったりもする。

まっちゃんたちのことは障害者の課題ではなく、人間の課題なのだと思う。人間にとって重要な課題が、障害のある彼らを通してよりはっきりと表れているのだとぼくは思う。だから、彼らにつきあい、彼らの背負った課題を一緒に考えていくことは人間というものを理解していく上でとても大事なのだと思う。

けれども、「通常の福祉サービス事業所では受け入れを拒否される」と書いたが、彼らとつきあい続けていくことは、ある意味、ほんとうにしんどさを伴うことでもある。

支援の葛藤

まっちゃんとの関わりはおそらく一五年ほどになるだろう。もちろん、ぼくだけが関わっているわけでなく、自立生活センターや作業所のいろんな人が関わっているわけだが、これまでおおよそどんな経過をたどっているか、ぼく自身の関わりから見えているものを簡単にお伝えする。

1．もともと実家の地元の作業所に通っていたのだが、そこで大いに暴れ、その作業所に通うことができなくなった。その後、ぼくらの事務所にやってきた。出会った当初は悪い自分を出さないようにとある意味ネコをかぶっていたが、次第に、人から自分は嫌われてるんじゃないかと不安にかられ、嫌がる相手にも執拗につきまとうようになる。結果的に事務所内で暴れてしまい、通所制限や通所停止となる。それが解除された後も同じことを繰り返し、また事務所に来れなくなり、ますます不安定になっていく。家で家族が看続けることになるが、家の中でも暴れ、精神病院への強制入院を経験することになる。

2．ピープルファースト京都という知的障害者の当事者団体に関わることになり、そこに自分のやりがいの場を見出すが、それでも不安定な感じは時折見られ、この団体内で暴れて仲間に手を出してしまうこともあった。

3．家の近所でも子どもたち相手にトラブルを起こし、相手の保護者に納得してもらうため、警察から常時の監視を要請される。定期的に外出支援の介助に入ることになる。当初は介助中、トラブルがあっても、なかなか手が付けられないので遠くから見守っていた。時間をかければそれなりに回復する力は確かにある。ただ、言葉を変えれば、放置していた。——本人の行動を止めようとして、かえって刺激し事態を悪化させることは避けられるが、こだわっていることについての事態が好転することはない。

4．トラブルそのものに向き合うようになる。それまではトラブルが起きないように話題をそらしていたが、あえて本人がこだわっているトラブルを主題化するような関わりをしていった。トラブルの一方の当事者を交えて、話ができるときは話をする。そうして、こだわりに対して、相手方を交えて、落とし前をつける。――これはかなりうまくいった。いつまでも続くこだわりが、これによってだいぶ減っていった。ただ、次々とトラブルのネタはやって来るが。

5．彼自身がトラブルに向き合い、それと取り組んでいることを、彼自身の口からいろんな人に知ってもらうことができるような支援をはじめた。当初は自分にとってトラウマとなっているようなところを人に話すのはもちろん抵抗したが、人に自分のことを知ってほしい、自分の生きてきた証や歴史をみなに知らせたいとも思うようになり、そうした隠したかった部分も含めて、人前で話せるようになってきた(7)。

6．冒頭に述べたような、支援に関わるぼく自身の中の暴力性に気づく。とり乱し暴れる当事者に吸い込まれ、その相手に暴力をふるいたくなる衝動に、ぼく自身の支援の行き詰まりを感じた。

7．『心的外傷と回復』と出会い、彼の行動や言動が決して特殊なものではないことを知る。彼がなぜあのようにしつこく人の嫌がることをやるのか、それをやったらおしまいだよ、みたいなことを繰り返しするのか、そのことを理解する。そして、ぼく自身の内面の暴力衝動も、ある場面や人間関係における、普遍的な反応なのだと知る。困難はまだまだ続くだろうが、この本の一節一節を心に刻み付けることで、なんとかもちこたえられるかも、なんとかなるかも、という感触を得る。

今のところ、おおよそ支援はこのような行程をたどっている。

『心的外傷と回復』では、次のようなことが書かれていた(8)。

当事者は、外傷の無名性に囚われている状態から解放され、自分の体験にあてはまる言葉があることに気づく。自分がもはや独りではないことに気づく。同じように苦しんだ人たちがいるのだ。さらに、自分がクレージーでないこと、外傷症候群は極限的な情況における人間の正常な反応なのであるということを知る（二四五頁）。

この言葉は、当事者自身の自覚に関わる言葉だが、当事者を支援し、その支援の先行きに悩みを抱くぼくらにもものすごく響く言葉だった。彼の、ぼくらをうんざりさせる特徴は、「極限的な情況における人間の正常な反応なのである」ということだ。その特徴は決して彼だけに特有のものではない。だから、彼は決して独りではないし、彼と向き合って悩むぼくらも決して独りであるわけではない。先の引用に続いて、次のようにも書かれている。

最後に、自分はこの状態に無際限に苦しむように呪われた存在でないこと、自分も回復するとしてよいのだと思うようになる、他の人たちも回復したのだから――。（二四五頁）

「他の人たちも回復したのだから――」この一言に、ぼくの中で、今の、そしてこれから先の支援

（7）　前章の末尾で、「今、まっちゃんとは、いつか「まっちゃん物語」を書こうね、という話をしている」と述べた。それ以来、まっちゃんの過去と思いをふりかえりつつ、今後に向けて「まっちゃん物語」をつくっていくことは、彼とぼくとの間の一つの目標である。
（8）　以下、ハーマン（1999）からの引用に限って、引用文末に括弧付きのページ数のみ記載する。

における希望の灯を見るようにも思う。彼の行きつく先は精神病院でなくてもいい。この関わりあいの中で、人から嫌われることなく、何かにおびえることなく、生きていけるようになっていく。たとえ紆余曲折あろうとも、いつかはそうなっていく。そんなことを感じることができた。

今はまだもちろん支援の途上であり、日々とまどい悩み続けているが、この本を読んで以降は、困難な課題に立ち向かう彼自身も、支援者としてのぼくも、自分ひとりではない、しんどくてももう少しがんばってみよう、というような感覚をえることができた。正直、もうダメだ、もうムリなんじゃないの、と思うようなこともあるが、それでも同じような状況に苦しんでいた「他の人たちも回復したのだから」という言葉によって、他の人たちも乗り越えてきたんだから、ぼくらもできるだろう、みたいな気持ちを得ることができるになった気がする。

さて、次からより具体的に、障害者支援現場で直面する困難な課題を『心的外傷と回復』を土台としつつ読み解いていきたいが、まず、この本の内容の概観を紹介しておく。

『心的外傷と回復』について

『心的外傷と回復』（“Trauma and Recovery”）は、その英語原文のタイトルに明らかなとおり、「トラウマ」（＝心的外傷）に関する本だ。「トラウマ問題のバイブル」とも言われるそうだが、分厚くて読みにくそうで驚くほど高価な専門書のため、一般にはなかなか通読されることはないだろう。

しかしぼく自身は、この本を通読したとき、大げさかもしれないが、これは「全人類必読」の書ではないか、少なくとも福祉や支援の現場の関係者にとっては必読なのではないか、と正直に思った。支援現場で起きていることの多くを、とりわけ暴力問題等を含む困難ケースの多くを、読み解くカギが描かれている。描かれていることはおぞましく、苦しいことばかりだが、困難を抱え、とり乱しながら生きている人たちへの愛に貫かれている本だとも思った。当事者にも支援者にも力を与えるための本だ。

主に、レイプ後生存者や戦争帰還兵のＰＴＳＤ（Post Traumatic Stress Disorder）のことが取り扱われているのであるが、その他にも、児童虐待の生存者、独裁政権下や誘拐事件によって監禁収容された生存者、あるいはアウシュビッツなど強制収容所の生存者なども事例として何度も取り上げられている。その射程は、驚くほど広い。家庭内の出来事から政治的な出来事を横断し、女性の身に降りかかりやすい出来事（レイプ、ＤＶ）から男性の身に降りかかりやすい出来事（兵役）を横断する。そのすべてに共通する症状とその解釈、また回復への道筋に関して基本的枠組みを提供する本である。

もっとも重要なキーワードは、「つながり」であると思う。全一一章からなるが、第三章のタイトルは「離断」つまり「つながりの断絶 Dis-connection」であり、第十章は「再結合」つまり「つながりの回復 Re-connection」である。まさにこの本の中心テーマは、「つながりを取り戻すこと This book is about restoring connections.」（序、一四頁）である。

トラウマ（心的外傷）を残すような暴力的な出来事によって、人がいかに他者とのつながり、社会とのつながり、そして自分自身とのつながりを奪われるか。つながりを断絶させるような暴力がこの社会においてどのように巧妙にふるわれるか。そしてつながりの断絶がその人のその後の人生にどれほどの苦難をもたらすのか、そしてそこからどのようにして人はつながりを取り戻していくことが可能なのか。これまでほとんど語られることのなかった「つながり」の断絶から回復への過程が丁寧に描かれている。

本書で明らかにされているところでは、過去の外傷的事件によってふりまわされ、とり乱している人は、なにによって自分がおかしくなっているのか、言葉にすることができない。加害者による口止めや加害者に対する恐怖から語りえないこともあるし、その出来事のインパクトが強すぎて、恐怖の感情のほとばしりしか感じられない、あるいは一切が凍り付いた記憶となるから語れないこともある。この本は「身の毛もよだつ怖ろしいことを記している」「ほんとうは誰も耳にしたくないことを記している」（序、一六頁）。それは、社会のほとんどの人が、忘却したい過去、目にしたくない過去、耳にしたくない過去だ。だから、その過去の記憶によってふりまわされてとり乱している人が、この社会においてまっとうに扱われることはほとんどない。たいていは問題ある人、社会に適応できない人とみなされる。しかし、本当に問題とされるべきなのは、その人たちではなく、その人たちに深い傷を残した暴力的な力の方であろう。「心的外傷を研究することは、……人間の本性の中にある、悪をやってのける力と対決することである」（三頁）。この本はまさしくこの社会にひそむ暴力的な力、「悪をやってのける力」を暴き、それと対決する書である。個人の回復を取り扱うと同時に、社会の秘められた暴力的な力と対決する本でもある。

この本には、障害者の事例はほとんど出てこない。しかしぼくには、この本に描かれていることと、障害者支援の現場で起きていることがものの見事に符合した。衝動的になり暴力に訴えている目の前の障害者の背後には何があるのか、それは通常見えてこない。通常、そのような衝動的行動は「障害」のせいにされる。障害者だから、そうなるのだろう、という短絡的な理解となる。

それは、「女性」だから、ヒステリーになりやすいのだろう、という短絡的理解と類似である。しかし、この本では、戦場に駆り出された男性兵士について「兵士たちの多くがヒステリー女性そっくりの行為をしはじめた。兵士たちは金切り声を挙げ、すすり泣いた。抑えることはできなかった。金縛りとなり身動き一つできなくなった……」（二五頁）ということが報告されている。ある圧倒的な暴力を前にしては、男性であろうと女性であろうと、同じような症状を呈することになる。そしてもちろん、健常者であろうと、障害者であろうと。

おそらく、障害者の場合、そのような暴力の被害にあいやすいし、またその被害経験を言葉にすることも障害特性や置かれた立場からして難しい。そして彼らがとり乱すと、それは「障害」のせいだとされやすい。そこに働いたはずの暴力は見えなくされる。そうではなく、そこには社会の暴力的な力が働いているのではないか、ぼくらにはそれが見えていないだけではないのか。まさしくそこら辺に気づかせてくれる本である。

この本で描かれているレイプされた女性たち、児童虐待にあっていた人たち、戦場からの帰還兵たち、アウシュビッツの生存者たちの事象は、多くの障害者たちの事象と共通するものがある。これまで、ぼくの知るところでは、こうした観点から、この本を参照しつつ障害者支援の現場の課題を解釈したものはないと思うので[9]、それをここで行うことは非常に大きな意義があることだと感じている。以下、ハーマンの言葉を借りながら、具体的に見ていく[10]。

通常のケア・システムでは及ばない圧倒的な力

障害者がなにか強い衝動にかられて介助者や支援者などに対して暴力をふるう。暴力とまでいかなくてもいろんな嫌がらせをする、悪口をいう、あえて迷惑をかける。そうした場合がおそらく支援の難しい「困難ケース」とされるものであろう。

通常の人間社会で見られる力を超えたようななにか「デーモン的（デモーニッシュ）な力」（七四頁）が働いている、そんなことを感じる支援現場もあるはずだ。先に紹介したゆういちろうさんやまっちゃんの場合にも、ある憑りつかれたような状態のときは、そうしたなんとも言えないデモーニッシュな力みたいなものが働いているとも思う。もしその現場に居合わせたとしたら、誰しも、感情や感覚を深く激しく揺さぶられることだろう。

もちろん、ほとんど場合の障害者との関わりは、穏やかに過ごすものだ。初対面とかだと緊張することがあるにしても、おおよそ慣れてきたら、そこそこジョークや笑いのある、それなりにのんびりした関わりが多いと思う。しかし稀に、興奮や苛立ち、威嚇等が伴い、関わる人を不信感に陥らせる支援現場がある。『心的外傷と回復』では、そうした当事者（患者）と関わる支援（治療）の現場を次のように表現している。

> 通常のケア・システムは、自分は自分をコントロールでき、人とつながりを持て、自分がいることには意味があるという感覚を人々に与えるものであるが、外傷的な事件はこのケア・システムでは及ばない圧倒的な力を持っている（四六頁）[11]。

> 信頼するという能力が外傷体験によって損なわれている。これ以外の支援関係においては、ある程度の信頼関係が最初からあって当然とされるが、この前提は外傷を受けた当事者の支援の場合には決して保証されない。当事者はあらゆる疑惑と不信にさいなまれつつ支援関係に入る（二一三頁）。

外傷を受けた当事者の支援の場合には、人間関係の一番の基本となる「信頼」感を前提にできないということだ。人が他者と関わる際には、この人は突然攻撃してこない、突然無視したりしない、あ

（9）なお、障害とトラウマとの関連で言えば、児童精神科医で自閉症研究の泰斗の一人、杉山登志郎氏が自閉症者に時々見られるフラッシュバック類似の現象を九〇年代半ばに「タイムスリップ現象」と名付け、考察を深めておられるのを、恥ずかしながら本稿の初稿脱稿後に知った。氏は、当初は自閉症者に見られるパニックの理解の一助としてタイムスリップ現象の考察をはじめたそうだが、その後、自閉症（ないし発達障害）とトラウマの深い関連にますます気づいていったという。「私は、ごく最近になって、自閉症の転帰を決定的に不良にするものはトラウマであることに気付いた。強度行動障害への治療は、トラウマへの対応という視点で突破口が開けるのではないか。長期転帰を不良にしないための対応と同時に、すでに成人期を迎えている彼らへの具体的な方法について、試行錯誤がつづいている。」（杉山 2011b：285）

（10）『心的外傷と回復』（ジュディス・L・ハーマン著、中井久夫訳）の引用の仕方について、本稿を読まれる際に注意していただきたい注を記しておく。

ぼく自身は、ハーマンのこの本を中井久夫氏の訳で繰り返し読み、深い感銘を受けたわけだが、中井氏の訳は達意な日本語に変換されており、時折参照した英語原文と比較すると、それなりに氏の解釈や意向が強く反映された翻訳書になっているようにも感じた。原文と訳書を比較すると、読む印象が変わる箇所もないことはない。けれども、ぼくとしては中井氏の翻訳を通じて大きなインパクトを受けたわけであり、またたいていの日本語の読者はハーマン原文に接する機会はないと思うので、基本的に引用はその翻訳書からにする。

さらにもう一点。本稿の引用では、中井氏の翻訳で「患者 patient」、「治療者 therapist」と言われているところを、あえて「当事者」、「支援者」に置き換えた。なので、以下引用で、「当事者」「支援者」という言葉が使われているところは、訳書では「患者」と「治療者」である。なぜそうしたかというと、本稿の読者が医療関係者よりも障害者支援に関わる人が多いと思われるので、その人々にとってより実感しやすい言葉にしたいと思った点が一つ。それから、『心的外傷と回復』で述べられている心的外傷（トラウマ）との向き合いは、決して医療現場での「治療者」と「患者」に限ったものではなく、もっと開かれているものと感じたので、医療モデルの色彩をあえて外すために、「当事者」、「支援者」という言葉を採用した点がもう一つである。医学的枠組みを外すことにある種の危険性があるのかもしれないけれども、本稿は障害とトラウマの関連を地域自立生活支援の現場にも開いていく意図をもっているので、その点ご寛恕いただけたらと思う（なお、ハーマン自身は、「私の目指す言語とは、私の専門職の脱情熱的・理論的伝統に対しても、暴行を受けて怒りを抑えきれない人々の情熱的な要請に対しても忠実な言語である」（序、一六頁）と言っている通り、医療者にもトラウマのサバイバー当事者にも共に開かれた言語を志向している）。

る程度こちらの投げかけに応答してくれるなどの信頼感が前提されているはずだ。そうした信頼感がなにほどかもなければ、支援や介護の関係含めおよそ人間関係など成立しないだろう。けれども、外傷を受けた当事者はその信頼するという能力が外傷体験によって損なわれているため、相互の信頼感という前提をあてにしつつその人との支援関係に入れないということだ。その意味で、外傷的事件はまさに通常の「ケア・システムでは及ばない圧倒的な力を持っている」。

その外傷的な事件、外傷体験とは、どのような事態であろう。

傷ついた兵士もレイプされた女性も母を求め、神を求めて泣き叫ぶ。この叫びに応答がなかった時に基本的信頼感は粉々に砕ける。外傷を受けた人々はただもう見捨てられ、ただもう孤独であり、生命を支えるケアと庇護との人間と神とのシステムの外に放り出されたと思う。以後、疎外感、離脱感（切り離され感）が、もっとも親密な家族のきずなからもっとも抽象的な地域社会（世間）と宗教への帰属感に至るまで、ありとあらゆる関係に行き渡るようになる。……外傷を受けた人々は自分は生者よりも死者のほうに所属していると思う（七六頁）。

自分の身に置き換えて考えてみよう。もし自分が突如暴漢数名に襲われ、拘束され、誰の助けもない中で、あらゆる辱めと暴力を受けたとしたら、そのとき自分はどうなるか。あるいは、社会の中で、学校のクラスの中で、会社の中で、家族の中で、誰も自分の投げかけに応じてくれず、相手にされず、無視され続け、排除され続けたとしたら、自分はどうなるか。他者の視線や言葉によって、自分の尊厳や存在を否定され続けたとしたら自分はどうなるか。誰一人として自分を救ってくれなかった。誰が他者を信頼できようか。今まで培ってきた他者に対する信頼、世界に対する信頼はがらがらと崩れていくだろう。自分で自分自身が保ちにくくなるだろう。その場合、この社会、この組織、そして自分自身に、存立し続ける意味があるだろうか。自暴自棄になり、のほほんと生きている他者が許せなくなり、他者の存在を否定し、様々な嫌がらせをしかけることに、なんの不思議があるだろうか。

この引用の冒頭には「傷ついた兵士もレイプされた女性も」とあるが、ぼくらはその後に「虐待、いじめにあい続けてきた障害者、長期にわたって差別され、無視され続けた障害者、健常者から分けられ疎外感を感じてきた障害者も」と入れてもいいのではないだろうか。産まれたときから、「産まれてこなかった方がよかったのに」との声がまわりにこだましているかもしれない。少し大きくなったとき自分とまわりの違いに気づき、そして実際に学校等を分けられ、なぜ自分だけ仲間外れなんだと思うかもしれない。直接的な言動で「おばけ」、「がいじ(障害児の蔑称)」などといじめを受けるかもしれない。声を人にかけても無視される経験を重ねるかもしれない。社会にそういう土壌がある以上、他者やこの世への基本的信頼感を形成するということの方が、難しいのかもしれない。

この世の中には、さまざまな人の心を打ち砕くような暴力的な力が、おそらく世間の想像以上にかなり身近にあるのだろう。突然、チンピラなどにカツアゲされ、殺すぞと脅されること、公衆トイレ

(11) 「外傷的な事件はこのケア・システムでは及ばない圧倒的な力を持っている」の箇所はインパクトのある訳文であり、ここでもそのまま引用するが、原文は、Traumatic events overwhelm the ordinary systems of care that... なので、「外傷的事件は通常のケア・システムをぶち壊しにする」というような意味合いだと思われる。ここで「通常のケア・システム」と言われているのは、養育者が子どもにおだやかに肯定的に関わることで子どもの中に基本的信頼感や自立性、コントロール感、他者とのつながり感覚などが形成されていくエリクソン的な育児や発達の体系のことを指す。乳幼児期より長年かけて築かれたその体系が、外傷的事件によって一挙に崩れ去るのである。「通常のケア・システム」については訳書七七－八頁も参照のこと。

でレイプや性的いたずらをされること、クラスの中で全員から無視されること、障害があることで、自身の存在を否定するようなメッセージを浴びること、そうした恐怖をなにほども感じなかった人などこの世には一人もいないだろう。

もし自分の心が打ち砕かれていないとしたら、それは運がよかっただけなのかもしれない。もし自分がそこそこ社会や他者を信頼でき、それなりに満足のいく生活を送れているとしたらそれはなんでなのか、逆に反省してみてもいいのかもしれない。

『心的外傷と回復』では、外傷的事件がその人を襲ったことについて「どうしてまた?」「どうしてこの私に?」と問うことの答えは、「人間の悟性〈理解〉の限界を越えている」(二七八頁)と言われている。その逆もまた正しいだろう。なぜ私たちはたまたま外傷的事件を免れえたのか。もちろんそこにはまわりの環境や生まれ育った過程などいろんなものが要因としてはあるだろう。けれども、究極的には、それらはたまたまで、それも私たちの「理解の限界を越えている」とも言えるのかもしれない。

両極を揺れ動く人間関係

さきほど、「嫌われる人たち(?)」の中で、

・妙に従順になったかと思うと、妙に偉ぶったり、他者を見下す態度をとる。

・自分でトラブルを招き、支援に入りにくくさせるのに、なにかあったら「なんとかしてくれ!」「すぐに来てくれ!」などと懇願し、ひどく依存的になる。

・ひどく暴れて、人に迷惑をかけたはずなのに、翌日にはけろっとして、軽々しく「ごめんなさい」

という。

・しばしば、制御不能なやばい人格、なにかに憑りつかれたような人格があらわれる。

などの特徴を紹介した。

これはぼく自身の経験の中からの言葉であるが、『心的外傷と回復』の中でも、外傷を受けた人々はほどほどの人間関係がとれない、いわば「好き」と「嫌い」という矛盾する両極をすごい勢いで揺れ動くことが指摘されている。以下、少々読み取りにくい箇所なので、ちょっとゆっくり丁寧に読んでみてほしい。

……対人関係の矛盾性は外傷を受けた人間に共通なものである。烈しい怒りを和らげることが難しいために、生存者はコントロールできない怒りを表現するかと思うと〔、〕どのような形の攻撃性をも許さないという両極の間を揺れ動く。……外傷は親密関係から身を引くようにさせもし、それを必死に求めさせもする。基本的信頼の深刻な破壊と、恥辱感と罪悪感と劣等感が普遍的に存在することと、社会生活の中にあるかもしれない外傷の残りかすを避ける必要と、これらすべてが親密関係からの引きこもりのもととなる。しかし、外傷的事件の恐怖は庇護的な依存欲求を強めもする。したがって、外傷を受けた人は孤立と〈他者への不安に満ちたしがみつき〉との間をひんぱんに往復する。この外傷の弁証法は生存者の内的生活だけでなく親しい人たちとの関係にも働いている。その結果、強いが不安定な、両極間を往復する人間関係が生まれる（八二－三頁）。

きわめて攻撃的かと思うと突然柔和な態度をとる。人から離れたい、人を遠ざけたい、という強い思いが来たかと思うと、人にすがりたい、べったり依存したい、という衝動がくる。つまり、「強いが不安定な、両極間を往復する人間関係が生まれる」。

外傷によって他者に対して強い恐怖感が残っていること、また辱めを受けたことに対して激しい恥辱感が残っていること、そうしたことは人から身を退けたいと思う要因になるのに対して、一方で、どうしようもない情況の中で他者にすがりたい、誰かに助けてほしい、見捨てないでほしい、そうした強い気持ちもある。

他者に対する信頼感、そして自己自身に対する信頼感が壊れていなければ、そうした両極を揺れ動くことなく、バランスとりながら、ほどほどのところで人間関係をとりもてるだろう。しかし、「釣り合い（バランス）というものは、まさに外傷を受けた人が持てない当のものである」（六九頁）。

ゆういちろうさんもまっちゃんも、まさにこの両極を揺れ動いている。室内で暴れて荒れ狂ってると思ったら、突如、大丈夫、大丈夫と落ち着いた声を出す。その次の瞬間にはまた荒れ狂う。程度の差はあれ、なにほどか、支援現場でそうしたことを経験したことがある人も多いだろう。

彼女ら彼らはしがみつきと引きこもりの両極の間、なりふり構わぬ屈従と狂乱的犯行との両極の間を揺れ動く。彼女ら彼らはケア提供者を理想化して「特別の」関係を結び、この関係においては通常の対人的境界がなくなってしまう（一九五頁）。

言うまでもなく、好きで揺れ動いているのではない。人間にとって一番基本となる部分を外傷によって砕かれたから、その外傷によって、その後も揺れ動かされ続けているのである。まさに人間がそれなりの尊厳と自立心をもって他者との関わりを生きるとき、その中心となる尊厳と自立心を砕くのが外傷である。その人に関わる支援者などもふりまわされているだろうが、一番ふりまわされているのは言うまでもなく、当の本人である。

第三の加害者の力

実は、あの映画「道草」のゆういちろうさんが暴れているシーンにおいて、お父さんのある重要なコメントも紹介されていた。「施設で職員から暴力を受けて以来、フラッシュバックみたいに、室内で暴れている。抑えつけられたり、注意されたり、そのときのことがよみがえっているみたい」。施設で職員から暴力を受けたということだが、彼が入所していた施設というのは、なんと二〇一七年夏に、ある入所者を一二時間ベッドに縛り続け拘束・虐待死させた施設だったということだ(12)。かつてその施設内でゆういちろうさんには何が起きていたのだろうか。彼が介護者や支援者に向かって怒鳴りつける声は、まさしく施設職員が彼に対して怒鳴っていた声の引き写しではないだろうか。実際に何があったかを語る人などいるよしもないし、もちろん因果関係だってはっきりしない。ただ、彼の現在の衝動的な暴力的ふるまいの様子には、なんらか施設入所時の、頭からついて離れない嫌な出来事の痕跡が残されているように感じられる。

まっちゃんも自分の部屋で夜中に「殺すぞー!」と怖ろしい叫び声を上げていることがあると書いた。彼はあるバスの運転手とトラブルになったとき、本当に「殺すぞ!」と脅されたことがあるそう

(12)「知的障害者施設　入所男性、縛られた状態で死亡　死因不明」(『毎日新聞』二〇一七年一一月一五日)

だ。彼は本当に殺されるかもしれない恐怖におびえたようだ。(13)
ぼくが「何があったの?」と聞いても、「言えない。言ったら殺される。」というのが口癖だった。正直、ぼく自身も、殺されるわけはないだろう、なにを大げさな。と見くびっていたところはある。けれども、彼は本当に殺されると思っていたのだ。そして、そう脅されたことをなかなか人に言えなかったのだ。

実際には、この件は、当の運転手とたまたま直接話し合いの場をもてたことで、解決に近づいた。話し合いの場をもつこと自体にも、「ぜったい嫌だ! 殺される!」と「話し合いさせてくれ!」という気持ちが両極で揺れ動き、すさまじい震え、動揺、緊張を伴い、多くの困難があった。けれども、話し合いをし、確かにその運転手が「殺すぞ」といったことを認め、そして、そのことについて謝罪し、「これからもバスに乗ってや」と言ったことで、彼の中から殺されるかもしれないという脅威が取り除かれ、夜な夜なの叫び声の症状はすとんと収まった。

今、目の前でとり乱している当事者がいるとして、その背後にあるものをぼくらは見ようとしなければならないだろう。それは支援にとって、大きなきっかけとなるものだろう。

支援の場で、強烈な暴力的な力が発動していることがあるかもしれない。でも、その力の源をどこに見るか。暴れている当人の中に暴力的な力を見るのか、それとも、そのように当人を暴れさせている別のところに、その力の源を見るのか。

当事者・支援者関係には一種の破壊的な力がくり返し侵入してくるらしい。この力は伝統的には当事者の生得的な攻撃性のせいであるとされてきたが、今では加害者の暴力であることが認識されている。精神科医エリック・リスターは、外傷を受けた人における転移は単純な二者関係を反映した転移ではなくて〔〕一種の三者関係であると述べている。すなわち「この恐怖はあたかも当事者と支援者とが第三者の面前で身を寄せ合っている感じである。幻の第三者とは加害者である。加害者は……黙っておれと要求してきたのだが、この命令が今破られつつあるところである（二一一頁）。

ここで述べられている通り、その力の源は障害に起因する当事者の生得的な攻撃性ではなく、加害者の暴力である。

自己コントロールを失い、とり乱している当事者は、しばしば支援者なり、家族なり身近な人を攻撃する。その攻撃の源をどこと認識するかで、まったく支援のあり方は変わるだろう。もちろん、攻撃の標的となった支援者や家族は辛い。自分の身も心も傷つく。やってしまったことについて、当事者が免罪されるということもないだろう。でも攻撃の源は、その当事者自身の中にあるのではないのかもしれない。別のより暴力的な力が当事者を襲ったことにより、当事者が一番壊されており、そのことで他者への攻撃性も発動しているのかもしれない。今一番恐怖の中にあるのはその当事者かもしれない。そして、支援者が対決しなければならないのは、当事者ではなく、むしろ第三者たる加害者なのかもしれない。そしてその第三者たる加害者は、当事者に対して暴力を「黙っておれ」と命じて

（13）　杉山氏によれば、このように当事者の口から「殺すぞ！」などの言葉が出るのは、「言語的フラッシュバック」と言われる。「言語的フラッシュバック：子どもが些細なことからキレて、急に目つきが鋭くなり、低い声で「殺してやる」と言うなど。言うまでもなく自分が虐待者から言われたことのフラッシュバックなのである」（杉山 2011a：108）。

おり、当事者もそれを明らかにできないので、その加害者が見えにくいだけなのかもしれない。まさに、まっちゃんの「言えない。言ったら殺される」という言葉にある通りである。

こうした第三の加害者は、特定できる場合もあれば、特定できない場合もあるであろう。不特定多数からの慢性的な無視やしかとによる傷つきなどは、第三の加害者を特定しがたいであろう。

それはともかく、このように第三の加害者を見つめ、当事者と共にそこに対峙していくというアプローチは支援においてかなり有効なアプローチの一つだと思う。

「心的外傷体験の核心は孤立《アイソレーション》と無援《ヘルプレスネス》」だ（三〇九頁）だと言われている。それは外傷体験が支援者含む他者に共有されにくくされているものだからだろう。そうした中、今は姿を隠している第三の加害者に気づくこと、そしてその傷をなにほどかでもわかちあうことができるとしたら、当事者の孤立無援はなにほどかは解消されていくであろう。

再演――その都度繰り返し、他者に迷惑をかけること

他害傾向のある障害者と関わるとき、支援者や介助者は、自分自身に暴力・暴言が及ぶこともしんどいであろうが、たとえ自分が付き添っていても、当事者がくり返し他者――女性、子どもも含めて――に手を出し、迷惑をかけることに、自分の無力感を覚えることであろう。

通常、ある程度の力のある男性が女性や子どもに手を出すことは、絶対にやってはいけないことであろう。支援現場では、そのタブーを打ち破る人をも支援しないといけない。こちらの良心がいたたまれないのだが、「共生社会」を考えようと思ったら、まれに起きる弱者への加害についても慎重に考えていかないといけない。

障害のある人（男性）が、いけないとある程度認識しているのに、繰り返し女性、子どもに近寄り手を出してしまい、問題となるということは時折ある。それをどう考えていくか。

まず、女性、子どもに手を出す人は、この世の中には山ほどいる。その現実は直視しないといけない。健常者、障害者、まったく関係ない。おそらく、健常男性の方が、手を出したときの隠し方がうまい、そして障害者の方が手を出したときに問題とされやすい。それだけのことだ、という側面は確かにある。

だが、通常ならば、手を出して問題となり、人から咎められたとき、再び同じことを行うのには慎重になるだろう。けれども、行動を制限されたとき、慎重になるのではなく、ますますエスカレートする人もいるようだ。心の中のなにかが壊され、ネジが外れてしまっているのかもしれない。

映画の中で、ゆういちろうさんが、電車の駅で、女性の頭を触ってしまい、強い後悔の念にかられて不穏な感じになっているシーンがある。詳しいことはわからないが、なぜ突然彼の手は出てしまったのか、その後、なぜ激しく不穏な感じにおちいったのか。まさにそこに外出時において彼がもっとも気になっている点の一つがあるのかもしれない。

まっちゃんには、これは彼自身がしばしば人前で報告していることであるが、駅で女の子に声をかけて警察に連れていかれ、女の子を怖がらせたことを咎められ、一人で外出はするな、それができなければ施設にいけ、と言われた、という経験がある。その後は通常なら子どもには近寄らないようにするはずだが、逆に子連れの親子を見かけると、突如かけていって声をかけ、子どもに触ろうとする。しかも自然な感じでなく、よこしまな気持ちを抱えているような不自然なぎこちない感じで。

「嫌われる人（?）」には「それをやらなければいいのに、とまわりが思うことを何度も繰り返し、まわりの人をうんざりさせる」という傾向があることを先に指摘したが、なぜか本当に、それをしなければいいのにということを、あえて彼らはやってしまう。不自然な感じで声をかけたら、不審者と思われやすい。すると、変な人がいると思われたり、警察を呼ばれたり、外出しづらくなったりするのに、あえて、自分が不利になりそうなことを、やってしまう。

これがほんとに「難儀な」ところであり、家族や支援者を悩ませるのであるが、『心的外傷と回復』[14]では、心的外傷を負った人においては、そうしたあえて理不尽な方に向かっていってしまう傾向は多くの人に共通し、まさにそれがＰＴＳＤの特徴の一つであることが紹介されている。

こうした傾向は、かのフロイトによって「反復強迫」と名付けられ、フロイトはそれを解釈するのに「死の本能（タナトゥス）」という概念を新たにつくったそうだ（五九頁）。

それはそれとして、なぜ彼らは、やるべきでないこと、もはや起こってほしくないことを再来させようとする傾向があるのか。

一つは、外傷性記憶というものが、その人にとってあまりにも強烈な、そこで時間が止まってしまうような記憶であり、「消去不能のイメージ」であり「死の刻印」であり、そして、「通常の現実を越えた強度の現実性を帯びる」からであろう。その人にとっては拭い去れない、ちょっとしたきっかけで甦えうる強烈な生き生きとしたイメージであり、そこに常に誘因されやすいのであろう。そしてさらに、次のようにも解釈される。

子どもと同じく成人も恐怖の瞬間を再－創出するように強制されているという感覚がある。……時には外傷の瞬間を再演して、その危険な出会いの結果を変えようという幻想を抱く。外傷の瞬間を取り消しundoしようとして、生きのびた者はいっそうの危険を冒すような行動をもあえてする(五六頁)。

外傷を受けたあの恐怖の瞬間(に奪われたもの)をなんとかして取り返そう、そこを取り返さなければ自分が前に進めない、そうしたたぐいの感覚なのであろう。本の中では、レイプ被害者が、ことあろうにレイプ被害現場に何度も訪れてしまいたくなる衝動について書かれている。

私は何ものかが自分より優位に立っているような感じがして、それが今までずっといやだった。あのことが起こった時は私はとても傷つきやすい年齢だった……ので私は彼らが私をすっかり打ち倒したわけでないことを証明してやるべきだと思った。私をレイプした男たちは口々にこう言った。「ここでまた貴様が独りでいるところをみつけたならば貴様を襲ってやるからな」。奴らはほんとうにやるだろうと思った。だから、私はあの裏通りを歩きとおすのはいつもちょっと怖い。私はいつも連中に遭うのではないかと気になった。……しかし私の心の隅では、私があそこを歩きとおさなければ奴らが私に勝ったことになるだろう。だからこそ他の人以上に私はあの裏通りを歩きとおしたいと思っている(五七頁)。

(14)「ほんとに難儀な子なんで……」トラウマに苦しめられている障害者の家族がこの言葉を口にするのを何度も聞いたので、ぼくの印象に残っている言葉。

自分の失われた尊厳を取り戻すために、あるいは、自分の尊厳は加害者なんかには決して奪われていないことを証明したいがために、また被害現場に赴きたいと言うのだ。

なんという痛ましい心性だろう。なぜそこまで痛めつけられたのだろう。もしまわりの人が彼女がまた被害現場に赴きたがっている様子を見たとしたら、通常は、彼女の中のずたずたにされた尊厳が顧みられることなく、そんなことをしようとする彼女を責めるだろう。けれども、ここでは、彼女を痛めつけた暴力の凶悪さこそが認識されないといけない。まさに、まわりの人は、そうしたくなるほどのところにまで落とされた彼女の近くにいようとしないといけないだろう。

おそらく、ゆういちろうさんとまっちゃんとの関わりにおいても、そこまで見て、深く傷ついている彼らの心の中に近づこうとしないといけないだろう。表面的には、女性、子どもに不用意に手を出すということは、きつく戒められる行為だ。そして実際、彼らは何度も厳しく注意されたであろう。彼ら自身に責められる要素もあるかもしれないし、実際にフラッシュバックに襲われているときは明らかに無抵抗の相手に自分からしかけていっていることもあるように思うが、一方で、ほとんど無実の叱責だって、何度も受けたであろう。そして、障害あるゆえに、「不審者」と見なされやすく、また通報等もされやすいであろう[15]。女性、子どもと、入所施設や精神病院は、彼らにとってはものすごくイメージが近いものなのかもしれない。女性、子どもは、彼らにとって、自分が社会から排除される、あるいは自分の尊厳が砕かれる、まさにキーポイントなのかもしれない。

もちろんここには多くの推測が含まれる。けれども、そう見ていくことで、彼らが何度も同じことを繰り返し、悪い状況を自分で招き、そして家族や支援者を困らせる、そのことについて理解は多少は深まるのではなかろうか。もちろんあたっていないかもしれないが、単純に彼らの行動を止めようとしたり、外出を制限するだけでは、良くない方に向かう傾向が収まらないのは確かであろう。そうした制限や閉じ込めはますます、孤立と人間不信を強めるはずだ。だからひとまず、これまで彼らの尊厳が何度も奪われていたのかもしれない、行動の背景に深い傷つきや排除の記憶があるのかもしれないと理解してみることは、一つの大事な試みだと思う。

身体障害者の場合――介護者への転移も含めて

今までは基本的に知的障害者に関わることを見てきた。しかし、身体障害者の介助現場でも時々、通常では考えられないような激しい力に当事者が囚われているのを感じるときがある。お前を徹底的に粉砕してやる、呪い殺してやる、というエネルギーを介助者が受け取るときもまれにある。たとえば以下のような介助者と障害者の関係についての報告は、まさにそんな場面であろう。

夜勤の時には、Aさん〔介助者〕は、寝るな、何もするな、前を見ていろと言われた。しばしば

(15) トラウマ研究の日本での第一人者、宮地尚子氏は、近年の「リスク管理」の風潮の中で、知的障害等をもった人が『不審者』として差別されかねない事態を懸念している。「近年、『リスク管理』という言葉がよく使われるようになっています。学校での殺傷事件が重なって起きて以来、学校は児童や生徒を守るために、『不審者』を警戒するようになり、地域でも『不審者情報』をまわすようになりました。……ただ、『不審者』かどうかは、身だしなみや言動などで判断されることが多く、知的障害や発達障害、精神障害をもった人が差別されるということもおきがちです。実際になにもしていなくても、リスクが高いと見なされただけで拒否や拒絶にあい、新たなトラウマを引き起こすもとにもなりかねません」(宮地 2013：185)。
　この引用にあるような、知的障害者等が世間から警戒され通報されやすくなっているのではないかという状況は、ぼくの見聞きする限り多くの障害者の家族の実感とも重っている。他方、警戒する側にも、単なる差別意識以上のそれなりの事情があるかもしれず、安直な裁定はされない方がいいと思う。

始末書を書けと言われた。Bさん〔障害者〕が寝ていて、投薬のタイミングをずらした時、投薬を忘れたと叱責され、始末書を書けと言われた。……介助時間は長く、夜勤は最低でも連続一四時間だった。お互いに逃げることはできない。睨まれる。怒鳴られる。威嚇される。無視される〔高橋 2017：17〕。

障害者は、「寝るな、何もするな、前を見ていろ」など、介助者の一挙手一投足を支配しようとしている。細かい所作への指示、恣意的な叱責などで、介助者がもつ自由の感覚を奪おうとしているようでもある。さらに、睨み、怒鳴り、威嚇し、無視する。

驚くのは、まさにこうした障害者の介助者に対する態度が、監禁状態〔収容所への捕囚、誘拐、人質〕において加害者が被害者を支配しようとするときと同じものであることだ。

恐怖を起こさせるだけでなく、犯人は被害者の自立性の感覚を粉砕しようとかかる。そのためには被害者の身体とその働きとを細々と詮索した上でこれを支配すればよい。犯人は被害者が何を食べるべきか、いつ眠るべきか、いつトイレットに行くべきか、どういう服を着るべきかまでいちいち監督し指示する。被害者に食物、睡眠、身体の運動などを許さないコントロールは身体の障害を起こさせる結果になる〔一一六頁〕。

この引用はまさに『心的外傷と回復』の第四章「監禁状態」の中で、加害者がいかに被害者をコントロールするかを描写しているところだ。

通常の介助現場というのは、特に指示ややることのないときは、そばで待機しつつ、介助者もそれなりに自分の時間をもつものだ。身体の所作の細かいところまで指示されることはない。けれども、障害者がなにか激しい感情にとらわれていると、介助者のいちいちが気にいらなくなる。介助者の細かい物音も、トイレの流す音も気になるようになり、それらをすべて制御しようとしてくる。日常生活の介助現場が息つまる場所となる。

なぜ上記のようなところまで、障害者が追い込まれているのか。介助者を圧倒的に支配しようとしているのか。

この障害者Bの障害は、進行がとても早く、どんどん重度化していく、という性質のもののようだ。自分で自分の身体をまるで統御できずに、障害がどんどん重度化していく。身体の自立性をはじめに奪われているのは、もちろんこの障害者の方だ。「障害者は、障害の進行や体の痛みから、介助者に対しては常に余裕のない状態にならざるをえない。介助者を感情のはけ口にして暴力的な言動を行ってしまう」（高橋 2017：18）。

障害そのものの進行と身体の痛みにより、自分自身のコントロール感を失い、身近な介助者に対して、暴力的になっていく。

それに対して、「介助者は、長時間労働などもあってストレスを受け止めきれない。介助者はネグレクトに逃げる状態があり、暴力的な言動も出る」（高橋 2017：18）。つまり、介助者側も、障害者のことを無視し、その障害者に対して暴力的な言動を行っていたこともあるということだ。

身体が動かなくなっていく自分、情けない自分、そして介助者から無視され、厳しく叱責される自分、そんなとき自分はどうなっていくだろうか。

「外傷的反応が起こるのは行動が無益な時である。抵抗も逃走も可能でない時には、人間の自己防衛システムは圧倒され、解体に向かう」（四八頁）。

身体障害が重度化し、身体がまったく動かなくなっていく中で、目の前の頑丈な介助者に暴力的な言動で威嚇されたとしたら、自分自身をどこまで保っていられるだろうか。自分の中のなにかが壊れるのも仕方ないではないだろうか。

先に、障害者が介助者の一挙手一投足を支配しようとする呪詛のような力について触れたが、ひょっとしたらその障害者自身が、それ以前に施設や病院、あるいは介助現場で、施設職員や看護師、介助者から自分の心身両面をコントロールされようとする圧倒的な力を感じたのかもしれない。身体が動かなくなる自分に対してふるわれ刻印されたその圧倒的な力が、現在目の前にいる介助者に転化されているのかもしれない。

外傷を受けた人で〔……〕助けようとするケア提供者に怒りを覚え、復讐の空想を胸に秘めている人は多い。その人たちは、空想の中で、自分を失望させた、羨ましい御身分の支援者を、自分が苦しんできたのと同じ耐えがたい恐怖、孤立無援、羞恥の位置に引きずりおろしたいと願う。（二一三頁）

目の前のケア提供者が、彼に暴力をふるった加害者自身であるかもしれないし、そうでないかもしれない。けれども、自分の中に刻印された耐えきれないような恐怖や怒りの行き場がないとき、目の前にちらつく介助者たちに激しい攻撃的感情が向かったとしてもなんら不思議はない。

場合によっては、介助者たちとしては言われのない刃を目の前に突き付けられるわけだ。実際に、その心はその刃によって刺され、傷つくであろう。そうした介助現場に入れる介助者がそう多いはずもなく、入れる介助者はどんどん限られていかざるをえない。

そういう困難な介助現場というのは確かにあり、しばしばぼくも耳にする。そして、介助に入っていた人が、障害者の言動によって、もはや障害者と関わるのは嫌だ、と言うほどに、心に傷を負うことだってある。

障害の進行やそれに伴う実際の身体の痛みによる苦痛、またコントロール感や身体の自立感覚の喪失というのが、障害を負う人の心の統一感を揺るがし、くるわせていくというのは想像に難くないであろう。そこにさらに、他者の威嚇や否定的まなざし、否定的言動が加わると、自分自身の心身に対する信頼感も、社会や世界に対する基本的信頼感も崩れていき、制御不能な痛みや苦しみ、そして怒りの感情が全身を渦巻くことだってあるだろう。

こうした場合、やはり、刃を突き付ける当事者だけを見て、そこに責任を負わせる態度はあまりにも不十分なのだろう。何が本人をそこまで苦しめているのか、その一つ一つの事態に焦点をあて、言葉をあて、そして手当をしていく、さらに介助者たちにも及んでいる傷をも手当てしていく、そうした態度やそのための支援者間のネットワークが必要とされるのだと思う。

そこに介助者や支援者が単独で立ち向かおうとしても、それは不可能であろう。

心的外傷の易傷性と障害者

医学的見解についてぼくはまったくわからないが、『心的外傷と回復』で描かれているＰＴＳＤの諸症状とほぼ同様のことが、知的障害のある人や身体障害のある人においても時折見られることをこれまで述べてきた。この本では、「障害者」のことはほとんど述べられていないのだが、障害者がその障害ゆえに、外傷を負いやすいことは想像に難くないと思われる。

今の社会状況からして、ほとんどの障害のある人は、限られた人間関係しかもっていない。「つながり」に乏しい。産まれたときから、別扱いとされやすいし、学校も違うし、その進路も一般社会の中にはほとんどない。場合によっては小さいころから入所施設暮らしという人もいる。全体的に障害があると外傷への易傷性（傷つきやすさ）が高いことはおおよその想像がつく。[16]

「圧倒的な事態を前にしては個々人の性格の差など物の数ではない」（八四頁）。つまり、激しい外傷的事件に対しては、誰しも心を壊される可能性があるのだけれども、それでも、やはり個人差というのもあることが言われている。

外傷について抵抗力のある人の特徴として、たとえば次のように言われている。

目ざとく敏捷で積極的であり、人づきあいがよく、自分以外の人たちとコミュニケートする手腕がすぐれ、自分の運命は自分で決められるという強力な感覚を持っていた（八六頁）。

今の社会のあり方の中で、障害があって生まれて、自分のことは自分で決められるという強力な感覚をもつよう育てられる人は、きわめて稀ではないだろうか。残念ながら、これまでも今も、障害のある人の育ちや教育は、まったく逆方向に向かわせるようなものがあるのではないだろうか。

他方、傷つきやすい人がどんな人かについては、次のように言われている。

すでに無力化されている人、他者とのつながりを失ってしまっている人はいちばん〔ＰＴＳＤ発症の〕危険率が高いと予見できる。たとえばベトナムに送られた兵士の場合、年齢の低い兵士、教育程度の低い兵士ほど極限的な戦争体験に曝される確率が高かったのであり、また復員後に受ける社会的支援にも乏しく、したがって戦争体験を友人や家族に語る機会も少なかった。こういう兵士がＰＴＳＤ発症のリスクが高かったのは驚くに当たらない。……また、レイプされる前に精神障害があった女性は特に重症で合併症の多い外傷後反応を起こしている。外傷的な事件は、他の不幸もそうだが、すでに障害を持っている人に特に苛酷である（八九－九〇頁）。

引用文最後に、「障害を持っている人に特に苛酷である」とあるが、英語原文は already troubled なので、「障害者」のことを具体的にさしているわけではないが、それでも障害のある人が、通常よりも人とのつきあいが少なかったり、社会の中で無力感を味わうことが多かったり、また社会経験をあまりもたせてもらえなかったりして、外傷のダメージを受けやすいということは上の記述からも推察されうるであろう。

また、身体障害、知的障害という障害特性からも、外傷を受けやすいということは推察される。たとえば身体障害がある場合、なにか脅威が迫った時、そこに立ち向かうこと、そこから逃げるこ

（16）宮地尚子氏は著書『トラウマ』の中で、「マイノリティとトラウマ」というテーマを取り上げている。そこで氏は、人種や民族的マイノリティ、身体障害者、性的マイノリティなどの当事者体験の共通点として、「一つは、自己否定や自己嫌悪など、自尊感情やアイデンティティに関わる苦悩が非常に深いこと、もう一つは、マイノリティであるということは、狭義のトラウマ体験を受ける機会や回数も多い、ということ」を挙げている（宮地 2013：167－8）。

との多くは制限されている。圧倒的暴力に生身でさらされやすい。先にも述べたが「抵抗も逃走も可能でない時には、人間の自己防衛システムは圧倒され、解体に向かう」(四八頁)。

また知的障害がある場合、その証言能力が一般にないとされるので、虐待等の被害にあいやすい。そしてなにか被害を受けたときも、それを言葉にするのが苦手なことも多い。見くびられやすいので、被害にもあいやすいし、そしてその被害経験を供述するにも障害によって不利な状況にある。[17]

障害のある人は、外傷を負いやすい、そしてその見えない外傷によって「障害」とは別の部分でふりまわされている可能性があるという基本認識は、もっと一般にも、支援現場の人にも広がった方がよいであろう。

外傷の伝染性——支援者側のサディスティックな感情

外傷には伝染性がある。支援者は、災害あるいは残虐行為の証人の役割をつとめるうちに時には情緒的に圧倒される。支援者は程度こそ違え、当事者と同一の恐怖、怒り、絶望を体験する(二一七頁)。

冒頭で、ぼく自身の経験として、「今、ぶんなぐりたくなった」という暴力への誘因について語った。それはぼく自身の中から沸き起こったもののようでもあったが、相手がぼくをそこへ誘い込んでいるような感じもあった。つまり、暴力の渦の中へ、ぐいっと誘い込まれた感覚があった。暴力によって、それぞれが、その場の極度の緊張感から解放されたいと思ったのかもしれない。まさしくその感覚が、ぼくをぞっとさせ、このままではいけないと感じさせ、なんらかそこに該当する言葉を探さないといけないと思わせたものだ。
それが今ではある程度説明がつく。その暴力の渦の感覚は、相手方がまさしくその渦中にあった感覚なのだった。そこにはある種のエクスタシーみたいなものまであったような気がする。「アドレナリンのほとばしり」（六〇頁）なのかもしれない。

右記引用の通り、その感覚には伝染性があるのだ。「支援者は程度こそ違え、当事者と同一の恐怖、怒り、絶望を体験する」。

彼に会って感じたぼくの恐怖や怒りや絶望は、まさに彼がその何倍もの強度で味わったものなのであろう。彼がぼくにもたらす恐怖感は、まさに彼が誰かから受けた恐怖感の引き写しなのであろう。ぶんなぐったらどんなに楽になるだろうかというぼくの気持ちは、まさにそうすることで彼自身も極度の恐怖の緊張感から解放されたいと思っている気持ちなのかもしれない。彼がぼくに向ける必死の暴言や罵声は、以前受けた暴力の刻印であり、ひょっとしたら、彼自身がこれほどに苦しんでいるというぼくへのメッセージなのかもしれない。彼の行動は非常に言葉足らずで誤解を招くほかないもの

（17）なお、杉山氏は自閉症スペクトラムとトラウマとの関連性の高さについて次の三つのポイントを指摘している。「1．自閉症スペクトラム障害の場合、普通に生活をしていても、怖い世界が広がっていて、トラウマ的になりやすい。これはとくに知的な障害をもつ子どもにおいて著しい。
2．自閉症スペクトラム障害の場合、タイムスリップという、トラウマにおけるフラッシュバック類似の記憶の病理が介在し、普通なら年月が経てば忘れてしまうようなことがいつまで経っても忘れることができない。長い時間が過ぎたあとに、些細なきっかけで再現に至ることも多い。
3．とくに診断が遅れやすい知的な遅れのない自閉症スペクトラム障害の場合、子ども虐待の高リスクになり、もともとの発達障害の基盤にトラウマが掛け算になることも多い」（杉山 2011a：142）。

なのだけれども、ぼくが彼から受けた感情の大きな揺らぎを一呼吸おいてみることで、まさに彼がどれほど揺さぶられ苦しんできたか、自分の身をもってわかる気がした。

こうした暴力への誘因は、身体障害者の介助現場でも見られるものである。先に紹介した介助者Aと障害者Bの事例では、続いて次のようなことが述べられている。

ある夜、Bさんからお尻の位置をずらすようにと言われて、ずらした。ちがうと言われて、またずらした。ちがうと言われて、またずらす。こんなやりとりが4時間ほど続いた。罵声を受け続けた。その瞬間、AさんはBさんの額を右手の拳で殴りつけようとするイメージがわいて、暴力的な感情に襲われた。手が上がりかけたが、とどまった。あと一歩で手が出た。眠ったBさんを見て、「死ねばいいのに」とどす黒い感情がめぐった（高橋 2017：17）。

障害者から四時間罵声を受け続けた後、介助者は障害者の「額を右手のこぶしで殴りつけようとするイメージがわいて、暴力的な感情に襲われた」という。このとき介助者に沸いた暴力的な感情は、まさに障害者の中にあったなんらかの強烈な感情が引き起こしたものであろう。四時間も執拗に罵声を続けるなんて、通常のエネルギーでできることではない。そしてその通常ではない攻撃的エネルギーは、まさにその当事者が負っている傷、あるいは当事者がどこかで直面したおぞましい恐怖から沸き起こってくるものなのであろう。こうしたエネルギーを身に受けたとき、介助者の中にも同様の強烈な攻撃的反応が生じるのは、言ってみたら正常な人間の反応であろう。

支援する側が当事者と同じような感情に襲われてしまうのは、「逆転移」や「代理受傷」と言うらしい（二一七頁）。精神医学では普通に使われる言葉だと思うが、障害者支援の現場ではあまり知られていない。しかし、当事者の感情が支援者に乗り移ってしまうことがあることは覚えておいた方がいいだろう。同様な暴力的苛立ちを身に帯びること、同様な深い悲しみに沈むこと、同様に人生や社会に絶望してしまうこと、などだ。そして、支援者がそうした強烈な感情を代理受傷することで、支援者自身が自分をたもてなくなったり、社会の通常の人間関係から切り離されそうになる感覚を覚えることもある。


この仕事に携わることは支援者の精神健康に多少とも危険が及ぶことである（二一八頁）。

支援者は当事者と同じ人間関係の破断に苦しまなければならない（二一八頁）。

支援者は自分の私生活のありふれた楽しみを享受するのが難しくなることもあるだろう（二二五頁）。

外傷当事者の支援者は時々精神的バランスを失うものと覚悟しておいたほうがよろしい（二三五頁）。


まさに、外傷によってさまざまにとり乱し、通常の人間関係を取り結ぶのが難しくなった当事者と同様に、支援者自身も精神健康に危険が及ぶかもしれないし、また支援者の日常生活にもなんらかの亀裂が入るかもしれないのだ。

たとえばぼく自身は、街で子連れの親子を見ると、自分がある種の過覚醒、警戒態勢に入るのがわかる。まっちゃんと長年つきあい、何百回も子連れの親子に対して緊張感をもってぎこちなく接しようとする彼の姿を見続けることで、彼の緊張感がぼくの中に伝染しているのである。

街で子連れの親子に出会うと、ほほえましいなと思う一方で、そのほほえましい光景が揺らぎ、そこにひびが入る感覚に襲われることがある。彼がこの場にいたら、一瞬にしてこの場が緊張関係に入るかもしれないことがぼくの中にしみついているからだ。そんなことを思うと、彼にとっては、日常の社会そのものがいわば戦争状態にあるのかもしれない、そう感じることもある。

自分自身が通常それによって生きているはずの社会通念や良識といったものが揺さぶりをかけられ、足元がぐらつく感覚を覚えさせられるような支援や介助の現場。その揺さぶりには「殺すぞ！」などの直接的な暴力的言動も含まれる。そのような現場に居合わせた際は、相手を制止したり、排斥しようとしたら、事態はよりエスカレートする。だから、支援者は、自分の通念を揺るがされながらも、事態をよりましな方に向かわせるために、相手と適度な距離をとりつつ、向き合い続けないといけない。こういう場合の支援は、支援者単独で取り組めるようなものではないだろう。

独りで回復できる生存者がいないように、独りで外傷と取り組める支援者もいない（二一八頁）。

外傷を負った人との関わりは、支援者側の基本的信頼感にも揺さぶりをかける。支援者も自身のよってたつ足場を崩され、孤立化され、宙づりにされる。

しばしば、困難ケースに関わる支援者は、職場内においても孤立感を味わうことがある。「あんな人にいつまでもふりまわされてるんじゃないよ」「他の人の支援ももっとしてよ」「どれだけあの人に時間使ってんの」そんなメッセージを言外に受け取ることもあるだろう。職場内でその当事者のことを話しにくくなってしまうために、「当事者と同じように、支援者は秘密の生活を持ちはじめる」（二三七頁）こともある。

支援者はまた、通常では気づかないような、自分自身の中の暴力的なおぞましい感覚にも向き合わないといけない。

支援の手始めは支援者が自分自身のサディスティックな感情から目をそらさずに、これと対決することであった。……支援者は、極度の心身のストレス状況において……自分も簡単に人が殺せるだろうという可能性を思い浮かべなければならない（二二四頁）。

サディスティックな感覚、つまり、他人に苦痛を与えたり、他人が苦しんでいるをの見たりすることで満足や快楽をえるような感覚、そんな感覚が自分の中にあるのを見つめないといけない。

自分をふりまわし、揺さぶる人に関わり続けていると、その人に嫌悪や反発を感じ、もっと苦しめばいいのに、という思いを抱くことはありうることだろう。支援現場が密室だったり、その当事者が孤立していたり、まわりの人がその当事者に無関心だったら、そうした感覚はより現実的なものとなる。

支援者は当事者の行動に反発と嫌悪を覚えるかもしれないし、当事者が「よい」当事者とはかくあるべしという理想化された概念のレベルに達しない行動をした場合には、支援者のほうも極度に裁き役的になったりこまごまとアラ探しをしたりするようになるかもしれない。当事者の孤立無援感に軽蔑を感じるようになりはじめるかもしれないし、当事者の復讐の念のこもる怒りに被害妄想的な恐怖を覚えるかもしれない。当事者をあからさまに憎悪し、厄介払いしたいという気持ちになる瞬間もあるだろう。最後に、支援者は覗き魔的な興奮を覚えるかもしれない。魅惑されるかもしれず、性欲の高まりを感じるかもしれない（二二四頁）。

入所施設等での虐待がしばしば報道されるが、まさに右記の記述は、障害者への虐待が起きる際の心理の動きを記しているのではないだろうか。当事者と支援者の関わりが外へと開いておらず、一対一であったり、密室であったりする場合、他者の目がそこに入ってない場合に、虐待のリスクはますます高まるだろう。

まさに「外傷のある当事者との出会いは、支援者を、自分がどれだけ悪事を働けるかという可能性との対決に導かずにはおかない」（二二五頁）。

もし、自分がその悪事を働く可能性に負けそうなとき、つまり支援において暴力の危うい一線を越えてしまいそうなときは、その場を退くのも懸命な判断であろう。『心的外傷と回復』では次のように言われている。

何びとといえども単独で外傷と対決することはできない。支援者が臨床実践において孤独を自覚したならば、適切十分なサポート・システムを得るまでは外傷のある当事者の支援を中止するべきである（二三八頁）。

どの現場も人手不足であり、たとえ退きたくても退けないのが、今の障害者支援の現場であろう。けれども、そうであったとしたら、さまざまな様々な「つながり」の力を動員するしかない。投げ出す前に、その「つながり」を広げ確かなものにする努力をどれだけしたかが、問われるだろう。

「ひとりぼっちじゃないよ」――「つながり」を取り戻していくこと

以上、レイプ後生存者や戦争帰還兵などに見られる、尋常ではないエネルギーを伴った諸症状が、知的障害者や身体障害者、そして場合によっては支援者や介助者においても見られることを述べてきた。そして、障害があると、そうした外傷による傷つきやすさ（易傷性）も高いことを指摘した。『心的外傷と回復』が解き明かすのは、それらの諸症状が「極限的な情況における人間の正常な反応なのである」ということだ。

やるべきでないことの執拗な繰り返し、嫌がらせととりすがりの両極端な行動、何かに憑りつかれたような侵入症状、それらはすべて、何ものかによって外傷を負った後の「正常な反応」だというのだ。支援者や家族がその状態に巻き込まれ、当事者と同様の感情に囚われていくのも、外傷を負わせた圧倒的な力のゆえであろう。

一度破壊された人間関係の「つながり」の感覚を再び取り戻していくことは、本当に労力や忍耐力、そして精神力が必要となるように思う。そしておそらく、誰も単独では外傷と対決できないと言われたように、個々人の内部の力だけではなく、そこにはさらに、相互に信頼しあう人間の絆の力のようなものが、当事者と支援者の間、及び支援者同士の間で、必要となると思われる。

『心的外傷と回復』では、前半にさまざまな状況下での外傷的反応の諸症状や外傷を作り出す仕組み、あるいは外傷研究の歴史などが論じられ、後半に、回復の過程、回復へ向けた治療（支援）のあり方が語られる。

回復の段階は、「安全の確立」、「想起と服喪追悼」、「通常生活との再結合」という三段階をとると言われるが（ちょうど第八章「安全」、第九章「服喪追悼」、第十章「再結合」がそれに対応している）、あくまでこの三段階は「便宜的なフィクション」であると言われているように、実際の回復の過程はこんなにきれいに整理されて進むわけではない。うまくいったかと思うとぶりかえし、あっちへいったかと思うとこっちへいくという感じで大きな荒波にもまれつつ、常に関わる人たちは揺さぶられながら、気づいたらよりましな方へと進んでいるというようなものだろう。

ここでは、これらの諸段階の内容にまで立ち入って紹介するということはせず、回復、つまり「つながりを取り戻す」ということを考える際にぼくがポイントとなると思ういくつかの点を、ぼく自身の支援現場での経験を踏まえながら、伝えたいと思う。

まず、原則の確認である。

その自己感覚は粉々に打ち砕かれている。この感覚は、元来他者のとのつながりによって築かれたものであるから、他者とのつながりにおいてしか再建できない（九一頁）。

外傷被害の当事者というのは、自分から身近な人を攻撃したり、不意にわめきちらしたり、他者を追い出そうとしたりして、自分から人とのつながりを断つようなことをする傾向にあるように思う。けれども、まさに本人は人とのつながりを断つようなことをするにもかかわらず、「他者とのつながり」を堅持することからしか回復はありえないのである。

「反省しておけ！」「当分の間、出入り禁止」「もう二度と来るな！」などの突き放すやり方で状況がよくなることはまずないであろう。ますます、イライラやパニックの傾向は強くなると思う。他者とのつながりを相互に何度も何度も確認する中からしか、つながりを取り戻すことは考えられない、ということだ。

まさに、外傷を引き起こす暴力というのは、他者とのつながりの感覚を断ち切るようなものであった。他者の前で自分がそこそこまともな人間であるという感覚が打ち砕かれている。自分は信用されるに値しない汚れたダメな人間だ、というところまで被害者を惨めに打ち砕き突き落とそうとするのがその暴力の本質であろう。そしてその暴力の真の加害者はどこかに身を隠してしまう。

もちろん支援者は、ある意味いわれのない暴力を身に浴びるのであるから、大変である。けれども、向き合うべきなのは、とり乱しているその人ではなく、むしろその人をとり乱させている見えざる脅威に対してであろう。その脅威は当事者と支援者の間のつながりを執拗に切り離そうとするが、そこに負けることなく、その脅威に当事者と支援者で一緒に立ち向かうような態度が必要なのだと思う。

同様のことであるが、心的外傷体験の核心と、回復体験の核心として、次のように言われている。

　心的外傷体験の核心は孤立《アイソレーション》と無援《ヘルプレスネス》である。回復体験の核心は有力化《エンパワメント》と再結合《リコネクション》である（三〇九頁）。

まさに当事者を孤立化させること、誰も信用できない状態にすることが心的外傷体験の核心である。

社会との、他者との、自己との、あらゆる「つながり」の感覚の喪失がその核心である。だからこそ、その「つながり」の感覚を取り戻していくこと、つまり、自分はこの社会に生きていてもいいんだ、仲間たちと一緒に楽しく過ごしていいんだ、笑ったり泣いたり遊んだりちょっと言い合いになったりしてもいいんだ、そういう感覚をもつ自分を取り戻していくこと、そして他者や社会とのつながりの感覚を徐々に取り戻していくこと、そうしたことが回復体験の核心なのであろう。

ハーマンの本を読むことで、まっちゃんはじめ多くの障害のある方々がいかに孤立無援の中で生きているのか、他者に対してどれほど怯えながら過ごしているのか、いくらかわかった気がした。自分を社会に適合できなくさせた他者たちを憎むこともあるだろうし、自分抜きに笑ったり楽しそうにしたりしている他者たちを見て、嫉妬や憎悪を抱くこともあろう。他者は自分のことを無視したり、排除したり、チクったりすることで、自分をこの場にいなくさせることのできる存在でもある。社会の中のどんな他者だって、脅威になる可能性をひめているのだ。

長年まっちゃんとつきあっていて、ぼく自身もどうしようもなくなり、見捨てかけたことだってある。正直、まだつきあい続けられているのは、他のさまざまな人たちの力のおかげだし、また運によるところも大きいと思う。

最近、まっちゃんの支援の中で、「もうひとりぼっちじゃないよ」ということを意識的に言うようにしている。たとえば、以下のような声かけだ。

「ほんとにこれまでしんどかったんやね。ひとりでたたかってきたんだね。ほんとにしんどかったんだね」。

「これからはもう一人じゃないからね。ひとりでたたかわなくていいからね。みんなが味方してくれるからね。みんなが応援してるんだからね」。

「ほんとにたいへんやったね。ちゃんと話を聞くから、しんどいこと、嫌なこと、教えてね。聞かせてね」。

もちろん、これを言えば大丈夫という魔法の一言なんてあるわけもなく、ある種の侵入症状が起きている現場では、そんな声かけは通用しなくなるのだけれども、それでも落ち着いているときはいろんなことを聞かせてくれるようになった。

前は「言ったら殺されるから言えない」とか「また警察に捕まるから言えない」ということが多かったけれども、イライラパニックが起きた後は、だいたいどんなことがあったかを話してくれるようになった。

『心的外傷と回復』ではこんなことが書かれている。


支援者がそばにいてくれるからこそ、被害経験者は口に出せないことを口に出せるのである（二七三頁）。

外傷体験の記憶というのは、加害者によって黙っておれと命じられたような記憶であった。「言ったら殺される」ような記憶であった。だからこそ、その恐怖の記憶に一人で縛られ続け、孤独の中で恐怖と闘い、ふりまわされ続けるのであろう。その記憶を言葉にすることは、本当に勇気のいることなのだと思う。でも、言葉というのは、社会や他者とのつながりをつくるためにあるものなのだから、その記憶に言葉をあてがい他者と共有していくということは、「つながり」を新たに再建していくということであろう。支援者は、「その口に出せないことを口に出せる」よう、そばにいるのだ。支援者ともその記憶を共有していくことで、その記憶はもはや秘密ではなくなっていく。加害者の脅威は被害者一人で抱え込むものではなくなっていく。

ある近親姦の生存者は支援者にこう助言している。すなわち「語るように励ましつづけてください。語る姿を見るに忍びなくても、です。信じるまでにはずいぶんと時間がかかります。私がそれについて語れば語るほど、それが間違いなく起こったと思えるようになり、それを統合できるようになる。絶えず〝大丈夫だよ〟といってもらうことは非常に大切である。独りぼっちのどうしようもなくか弱かった少女だったという感じから遠ざけてもらうことならなんでも大切である」(二七九頁)。

このように、語ることを通して、他者とのつながりを再形成していくと同時に、自分の精神が加害者の暴力にのっとられたような感覚から、自分が自分であるという感覚を取り戻していくのであろう。なお、最近は「ひとりぼっちじゃないよ」という声かけを支援者にも、特に困難ケースに関わる支援者にもするようにしている。先にも述べたように、支援者も、どうにもコントロールのきかない尋常でないエネルギーを身に浴びると、その心を孤立化させられる感覚になる。支援する際に、信頼できる他者がいてその人といつでも話し合えるような関係があることはとても大事なことだ。

先に、身体障害者の場合として、介助者Aと障害者Bの場合を引き合いに出した。そこでは次のように報告されている。

まず、「一対一の関係では、話し合いはめったに成立しない」（高橋 2017：18）。それぞれが孤立し、暴力的な感情の渦に巻き込まれている中では、まさにつながりが破断されているので、通常の会話も成立しがたいのであろう。

そして、信頼できる介助者間のやりとりの大事さも次のように述べられている。

障害当事者のコーディネーターが介助者会議をつくってくれた。これは大切な機会だった。介助中の苦しかった経験は基本的には話せない。安心して話せる相手が少ない。誰にでも話せるわけではない。矛盾するようだが、自分が苦しめられている障害者のことを否定的に受けとめられたら（「ひどいやつだ」など）もう話せなくなる。……ある程度以上の深い水準で、障害者を肯定している人にしか安心して話せない。ストレスを暴力的な衝動に転換させる回路を開かない、話の聞き手が必要である（高橋 2017：19）。

介助者が介助中の苦しい気持ちを語るというのは良心がある人ほど難しいことだと思う。一歩間違えれば、障害者に対する憎悪や反発の渦に巻き込まれてしまう。障害者をこばかにしたり、あらさがししたり、健常者目線で評価、ランク付けすることにつながってしまう。先にも述べたが、まさにそうした雰囲気が、虐待を招くのであろう。

そうではなく、まさに障害のある人たち一人一人が背負っているもの、苦しめられているところのものを見つめながら、介助者自身もそれぞれ何によって苦しんでいるのかというところを言葉にしていけるような話し合い、つまり困難の中から新たな「つながり」の言葉を見つけていくような話し合いが大事なのだろう。

「だれしも、なにほどかは過去の囚人である」

他者に暴力や殺意を向ける人は、あたりまえのことだが、この地域社会では生きにくい。おそらく今の時代は、身体障害者であれ、知的障害者であれ、精神障害者であれ、「まわりに迷惑をかけないのであれば」地域で暮らすことを拒まれることはほとんどないであろう。ただ、身体障害者に比べて迷惑をかける可能性が高そうだ、ということで知的障害者や精神障害者関係の施設（グループホームや作業所含めて）は、地域住民からの反対にあいやすい。障害者差別解消法やバリアフリー法などで、障害者と共に生きる社会づくりというのは前進していると思うが、一方で、生きにくい人、排除されやすくなっている人もいるように感じられる。「殺すぞぉ！」とすごまれたとき、支援者や介助者はどう関わったらいいのだろうか。「出てけぇ！」などと女性や子どもにまで向かって叫び、恐怖におびえさせてる人をこの地域社会はどう受け止めていけばいいのだろうか。まさに彼らが「共に生きる」とは逆のメッセージを発するがゆえに、「共に生きる」共同体から排除されやすくなっているのだろう。

今回はまさに、そうした困難な状況にある人たちと共にあるインクルーシブな地域社会をどう目指していくか、真に誰も取り残さない社会ということを言うとしたらそうした人との関わりをどう考えていくか、ということについて、『心的外傷と回復』を導きの糸としながら、論じてみた。

この本を参照することで、障害者にはＰＴＳＤの人が多い、といった単純なことを言いたかったのではもちろんない。この本に描かれた社会の秘められた暴力と心的外傷（トラウマ）をめぐる考察が、今私たちが目の前で直面し、取り組んでいかないといけない課題を理解する上でものすごく参考になるので、それを示したかったのだ。

「殺すぞぉ」や「出てけぇ」も、障害のある人たちの生得的な攻撃性を示したものではなく、ある状況下におかれたら障害者、健常者関係なく、人間として普通の反応なのだ、ということを示したつもりだ。

そして、障害者は、障害があることで、おそらく暴力や暴言の被害にあいやすい。またその被害をうまく話せなかったり、障害があるから仕方ないとあきらめたりする中で、その暴力は隠蔽されやすい。「殺すぞ」や「出てけ」という言葉が突発的にあらわれたとしても、それはこの社会において暗黙の内に彼らに向けられた仕打ちの反映なのかもしれない（そして実際に、まっちゃんもゆういちろうさんも、そうした言葉を投げかけられたことがあるのだろう）。

私たちは、表面的な人々の行動だけでなく、そうした隠蔽された暴力の力をも見ないといけないと思う。

『心的外傷と回復』の中には「だれしも、なにほどかは過去の囚人である」というフレーズがある。(18)

誰しも、人生の経験の中で、この世の中には語りたくないような暴力、聞かれたくないような暴力があることを多かれ少なかれ知っているだろう。誰しも心の中にトラウマとなるような事件を抱えているだろう。あのとき生きのびることができてよかったと思うような経験を一度や二度はしているだろう。

（18） Herman 2015 : 235。なぜか訳書では抜けていた言葉。原文は To some degree everyone is a prisoner of the past.

たまたま私たちの多くは生きのびてきただけだ。他方で、まわりの環境や自分がたまたまもって生まれたもの、そしてなにより運によって、そこをうまくくぐり抜けられなかった人もいる。その人たちはその過去に縛られ、そこからなかなか逃れられない。いわばこの社会から取り残され、異物扱いされてしまう。運悪く苛酷な暴力から逃れられなかった人は、その暴力にそれ以降の人生もふりまわされ続ける。

まさにそうした見えざる暴力の暴力性を認識しそれと対決しつつ、その暴力に苛まれふりまわされている人々に手を差し伸べ、「共に生きる」姿勢を示し続けること、少なくともじっとそばに居続けること、あるいはその社会的暴力を察知しつつその暴力が発現しにくい環境をつくっていくこと、そのためにはきれいごとではすまされない人間のおぞましい側面とも向き合う忍耐や深い洞察が必要となるけれども、そうしたことが「共に生きる」社会をめざすうえで必要な態度なのであろう。

奪われた「つながり」を取り戻すことはもちろん安易なことではない。当事者、支援者双方ともに苦難の道を歩まないといけないだろう。その途上において深い断絶や絶望、激しい感情を感じることもしばしばあるだろう。だが本稿で示したように、そうした絶望感は決して自分一人だけのものではない。多くの人が今まで経験してきたし、そして今も経験しているものだ。この道は多くの人が歩んできた道であり、多くの人が今歩み続けている道だ。私たちはひとりぼっちではない。つながりを取り戻す可能性は開かれているのだろう。本稿を通して、その可能性や希望を多くの人と共有できれば幸いである。

参考文献

宍戸大裕 2018「道草」、『支援』Vol.8 所収
ジュディス・L・ハーマン 1999『心的外傷と回復　増補版』（中井久夫訳）、みすず書房（原著：J.L.Herman（2015）：Trauma and Recovery（New York, Basic books）, first published in 1992.）
杉山登志郎 2011a『発達障害のいま』、講談社現代新書
杉山登志郎 2011b『杉山登志郎著作集①自閉症の精神病理と治療』、日本評論社
高橋慎一 2017「障害者介助と暴力についての試論」、『賃金と社会保障』No.1687＋88 所収。なお、この原稿はリバイバルされて、「何が暴力を振るわせるのか？——障害者介助と暴力の構造」として『生きている！殺すな——やまゆり園事件の起きる時代に生きる障害者たち』（山吹書店、二〇一七年）にも収録されている）。
宮地尚子 2013『トラウマ』、岩波新書
渡邉琢 2016a「亡くなられた方々は、なぜ地域社会で生きることができなかったのか？——相模原障害者殺傷事件における社会の責任と課題」（SYNODOS、二〇一六年八月九日付、https://synodos.jp/welfare/17696）
渡邉琢 2016b「障害者地域自立生活支援の現場から思うこと——あたりまえの尊厳とつながりが奪われないために」、『現代思想』二〇一六年一〇月号（特集「相模原障害者殺傷事件」）
渡邉琢 2017a「介助者の痛み試論——直接介助の現場から考える」、『現代思想』二〇一七年五月号（特集「障害者」）
渡邉琢 2017b「とまどいと苦難——相模原の事件のあとに感じること」『賃金と社会保障』No.1687＋88 初出→『生きている！殺すな——やまゆり園事件の起きる時代に生きる障害者たち』、山吹書店所収。

14 言葉を失うとき
――相模原障害者殺傷事件から二年目に考えること

津久井やまゆり園訪問

数カ月前、縁あって、津久井やまゆり園芹が谷園舎に入所されている一人の女性のもとを訪問する機会があった。二年前に一九名の入所者の殺人事件のあった相模原市の津久井やまゆり園はいったん閉鎖され、難を逃れた入所者のほとんどは横浜市内の芹が谷園舎に移転したため、その仮移転先へと訪れたのであった。

訪問はご家族の面会に同行するかたちだった。その女性は車いすに座っており、ぼくらが部屋に入ると興味深そうにこちらを眺めていた。近づいて話しかけると、不安そうな、おびえるような顔つきも見せた。語りかけても、言葉での返事は特に返ってこなかった。

少ししてから、みんなでちょっと施設の周囲を散歩することになった。車いすのベルトをとると、彼女は衝動的に歩き始めた。車いすから解放されたかったんだな、ご家族と一緒に外へ出たいんだな、そんなことを感じた。ベルトは、以前歩行中に転倒して腕を怪我したため、つけることになったそうだ。散歩は施設周囲をめぐる予定であったが、彼女はより遠くへ行きたい様子だった。結局、一〇分ほど外にいただけで、施設に戻ることになり、面会は終わった。

その後、ご家族から、その方のこれまでのエピソードを伺った。小学生のとき、英語で What's your name? と問いかけられ、My name is 〇〇. と答えたとのことだった。また、思春期のときに荒れて施設に入ったけれども、成人式のおりに一言求められた際には、施設職員や家族たちの前で、「明日も大事にしてください」と述べたとのことだった。その後、年齢を重ねるにつれてだんだんしゃべらなくなったそうだ。

彼女に会って以降、なにが彼女から言葉を奪ったのだろうかとしばしば思う。いったいどのような経験の中で、彼女は語る言葉を喪失していったのだろうか。そして今後彼女が言葉を取り戻していくことはあるのだろうか。

「意思疎通がとれない者」とは

繰り返し報道されたが、一九名もの障害者の殺人の動機は、障害者はいないほうがいい、障害者は不幸をつくる、という思いからであった。被告は、事件の数カ月前に衆議院議長に宛てた手紙において「私の目標は重複障害者の方が家庭内での生活、及び社会的活動が極めて困難な場合、保護者の同意を得て安楽死できる世界です」とも述べている。犯行当日は、居合わせた職員を連れまわして「この入所者は話せるのか」と問いただしつつ凶行に及んだとも報道された。犯行の意図としては、障害者全般がいないほうがいいというよりも、社会的活動が困難な者、意思疎通のとれない者がいらない、というようにもとれる。

実際のところは、亡くなられた方たちが必ずしも意思疎通のとれない者、話せない者ではなかったことについては別のところですでに指摘した（渡邉琢 2016b、本書第2章）。犯行に及ぶ際の被告の意図とは別にして、犯行そのものはランダムに進行していったのではないかと思われる。ぼくが面会した女性の入所者は、家族の話によると事件当時たまたま入居部屋が目につきにくくて被告がその前を通過したために、犠牲にならずにすんだのではないか、ということだった。

被告の犯行の意図に関しては、事件後一年たってもその思いが変わっていないことが、報道各社に宛てた彼自身の手紙の中で確認できる。手紙には明確に「私は意思疎通がとれない人間を安楽死させるべきだと考えております。私の考える「意思疎通がとれる」とは、正確に自己紹介（名前・年齢・住所）を示すことです」と書かれている。さらに彼は、同じ手紙の中で「心失者」という言葉も使っている。ある取材に対しては、「事件を起こしたことは、今でも間違っていなかったと思います。意思疎通のとれない人間は〝心失者〟です。心失者は人の幸せを奪い、不幸をばら撒く存在です」とも述べている。

彼は、意思疎通がとれない人のことを、人間でないとみなしているようだ。しかし彼は、そもそも人間というものは誰であれ、ある環境や条件のもとにおかれたら、意思疎通がとれなくなる存在、言葉を失う存在になりうる、ということを見落としているのではないか。言葉で話すことができていた人も、状況によっては話すことができなくなる。

あたりまえのことだが、意思疎通をとる、話す、ということは、常に誰か相手に向けて行われる行為だ（「わたしがわたし〔という語〕を用いるのは、わたしがだれかに話しかけるときだけであり、そのだれかはわたしの話しかけのなかであなたとなる」〔E・バンヴェニスト 1983：244〕）。意志疎通の成否は本人だけでなく対話相手にもかかっている。つまり、話す人のまわりに話を聞いてくれる人がいるのか、その人に配慮し、その人の意向をくみとってくれる人がいるのか、ということが言わば隠れた前提である。意思疎通は決して個人で完結する行為ではない。「意思疎通がとれない」とは、対話相手の不在を指す場合もあるかもしれないのだ。

言葉を失うとき

相模原の事件で、施設に入所している話せない人たちが狙われたと聞いたとき、ぼくはある悲しい思いにとらわれた。今、親元を離れて地域で支援を受けながら一人暮らしをしている重度重複障害の青年がぼくの身近にいるのだが、以前その青年が施設に入るかどうか、あるいは一人暮らしの可能性を探るのかどうかの岐路に立たされたとき、親が、「この子はできたら施設に入れたくない、施設に入れるとこの子は言葉を失ってしまう」と話していたのを思い出したのだ。彼はこれまで四肢麻痺の治療のため長期入院を何度かしたのだが、そのとき言葉を発さなくなり、意識レベルも低下してしまったことを親は言っていたのだった。

彼とのつきあいは、一〇年以上に及ぶ。彼が高校生のときから、ガイドヘルパーとして週末の外出によくつきあっていたのだ。外出は繰り返し同じところに行きたがった。同じところにいき、そこにいる人に同じような質問をし、それで彼は満足しているようだった。質問内容よりも、質問の際の人とのやりとりに充実感を得ているようだった。施設に入ったら、毎週のように自分の行きたいところに外出し、その出先で会う人と会話のやりとりをすることは決して叶わなくなるだろう。

彼とのコミュニケーションは独特だ。話し慣れていない人に対しては、なかなか言葉が出てこない。

独特の笑いのツボや怒りのツボがある。彼とぼくのやりとりを第三者が聞いたら、まじめに話をしているのか？　この支援、大丈夫か？と思うかもしれない。彼は次々と話しまくる。ぼくはなんとなく受け流しながら、時にある笑いのツボを感じとったら、そこをきゅっと刺激する言葉を発する。すると二人の間で、ニタリとしながら目が合う。

このツボを感じとれない人とのやりとりにおいては、彼の言葉はだんだんとなくなっていく。そうした場合、彼の意識はだんだんと閉じていく。施設に入ったら、職員は常に仕事に追われている。たとえ職員が入所者とゆっくり会話がしたいと思っても、その時間はない。誰かある入所者と懇意に話していたら、他の入所者とのやりとりが蔑ろになる。施設という、外に出たくても自由に出られない閉じた空間の中で、語りかけても応答してくれる人がいないとき、人はどうなっていくだろうか。そのことについて、健常者と言われる障害のない人は、障害のある人以上に思いを馳せて、考え、想像力を働かすべきであろう。

健常者だから話せる、障害者だから話せない、というわけではない。ほとんどの人がある環境、状況に追い込まれたら言葉を喪失する。

第二次世界大戦下、ナチスの強制収容所に入れられた人は「人間」とはみなされなかった。私たちが日常で用いる「言葉」でもって話しかけられる存在ではなかった。言葉で語りかけられることはなく、家畜を追い立てるごとき鞭や怒声、あるいは拳による強制のみがそこにはあった。「ゴムの鞭」が収容所の囚人に命令の意味を理解させる「通訳」とも呼ばれていた。強制収容所の生存者、イタリア系ユダヤ人のプリーモ・レーヴィは、そのように扱われる状況におかれた人々が急速に言葉を失っていった様を次のように述べている。

この「話しかけられない存在」であることは、迅速で破壊的な影響をもたらした。人は話しかけてこないものに対して、わけの分からない叫び声だけを投げつけてくるものに対して、あえて言葉をかけないものである。もしかたわらに同じ言葉をしゃべるものがいる幸運に恵まれたら、それはとてもいいことだ。自分の考えを言えるし、助言を求められるし、心の思いを吐き出せる。もしだれもいなかったら、言葉は数日のうちに枯れてしまい、言葉とともに思考もしぼんでしまう（プリーモ・レーヴィ 2000：104）。

そしてこのようにしゃべりあう仲間もおらず言葉を喪失した者たちは、またたく間に体力、気力も喪失し、命を落としていったという。

人は誰であれ、人間的な応答のないような状況におかれたら、かなりの程度で言葉や思考をどんどん喪失していく。言葉や思考がしぼみ、心を失ったかのように人から見なされるようになったら、ますます非人間的に扱われる。そうして、ますます言葉や思考を失い、人間性を喪失していってしまう。そこには、この社会において、ある人間から人間性を奪っていく際の悪循環が存在する。

プリーモ・レーヴィは強制収容所にいる人たちを、収容所の外の民間人たちがどう見なしていたかについて、次のように述べている。

実際、民間人から見れば、私たちは不可触賤民だった。……彼らは、これほどひどい生き方を強いられ、こんな状態に陥るには、よく分からないが、よほど重い罪を犯したに違いない、と多かれ少なかれ考えていた。私たちがしゃべるいろいろな言語は彼らには分からないので、動物がほえるように異様に響く。また彼らは、私たちのおぞましいほどの奴隷状態を見る。……原因と結果を混同して、私たちはこうしたおぞましさにふさわしい存在だと判断してしまう（レーヴィ 2017：156）。

地域社会の人々は、施設に入所している人たちのことを右の民間人と同じように判断していないだろうか。地域での支援がないために多くの障害者が施設入所を強いられたのに、世間の人はその入所者たちについて、地域でなく施設で暮らすのがふさわしい人たちなんだと判断しがちになる。施設に入ることでコミュニケーションが制限され言葉が乏しくなるのに、その言葉の乏しさでもってますます言葉をもたない人、自分達とは異質な人と見なしやすくなる。こうした「原因と結果」の混同を私たちが犯してしまっていないか、ふりかえってゆっくり考えてみないといけない。

言葉は取り戻されるか

そもそも人は、産まれたときは言葉をもっていない。赤ちゃんは言葉でなにか意思を伝えることなく、まどろんだり、ニコニコしたり、ひたすら泣いたりするだけだ。それでも、まずたいていの人は、赤ちゃんについて心をもたない存在とは見なさない。赤ちゃんが泣きわめいている姿に触れ、なんとかその意味を解釈しようとする。

ある児童精神科医は、養育者が赤ちゃんのことを（とりたてて根拠もなく）「こころをもつ存在」として扱うことによって、子どもは「こころをもつ存在」へと育っていく、ということについて次のように述べている。

赤ちゃんが泣きだしたとき、養育者（親）はどう反応するだろうか。わが子の泣き声を、未分化な不快感覚への生理反応や受動的な反射に過ぎない、と考える親はいない。わが子から自分への「訴え」、つまり能動的なコミュニケーションとして受けとめるだろう。これは乳児を、すでに自分たちと同じように感じたり考えたり意志する存在、つまり〈こころ〉をもった存在として受けとめていることを意味する。

これは、親の「思い入れ」（感情移入）に過ぎず、「科学的」な認識としては正しくないのかもしれない。

けれども、こうした養育者の思い入れによってこそ、精神発達は支えられている。生まれたときから（いや、胎内にあるときから）すでに「こころをもつ存在」として扱われることによって、子どもは実際に「こころをもつ存在」へと育っていけるのである（滝川 2017：113－114）。

これに対して、人が言葉を失っていく、心を失っていくとしたら、まさにこの過程とは逆のことが起きているのだろう。言葉をもつ存在、心をもつ存在として見なされない環境の中では、だんだんと心も言葉もしぼんでいってしまう。

私たちの存在の一部はまわりにいる人たちの心の中にある。だから自分が他人から物とみなされる経験をしたものは、自分の人間性が破壊されるのだ（レーヴィ 2017：223）。

そのように破壊された状態から言葉を取り戻していくこと、心を取り戻していくということがありうるとしたら、まさに赤ちゃんがまわりの人たちによって「こころをもつ存在」として扱われることを通して自ら「こころをもつ存在」として育っていったように、まわりの人たちがその人たちのことを言葉をもつ存在、心をもつ存在とみなし、そのような存在として働きかけ、またその訴えに耳を傾け続けないといけないだろう。

ぼく自身は、これまで多くの人たちが言葉を取り戻していく過程、言葉を増やしていく過程に接してきた。身体障害、知的障害問わず、同じようなことが言える。

幼児期から三〇年以上施設に入っていたある重度の脳性まひの方は二〇〇四年に、まわりから絶対不可能と見なされていたにもかかわらず、地域で自立生活をはじめた。当初はぼく自身もこの方の発話がほとんど聞き取れなかった。電動車いすも操作されていたが、ものすごい蛇行運転で、ガードレールや自転車によくぶつかっていた。それから十数年たち、多少の聞きづらさがあっても、その人の発する言葉で意味のわからない言葉は一つもない。会話のスピードも早くなった。電動車いすもかなりまっすぐ操作できるようになった。

ある重度の知的障害の方は、オウム返しはいくらかあるが、自分から発話する語彙はかなり乏しかった。グループホームでは精神を病み、退所することになったので、支援を受けながらの一人暮らしをはじめることになった。最初の何年かは情緒がとても不安定で、しょっちゅう介助者に暴言を吐いたり、介助者をつかんだり蹴ったり、あるいは感情が崩壊したかのように泣き崩れたりしていた。騒音もひどく、近所からの苦情もかなりあった。けれども、一人暮らしも八年目。その過程には支援者たちの粘り強い関わりがあった。会話の場面場面に応じた語彙が非常に豊富になり、感情の激しい揺れも少なくなってきた。近所の苦情も止んできた。

重度の知的障害者、自閉症者たちの地域自立生活の姿を描いた映画「道草」（宍戸大裕監督）の中に登場する二〇代前半の自閉症の方は、かつて親には、かむ、ける、頭突くのオンパレードであり、子どもの頃から施設に入っていたとのことだ。自傷行為もひどくなり、精神病院にも何度か入院したそうだ。その彼が、今では、介助者を入れながらの自立生活をはじめて三年目、介助者とともにバーベキュー・パーティになごやかに参加している様子が映像の中で映される。そのパーティの場に同席していた母親はインタビューで次のように話している。

「表情がすごく豊かになったなと思うのと、言葉がすごく増えたし、楽しいなと思っている瞬間が増えたので、親としてはすごく安心。自分の話を聞いてもらえて、それを返してもらえるという経験がすごく大きいのかなと思っている」。

環境や状況、まわりの人々の関わりによって、人は言葉を失っていくこともあるし、また言葉を増やしていくこともある。そのことをぼく自身はまざまざと感じている。

冒頭で、津久井やまゆり園に入所しており、言葉を失った女性が「今後言葉を取り戻していくことはあるのだろうか」と問うた。ぼく自身の感覚では、彼女を障害者ではなく人と見なし、また「こころをもった存在」と見なし、そのような存在として働きかけ、その発する意味を聞き取るよう努めていけば、いつかきっと言葉を取り戻していくと思う。

津久井やまゆり園入所者たちの今

二〇一八年六月一日の『神奈川新聞』に「やまゆり園入所者が地域生活　事件後の意向確認で初」と題する記事が掲載された。やまゆり園に入所していた平野さんという二八歳の男性が、五月三一日、市内の社会福祉法人の支援を受けて、グループホーム（GH）での生活をはじめたということだ。「県によると、施設を出て少人数のGHなどで暮らす「地域生活移行」は、県が事件後に入所者の意向を確認する機会を設けてから初めて」と書かれている。

まもなく事件が起きてから二年が経つ。事件直後から、入所施設という構造がこの事件を起こした遠因でもあるのではないか、という指摘が相次いだ（事件から一〇日ばかりで書いた拙論（渡邉琢 2016a、本書第1章）でも、そのことを指摘した）。津久井やまゆり園という大規模入所施設の再建ではなく、入所者たちの地域生活移行を、という声が多くの障害者団体からあがった。その声におされて、大規模入所施設の再建という当初の県の案はなくなり、施設の小規模分散化と、入所者たちの地域移行の推進、ということで方向性は定まっていった。

右記記事によると、事件当時の入所者は現在一二六名いて、その個々人に対して、地域移行に関して入所者たちの意向を確認し、また専門家等もまじえて話し合う場として「意思決定支援検討会議」が開かれることになる。しかし、その会議はいまだ一三名の入所者たちに対してしか開かれていない。そして、二年近くたってようやくはじめてグループホームへの移行者があらわれたということだ。

はじめて地域移行者があらわれたということは、「施設から地域へ」の初めの一歩として、とても大事な出来事であると思う。けれども、この歩みの遅さは、あまりにも重たい現実ではないだろうか。

なぜ地域移行ということはこれほど進みがたいのだろうか。おそらくそこには様々な要因があるだろう。

地域で支えていこうとする志のある担い手があまりにも少なく、そのため多くの地域で施設入所の選択肢しかないという現実のあること。重度の障害者たちを地域で支え続けるための長時間介護を保障するなどの政策的支援を行政が怠っていること。施設職員が日々の支援に追われてとても地域移行のことまで考えられないこと。そして、入所者自身やその家族、さらに行政職員や福祉関係者が障害者の地域生活のイメージをほとんどもてないこと。家族か施設かが支えるしかなかった長年の過去がある以上、重度障害者にとって別のかたちの新しい生活がありうるとイメージできる人は、残念ながら現在でも本当にごく少数である。

「意思決定支援」はもちろん大事だけれども、その言葉だけでお茶を濁してはダメなのだと思う。意思というのは意欲の対象を目指して働くものだ。長年、施設の中でのみ暮らし続けていて、どうやって新しい暮らしの場という意欲の対象をもつことができるだろうか。私たちは、入所者たちから長年にわたって地域社会での経験を奪ってきたことに対して、思いを馳せなければならない。その上で、入所者たちがそうした地域社会での経験を新たに積んでいくための地道で具体的な実践が伴わなければいけない。施設という閉じた空間の中で、意思決定支援をどれだけ行っても、次への展望はなかなか開かれないだろう。

心的外傷と狭窄（回避）

最近、別のところで、「支援・介助の現場で殺意や暴力と向き合うとき——社会の秘められた暴力と心的外傷（トラウマ）について」という文章を書いた（本書第13章）。

ぼく自身も、障害のある人と関わる中で、本当にしんどい、困難だ、と思うことはある。その文章のタイトル通り、障害のある人からの殺意や暴力に向き合うこともまれにある。きれいごとではとてもすまない状況だ。けれども、そういう状況とも向き合わなければ、「共生社会」などと軽々しく言えないし、そうした状況をなんとか理解し、そこに言葉をあて、今後の展望へとつなげていくために、その文章を書いた。その作業は正直、ぼく自身の中にもあるおぞましい感情にも向き合いつつ進めざるをえなかった。

先に紹介した映画「道草」でも、他害行為があり外出そのものが難しく、また介護者にも殺意をむき出しにする方が登場する。施設においても地域社会においてもきれいごとではすまない支援の現場は確かにある。

そうした困難な現場を理解する際のカギとなるのがトラウマ（＝心的外傷）だということに、ジュディス・ハーマンによって書かれた『心的外傷と回復』という本を読んで初めて気が付いた。先述の拙文は、『心的外傷と回復』に大きく依拠して、障害者の常軌を逸したかのような行動や、それに向き合う介護者の心の動揺やしんどさを読み解いていったものだ。

障害をもつ人に対するトラウマの影響については、たとえば自閉症研究の第一人者、杉山登志郎さんも次のように述べている。

私は、ごく最近になって、自閉症の転帰を決定的に不良にするものはトラウマであることに気付いた。強度行動障害への治療は、トラウマへの対応という視点で突破口が開けるのではないか。長期転帰を不良にしないための対応と同時に、すでに成人期を迎えている彼らへの具体的な方法について、試行錯誤がつづいている（杉山211：285）。

トラウマによって心身に大きな変容をもたらすPTSDの主要症状には、過剰覚醒、侵入症状、狭窄（回避行動）の三つがあると言われている。「殺意や暴力」をテーマとした右記拙文では、三つのうちの過剰覚醒と侵入症状の側面について主に取り扱ったのだが、狭窄（回避行動）についてはほとんど触れることができなかった。

過剰覚醒や侵入症状は他者の目に付きやすく、また他者を途方もなく巻き込んでいくような症状であるのに対して、狭窄は全く逆に他者との関わりを自ら断ち、自分で自分の殻の中に閉じこもっていく症状である。

前者は確かに手に負えないような状況を生み出し、そこに関わる人たちもそれ相応に心に傷を負うことになる。けれども、その症状は他者に何かを訴えるメッセージをもっている。しかし後者の狭窄は、その他者へのメッセージを完全に閉ざしてしまう。他者が放っておけば、そのまま孤立の中に沈むだけであり、ひょっとしたらそのまま誰からも顧みられることなく人生が終わってしまうかのような症状である。見方によっては、もっとも深刻な症状なのかもしれない。

今回の文章の主題であるような「言葉を失う」ということ、思考や意欲がしぼんでしまうということは、この「狭窄」からも説明できるのだと思われる。

『心的外傷と回復』の「監禁状態」という章の中で、狭窄や回避について、次のように述べられている。

慢性外傷を受けた人においてもっとも激症となるＰＴＳＤ症状は回避あるいは狭窄である。被害者がただ生きのびることを目標とするまでに追いつめられると、心理的狭窄は適応に不可欠な形式となる。この狭めは生活のあらゆる面に対して行われる。対人関係も活動も思考も記憶も情緒も感覚さえも狭くなる。この狭窄は監禁状態に対しては適応的であるといっても、やはり抑圧された心理能力には一種の萎縮が起こり、また内面生活の孤独が大きくなる（ジュディス・Ｌ・ハーマン 1999：132）。

長期にわたり外部との接触がない閉ざされた空間で、自分で自分の生活をコントロールできない状態におかれると、慢性外傷を被ることになり、「対人関係も活動も思考も記憶も情緒も感覚さえも狭くなる」と言われる。他者の支配下、管理化におかれた監禁状態ではむしろそうした状態になることが当事者にとっては「適応的」なのだ。

多くの施設入所者がこうした状態におちいっていないか、十分に検討されるべきだ。言葉があった人たちが、施設に入ることで言葉を失っていく。そして思考や意欲も減退させていく。そうして場合によっては「原因と結果」が混同され、心を失っている存在とさえ見なされる。そこでは、社会の暴力が彼らの身にふりかかっていることに私たちは気が付くべきではないだろうか。意思決定支援をしても、意思が読み取れませんでした、地域移行は難しいです、ということですむ話ではないはずだ。

沈黙の中の残響

言葉を失い、沈黙の中に沈んでいった人たちへと本当に思いを馳せなければならない。

一度負った深い傷は、そう簡単に回復するものではない。しかも長期にわたって負わされ続けた傷はなおさらそうであろう。深い沈黙の中に沈み続けている者もいるに決まっている。

私たちは、その沈黙にこそ耳をすまさねばならないのではないだろうか。その沈黙こそが多くを語っているのではないだろうか。

言語哲学者ダニエル・ヘラー＝ローゼンは、「言語の忘却について」という副題をもつ著書の中で、そうした沈黙に思いを馳せ続けることの大切さを示唆しているように思われる。

彼は、フロイトの失語症論を取り上げつつ、次のように論じる。

失語症患者は話せなくなった後も、自分の人生においてもっとも重要な役割をはたした会話や簡単な断片を口にすることがあるという。それは「ちくしょう！」というような「エネルギーに満ちた罵倒語」であることもあるが、「助けて」であったり、「リスト完成」（目録作りの仕事の後に失語症になった患者の例）であったりする。彼らは他のあらゆる文章に代わり、その人生がそこに集約されうるような一つの表現に永遠にとどまり続ける。失語ということは、忘却の一形態ではなく、「鋭い記憶の一形態」とも言われる。言葉を失うとき、彼らは私たちが記憶の彼方においやったものを思い出し続けているのかもしれない。

そうであれば、話者の行為を評価することは難しくなる。話せる者たちと話せない者たちについて性急な判断をするのは軽率に過ぎるだろう。誰がより多く、誰がより少なく物事を行っていることになるのか。思い出すことができるが話せない者か、それとも忘れるがゆえに話す者だろうか（ダニエル・ヘラー＝ローゼン 2018：166）。

言葉を失ったからといって、そこになにもなくなったと思ってはならない。言葉にするのが困難になっても彼らは大事なことを思い出し続けているのかもしれない。彼らは言葉を失う代償として、私たちがそんなことがあったとは知らなかったようなことまで記憶しているのかもしれない。彼らの沈黙の中にその残響が響いていることを私たちは聞き取らねばならない。

言葉を失った人たちの言葉は時宜に応じて取り戻されることもあるし、取り戻されないこともある。いずれにせよ、彼らとのつながりを断ってはならないし、そして、彼らの思いや記憶は、たとえ彼らの口から語られることがなくとも、わたしたちがたえずそこに思いを馳せ、その残響に耳を傾け、さらにそこに応答していかねばならないことではないだろうか。

参考文献

杉山登志郎 2011b『杉山登志郎著作集①自閉症の精神病理と治療』、日本評論社
滝川一廣 2017『子どものための精神医学』、医学書院
ジュディス・L・ハーマン 1999『心的外傷と回復　増補版』（中井久夫訳）、みすず書房
E・バンヴェニスト 1983『一般言語学の諸問題』（岸本通夫監訳）、みすず書房
プリーモ・レーヴィ 2000『溺れるものと救われるもの』（竹山博英訳）、朝日新聞社
プリーモ・レーヴィ 2017『これが人間か　改定完全版アウシュビッツは終わらない』（竹山博英訳）、朝日選書
ダニエル・ヘラー＝ローゼン 2018『エコラリアス――言語の忘却について』（関口涼子訳）、みすず書房
渡邉琢 2016a「亡くなられた方々は、なぜ地域社会で生きることができなかったのか？――相模原障害者殺傷事件における社会の責任と課題」（SYNODOS、二〇一六年八月九日付、https://synodos.jp/welfare/17696）
渡邉琢 2016b「障害者地域自立生活支援の現場から思うこと――あたりまえの尊厳とつながりが奪われないために」『現代思想』二〇一六年一〇月号（特集「障害者」）

あとがき

最終章「言葉を失うとき」(14章)の冒頭で紹介した、津久井やまゆり園に入所していた女性には後日談がある。先日、次のような短文をある雑誌に寄稿したので、それをここで再掲しよう。

「かけがえのない一歩目——津久井やまゆり園の事件によせて」

今年〔二〇一八年〕の七月七日、七夕の日、世間に騒がれることなくひっそりと、ある30代の障害のある女性が横浜市内のグループホームに入居した。

二年前に一九名もの障害者が殺害された事件のあった津久井やまゆり園(相模原市)に入所していた女性だ。事件のときは、彼女は目立ちにくい個室で眠っていたそうで、犯人はたまたまその部屋の前を通過したため、難を逃れたらしい。

彼女はここ数年、ほとんど言葉を失っていたらしい。ごく少数の職員や知人の名前をときどき発する以外、ほとんど言葉を話すことはなかったそうだ。

数か月前、津久井やまゆり園芹が谷園舎というところで、彼女に会う機会があった。そのときも、心ここにあらずという感じで、こちらからの語りかけにかすかに反応する以外は、特に言葉や身振りでの返事は返ってこなかった。

津久井やまゆり園の事件で、犯人は「話せない人」「意思疎通のとれない人」を狙って殺害したと言われているから、もしかしたらこの目の前の女性が狙われていたのかもしれないと思うと、ぞっとした。

ご家族の話によると、彼女は小さいころからほとんど話すことがなかったけれども、小学校の三、四年のころから、「これなあに」などの言葉を少し話しはじめたそうだ。英語で、What's your name? と問われ、My name is ○○と答えたこともあったそうだ。十代の途中で施設に入らざるをえない状況になったそうだが、成人式の際は、家族や施設職員の前で「明日も大事にしてください」と述べたらしい。それがピークで、その後だんだん言葉がしぼんでいったようだ。

その彼女が、事件からまもなく二年経つ七月に入り、横浜市内の社会福祉法人の支援を受けて、施設を出て地域での暮らしを開始することになった。

津久井やまゆり園から地域生活へと移行した人は、これで二人目だという。一人目はその一か月ほど前の五月終わりに、グループホームでの暮らしを開始した。

今、ようやく二人目の地域移行である。津久井やまゆり園には入所者が一〇〇名以上いるが、二年たってようやく二人目。かけがえのない一歩目、二歩目の背後に、歩み出すことのない多くの人たちの影がある。

世間の人は今、津久井やまゆり園の入所者たちについて何を思っているだろう。やまゆり園だけでなく、多くの障害者入所施設や精神病院の閉鎖病棟で、話し相手もおらず世間から忘れられ沈黙に沈んでいる人たちについて何を思っているだろう。

七月にグループホームに移った彼女は、「お母さん、大好き」などの二語文を話しはじめているらしい。支援している社会福祉法人の方によれば、「施設にいた当時の激しいチックに歪んだ表情からは想像できない穏やかな素顔を取り戻しました。言葉と一緒に。しかも言葉は日々増えているようです」とのことだ。

人知れず沈黙に沈んでいる人たちに思いをはせ、語りかけるよう努めてほしい。失われた言葉や表情はそのようにしてはじめて取り戻されていくのではなかろうか。（『部落解放』二〇一八年九月号、解放出版社）

施設を出て穏やかな表情と言葉を取り戻しつつあるというこの女性は、松田智子さんという。本書の2章の註（5）や14章冒頭でも、事件の後、縁あってご家族と知り合い、津久井やまゆり園において彼女に面会したことに触れているが、その時は彼女は車いすにベルト固定されて座っており（座らされており）、そのベルトを外すと彼女は衝動的に立ち上がり歩き始めた。車いすを使っていたのだが、彼女はもともと歩ける人だった。

相模原事件から二年目に近いNHKスペシャル「〝ともに、生きる〟障害者殺傷事件2年の記録」（二〇一八年七月二一日）の中では、グループホーム移転後の彼女が登場していたが、津久井やまゆり園での彼女の車いすのベルト固定は「身体拘束」であったと報道されていた。ほぼ毎日、長い日は一二時間以上の身体拘束であり、「見守りが困難」なためという理由からだった。津久井やまゆり園における殺傷事件の容疑者は「車いすに一生縛り付けられている気の毒な利用者も多く存在し」、そのために犯行に及んだ趣旨のことを述べていた。だが、もともと歩けていた彼女が、いったいなぜ「車イスに一生縛り付けられている」かのような処遇を受けていたのだろうか。「見守りが困難」というのは支援する側の事情ではないだろうか。もし彼女らがそうした処遇の中で気の毒で不幸の存在とみなされるとしたら、それは不適切な支援環境や社会的支援の不足のゆえではないだろうか。ここにおいても決して「原因と結果」(本書三七三頁参照)が取り違えられてはならないだろう。

その松田智子さんが新しいところでどう過ごされているのだろうと思い、今から一か月ほど前、彼女が日中通っているというデイを訪問し、彼女に会いに行った。彼女のお姉さんと一緒にいったのだが、玄関に入ると、彼女はうれしそうに自分の足で歩き、迎えに来てくれた。ベルト固定はもちろん、車いすも使っていなかった。ただ、一度しか会ったことのないぼくらのことを見ると、いくらか警戒し、多少動きが硬くなったように思う。

それでも、彼女の穏やかな有様にとても心うれしくなった。津久井やまゆり園での面会は散歩も含めて三〇分程度も叶わなかったが、今回の訪問においては、二時間ほど、大きめの窓から初秋のおだやかな日差しが差し込む部屋の中で、ゆっくりまったりと時間を過ごすことができた。やまゆり園では出入り口のいたるところに鍵があり、職員がその都度鍵の開け閉めをしていたが、今回はそうした鍵のある環境ではなかった。環境の違いによって、こうも人との出会いは穏やかなものになるのか、そんな感じを受けていた。

彼女の口からは、「いないないの、ないの。みんないないないの……」というような言葉がくり返し口をついて出ていた。それは自分の中でなにかを反芻しているような感じのつぶやきで、その意味するところはなかなかぼくにはわからなかった。けれども、ぼくはなぜかその言葉を聞きながら、「そうかぁ、いないいないないのね。みんないないないのね。みんないないなくなったのね。さみしかったんだね。もうさみしくないからね。」というような返事をしていた。この応答が的外れだった可能性ももちろんある。それでも、応答を重ねる中で、彼女の緊張感も解けていったように思う。ゆったりとそんなやりとりをしながら、彼女との時間を過ごしていた。

12章、13章で、強烈なトラウマや突発的な攻撃衝動に囚われているまっちゃんのことを紹介した。彼が「ひとりぼっちじゃない」ということ、そして彼に関わるぼくらも「ひとりぼっちじゃない」というということを定期的に確認するために、最近では、一か月に一度、「まっちゃんミーティング」というのを開いている。ミーティングの趣旨としては、問題解決や意思決定の場というよりも、関係者が集まって「つながり」の確認を定期的に行う場という意味合いがある。近年流行りの「オープンダイアローグ」や「当事者研究」で行われている話し合いのかたちに近いと思う。

二〇一八年七月二六日のＮＨＫハートネットＴＶ「障害者殺傷事件から2年　福祉現場で働く人たちの〝本音〟」の中で、その「まっちゃんミーティング」の様子も放映された。そのミーティングの後のインタビューの中で、ミーティングをやることで、まっちゃん自身が「落ち着く」と述べていたことが印象的であった。

彼をゆるやかに包むかのようなミーティングの場をもつことを通じて、強迫的に引き起こされる衝動的な怒りやイライラは、確かに緩和されていっているように思う。

この「まっちゃんミーティング」のような実践は、おそらく「はじめに」で書いた「ポスト自立生活運動」（ないし「ポスト制度化」）の課題に対しても、またつながりや言葉を奪われた困難な状況にある人たちの「制度化以前」の課題（自立への手がかりがまったく見えないような、もっとも支援が難しいとされる人たちへの支援の課題）に対しても、とても重要な取り組みになってくるような気がする。

しかし、それを文章としてさらに展開する余裕はすでにないので、そのあたりはまた他日を期したいと思う。

多くの人に支えられて、この本の各章の文章は書かれてきた。もちろん毎日、毎週のように共に過ごす日本自立生活センターやピープルファースト京都のメンバーには感謝以上のものがあるように思う。そこでの関わりは、酸いも甘いも含めて端的に「共に生きる」という実践を進めてきた関わり、そしてこれからも進めていくような関わりである。

また、本書ではほとんど触れることが出来なかったが、今、六歳になる息子と、一歳になる娘からも、多くのものを学んできた。とり乱し、絶叫、悪循環ループ、屈託のない笑顔、愛嬌、言葉にならない沈黙、失敗の恥ずかしさ、悔しさ、自分を責める気持ち、人の役に立ちたいという気持ち、他者や世界への好奇心、不安、恐怖、そうした感情や気持ちがジェットコースターのように毎日あらわれる小さな彼らとの関わりを通して、障害、知的障害や自閉症、傷やトラウマなどによって生じる諸課題を、普遍的な人間的課題として見通す素地を得たように思う。

文章中に何度も登場し、ぼくのけっこうだらしのない、自分勝手な介助・支援につきあってくれている松田光博さんや安達辰也さん、その他の関わりある方々に感謝します。

日々活動を共にしながら、ぼくが文章を書くたびに押し付けられつつも感想を言ってくれたり、校正をしたりしてくれた小泉浩子さん、松波めぐみさん、高橋慎一さんなどに感謝します。

ここに集められた文章を書くにあたっては、多くの出版社の編集者の方の熱意に励まされました。ちゃんと書けるかどうかもわからないぼくに文章を依頼し応援してくれた編集者の方々に感謝します。

本書をまとめるにあたって粘り強く関わっていただいた青土社編集者の村上瑠梨子さんに感謝します。

ぼくの日々を支えていただいているみなさまに感謝いたします。

二〇一八年一一月

渡邉 琢

初出一覧

※本書収録に際して、適宜改題および加筆修正を施している。

はじめに（書き下ろし）

I

1 亡くなられた方々は、なぜ地域社会で生きることができなかったのか？――相模原障害者殺傷事件における社会の責任と課題（SYNODOS、二〇一六年八月九日付（https://synodos.jp/welfare/17696））

2 障害者地域自立生活支援の現場から思うこと――あたりまえの尊厳とつながりが奪われないために（『現代思想』二〇一六年一〇月号、青土社）

II

3 介助者の痛み試論――直接介助の現場から考える（『現代思想』二〇一七年五月号、青土社）

4 健全者・介護者・介助者・支援者をめぐって（「「介助者」「介護者」「ヘルパー」「健常者」「支援者」などの呼称をめぐって――障害者運動のバトンをめぐる一考察」へ改題）（『支援』Vo.1、生活書院）

5 ベーシックインカムがあったら、介助を続けますか？――介助者・介護者から見たベーシックインカム（『現代思想』二〇一〇年六月号、青土社）

6 障害者介助を担う人たち〔バイク屋からの転職篇〕（「社会経済的観点からみた障害者介助の意義と課題――バイク屋から介助職への転職を通して考える」へ改題）（α-SYNODOS vol.136）

III

7 生存と労働をめぐる対立――障害者ヘルパーの立場から（『社会文化研究』第一三号）

8 障害者介護保障運動から見た『ケアの社会学』――上野千鶴子さんの本について（SYNODOS、二〇一二年九月二四日付（https://synodos.jp/welfare/2081））

9 障害者介護保障運動と高齢者介護の現状――高齢者介護保障運動の可能性を考える（『現代思想』二〇一六年二月号、青土社）

10 差別解消法と、共生への道のり――京都の現場での取り組みより（季刊『福祉労働』第一四〇号、現代書館）

11 「権利」と「迷惑」の狭間から（「「権利」と「迷惑」の狭間から――知的障害者ガイドヘルプにおけるとまどいより」へ改題）（『ノーマライゼーション』二〇一七年八月号）

IV

12 とまどいと苦難――相模原の事件のあとに感じること（『賃金と社会保障』No.1687＋88、旬報社→『生きている！殺すな――やまゆり園事件の起きる時代に生きる障害者たち』、山吹書店、二〇一七年）

13 支援・介助の現場で殺意や暴力と向き合うとき――社会の秘められた暴力と心的外傷（トラウマ）について（書き下ろし）

14 言葉を失うとき――相模原障害者殺傷事件から二年目に考えること（『世界』二〇一八年八月号、岩波書店）

あとがき（書き下ろし）

渡邉 琢（わたなべ・たく）
1975年生まれ。京都大学大学院文学研究科博士前期課程修了。2000年、日本自立生活センターに介助者登録。2004年度に同センターに就職。以降、障害者の自立生活運動や介護保障運動に事務局兼介助者として尽力。現在、日本自立生活センター事務局員、NPO法人日本自立生活センター自立支援事業所介助コーディネーター、ピープルファースト京都支援者。
著書に、『介助者たちは、どう生きていくのか』（生活書院、2011年）、共編著に『障害者介助の現場から考える生活と労働』（明石書店、2013年）、共著に『障害者運動のバトンをつなぐ』（生活書院、2016年）がある。

障害者の傷、介助者の痛み

2018年12月25日　第1刷発行
2019年 3 月25日　第2刷発行

著　者　渡邉 琢

発行者　清水一人
発行所　青土社
東京都千代田区神田神保町1-29　市瀬ビル　〒101-0051
電話　03-3291-9831（編集）　03-3294-7829（営業）
振替　00190-7-192955

印刷・製本所　双文社印刷

装幀　竹中尚史

ISBN 978-4-7917-7122-6　C0030